한국 고대사를 생각한다

최태영전집 2

한국 고대사를 생각한다

최태영 지음

김유경 정리

눈빛

저자 최태영(崔泰永, 1900-2005)은 황해도 은율군 장련(長連)에서 출생했다. 일본 메이지대학 영법학과에서 영미법철학을 전공하고 1924년부터 보성전문, 부산대, 서울법대, 중앙대, 청주대, 숙명여대 등에서 가르쳤다. 경신학교의 2차 설립자, 교장을 지냈으며 서울법대학장, 경희대 대학원장 등을 역임했다. 대한민국 법전편찬위원, 고시전형위원으로 일했다. 법학관련 저서로 『현행 어음·수표법』, 『서양 법철학의 역사적 배경』 등이 있고, 「한국의 상고 및 고대, 전통 법철학의 역사적 배경」 「중국 고대 및 중세·근세 법철학의 역사적 배경」 「商子의 법치주의」 「동서양 법철학의 유사점과 차이점」 등의 논문을 발표했다. 한국 고대사 연구에도 심혈을 기울여 일본 「후지미야시타문서」를 답사했으며, 역사연구서 『한국상고사』, 『인간 단군을 찾아서』, 『한국 고대사를 생각한다』를 냈다. 1954년 이래 대한민국학술원 회원으로 있었다.

정리자 김유경은 서울대 불어교육과와 이화여대 대학원 불문과를 졸업했다. 경향신문 문화부 기자, 부장대우로 재직했으며, 저서로 『옷과 그들』, 『서울, 북촌에서』, 『황홀한 앨범- 한국근대여성 복식사』(공저)가 있다. 최태영 교수의 저서 『인간 단군을 찾아서』와 『한국 고대사를 생각한다』를 정리했다. 존 코벨의 영문 한국미술사인 『한국문화의 뿌리를 찾아』, 『부여 기마족과 왜』, 『일본에 남은 한국미술』을 편역했다.

최태영전집 2

한국 고대사를 생각한다

최태영 지음

김유경 정리

초판 1쇄 발행일 — 2019년 11월 15일

발행인 — 이규상

편집인 — 안미숙

발행처 — 눈빛출판사

03908 서울시 마포구 월드컵북로 361 이안상암2단지 2206호

전화 02) 336-2167 팩스 02) 324-8273

등록번호 — 제1-839호

등록일 — 1988년 11월 16일

편집 — 성윤미·이솔

인쇄 — 예림인쇄

제책 — 대원바인더리

값 22,000원

ISBN 978-89-7409-327-3 94080

ISBN 978-89-7409-325-9(세트)

역사연구의 대상과 목적

사람의 고귀한 점은 문화의 창조와 진보에 있다. 문화의 창조와 진보는 자기의 과거를 회고하고 비판하는 데서 생기는 것이다. 과오와 결점을 알아서 다시는 그것을 되풀이하지 않고 개선·향상하려는 데서 진보와 발달이 생기고 거기서 위대한 문화가 발생하는 것이다. 즉, 인류는 역사를 갖고 역사를 토대로 삼아 자기보전, 자기완성의 길로 매진하고 있는 것이다. 동물세계나 기타 자연세계에는 역사는 있지만 그들 자신이 역사를 가지고 있지는 못하다.

역사는 인간사회 모든 부문의 발전적 사실의 현상을 연구하고 서술하는 학문이다. 인류생활의 모든 형태가 어떻게 이루어지고 또 그것이 어떻게 변천하여 왔는가를 구명하는 것이다. 그런데 사람은 자연을 떠나서 생활할 수 없는 만큼 사회의 발전적 역사는 인간과 자연의 교호(交互) 관계에서 성립되는 것이다. 그러므로 사회의 역사에서 자연을 몰각하거나 고려하지 않으면 안 된다. 그러나 사회의 발전 역사는 자연의 역사와 본질적으로 다른 바가 있다.

사회의 역사는 의식적인 사람이 반성, 각오 또는 정열을 가지고 일정한 목적을 향하여 행동하는 것이므로, 항상 새롭고 완성되어 있지 않다. 즉, 보다 완전한 것으로 진행하는 것이다. 인간 역사의 대상은 변화적이

5

요, 진보적이요, 발전적인 것이므로 역사는 과거의 인간사위(事爲)가 어떻게 새 조직과 새 문화를 창조하고 발전하여 왔는가를 서술하는 것이다.

그러나 역사는 단지 사실의 기록으로서 그치는 것이 아니다. 사료와 사실을 검토하고 비판하며 사색하여 각각 다른 시대 간에 존재한 사회 생활의 인과적인 관련과 계기성(繼起性; 잇달아 일어남)을 밝히는 동시에, 그 이면 혹은 그 이상에 드러나 있지 않은 어떤 의의와 법칙과 가치를 발견하면서 항상 새롭게 관찰하여야 한다.

그러나 역사를 새롭게 고찰한다고 해서 객관을 몰각한 주관이거나 어느 한 쪽에 편벽된 사관이거나 또는 사실을 고립적 표본으로 고찰해서는 안 된다. 항상 객관을 토대로 삼아 시야를 넓혀 다각적으로 종적(시간)·횡적(공간)·심적(心的)·물적(物的)인 관련 아래 공정하게 고찰하여야 한다. 그리하여 지적(地的) 환경·시대환경·사회환경 기타의 관련에서 개개의 사실과 특수성을 밝히는 동시 파악하는 태도를 취해야 할 것이다.

특수성과 일반성, 이것은 서로 뗄 수 없는, 말하자면 하나이면서 둘, 둘이면서 하나인(一而二, 二而一) 관계를 가진 까닭이다. 즉, 각 민족사·국민사·향토사는 세계사의 한 고리로서 그 자체의 특수성과 아울러 거기에 내재한 인류문화의 상호 관련성, 일반 공통성을 밝히지 않으면 안된다. 또 역사는 과거의 사실을 연구하는 것이지만 현재의 현실을 전혀 망각한 죽은 학문이어서도 안 된다. 왜냐하면 과거는 현재의 뿌리요, 현재는 과거의 성과이며, 과거 생활 중에는 현재에 대한 양분이 깃들어 있는 까닭이다.

이런 의미에서 역사는 되도록 현실에 입각하여 현재 생활과의 관련·

비교에서 과거를 회고하고 고찰하여야 할 것이다. 더 말하자면, 역사는 현재를 잘 이해하고 파악하기 위하여 과거에 관한 생동(生動)한 지식을 얻고자 함에 있는 것이라고 할 수 있다.

이리하여 역사는 진보되고 또 여기서 인간 이성의 광명, 인간 심리의 작용, 인간 행위의 어떤 질서와 목적 또는 진리와 현실성을 파악하며, 미래를 전망하게 된다. 역사의 구경(究竟)한 목적은 바로 여기에 있는 것이라 하겠다. (『한국상고사입문』 서문에서)

중국과의 사대관계와 일본의 한국 강점시대에 조작된 역사관을 바로 잡고 왜곡된 국사(國史)를 복원하려는 연구의 중점은 다음과 같다. 실존 인물 단군이 반만 년 전에 고조선을 개국하여 현재 중국의 요동을 중심으로 크게 활약한 선진 광역국가였음을 역사자료에 의하여 밝히고, 당시 후진국이었던 일본은, 오랜 역사와 함께 선진국이었던 한국의 영향을 받은 바 크다는 것을 확인하려는 데 있다. 그렇다면 고조선은 그 중요한 한 예가 될 것이다. 한국과 일본과의 관계를 밝힘에 있어서 그 기원은 일찍이 고조선 말기의 민족이동과 관련되었다는 사실에 주목할 필요가 있다.

후세 한인(韓人)들이 최고의 조상으로 받들어 왔던 고조선의 개국자는 직함을 단군이라 불리며 실존했던 인물이다. 단군의 고조선 개국에서 우리 역사의 출발점을 보는 필자의 역사관은 정인보와 궤를 같이한다.

단군과 같은 훌륭한 조상이 있는 것을 확실한 역사로 간수하지 못한 것은 전적으로 후손 탓이다. 다른 사람 탓하기 전에 나라를 찾는다고 일제강점기 때부터 애썼어도 훌륭한 이의 실질적 사실과 오래된 이상을 일본 사람들이 와서 훼손하기 전보다 더 밝히지 못하고 있다. 학자들이 몇 없고 의견도 일치하지 않는다. 역사 보존을 못한 것보다 역사를 바로 찾지 못한 것이 학자로서 면목 없고 무엇보다 학생들에게 읽힐 만한 역사서 하나 못 만들어내고 딴소리하는 게 조상과 후손에게 면목 없다.

한국 역사에 고대사는 물론이요, 근대사와 현대사도 내가 보고 겪은 바로는 왜곡된 것과 착오된 것이 많아서 반드시 복원해야만 우리 후손이 자부심을 가지고 새 기운을 낼 수 있다. 우리 역사의 진실을 찾는 일은 단순한 국수주의가 아니고, 우리의 장래와 참된 세계평화를 실현하려는 넓은 생각이라고 확신한다. 공산주의와 자유주의의 대결은 이미 그 승부가 났지만, 앞으로는 독재주의와 민주주의의 대결이 될 것이다. 진정한 민주주의는 각자의 책임을 자각하는 데 있으므로 그렇게 쉽게 성취할 수 없을 터이다.

한국 고대사 연구에는 반드시 일본 고대사를 같이 보아야 한다. 그것은 한국사의 일부이기 때문이다. 이번 책은 앞서 발표한 내용을 다시 정리하고 최근의 새 연구를 덧붙였다. 필자의 연구는 오직 책을 통해서만 발표된 것뿐임을 밝혀 둔다.

노구를 채찍질하며 전력을 기울여 이 책을 만들었다. 김유경 선생과 같이 원고를 정리했다. (『한국 고대사를 생각한다』 초판 서문)

2002년 9월

최래영

법학자이자 역사가, 최태영 교수

황적인

법학자이며 역사가인 최태영 교수의 1920년대부터 지속된 학문에서 법학 이외에도 단군 고조선 연구를 주목하지 않을 수 없다. 한국과 중국의 법철학을 연구하는 과정에서 한국 고대사가 일제에 의하여 가장 많이 왜곡·훼손됐음을 알게 된 것이 그의 연구 시작이었다.

그의 원래 전공이던 상법이나 법철학은 다른 법학자들이 계승해 많이 연구했지만 고대사는 그렇지 못하니 고인의 역사연구는 더욱 귀중해 보인다. 학문이란 원체 양이 많아서 1대에 연구가 끝나지 않는다. 따라서 대물림을 해야 되는데 상고사는 대물림 받는 것도 어렵다. 법학자이던 최태영이 왜 한국 고대사를 연구했는가, 어떤 특색이 있으며 고대사 연구에 관해 어떤 독자적인 결론을 냈는가가 관건이다.

그간 한국사를 잘 모르는 사람들이 잘못된 의견을 가지고 우리나라 상고사가 마치 신화인 것처럼 만들어 버렸다. 최태영 교수는 그에 대하여 『삼국유사』의 '석유환국(昔有桓國; 옛날에 환국이 있었다)'이 '석유환인'으로 변조된 내용이 학계에 광범위하게 유통되었음을 증명하는 등, 움직일 수 없는 우리나라 고대사 자료를 가지고 국내 학자 및 일본 측의 의도적인 역사왜곡에 대응했다. 다른 역사가들이 단군을 신화로 만들었는데 그에 비해 최 교수는 여러 단군들과 고조선이 신화가 아닌 실재 역사임을 주장했다. 그 자료는 어떤 것들인가. 『한국상고사입문』 『인간 단군을 찾아서』 『한국 고대사를 생각한다』 등 상고사에 관한 저서와 「한국 법철학의 역사적 배경」 같은 여러 편의 논문이 그것이다.

크게 평가할 것은 77세에 나이에 고대사 연구를 시작했다는 사실이다. 보통 그 나이에는 은퇴하려 생각을 하는데 최 교수는 보통 열심이 아니게 일평생 동안 연구했다.

조선사편수회가 펴낸 『조선사』 등 일본인이 왜곡한 자료를 한국인이 그대로 믿게 되니 본래로 돌이키려면 원자료를 찾아내어 연구해야 한다. 법학을 하던 최 교수는 이러한 역사왜곡의 실상을 빨리 알아채고 이를 뒤집는 데 전력을 다했다.

최 교수가 훌륭한 것은 그런 증거자료를 발견하려고 88세 나이에도 일본으로, 지방으로 백방으로 뛰어다니고 수많은 책을 보고 연구했다는 것이다. 학자로서의 노선이 매우 올바르다고 아니할 수 없다. 일본에 있는 한국의 뿌리를 찾아 갔다 한들 일인들이 자료를 그렇게 쉽게 내놓을 리가 없었다. 여기에 최 교수의 학문과 노력이 자료를 밝혀내는 데 핵심을 뚫고 들어갔다. 착안이 훌륭하고 학자로서의 감각이 좋은 것이다. 그런 분이 달리 없다.

내가 한국인으로 긍지를 느끼는 것은 만주 벌판에서 우리 선조 조선 민족이 굉장히 많이 활동했다는 사실이다. 한국인은 약소하긴 해도 위대한 민족이다. 다른 국가들과 비교해 보면 그 점을 확실히 알 수 있다. 분한 것은 우리 역사를 일본·중국이 멋대로 왜곡한다는 것이다. 그런데 우리는 얼마나 못났으면 우리 역사도 제대로 못 찾고 있나 하는 것이다.

출발점을 확실히 해야 된다. 기원을 소홀히 하면 안 된다. 최 교수는 그 점에 대해 직접 언급한 바 있다. 한국경제신문이 2000년 1월 초 발행한 인터뷰에서 '역사를 바로잡는 것이 왜 중요하다고 보는가' 하는 질문을 했을 때 그는 다음과 같이 답했다.

"왜곡된 역사를 바로잡는 일은 단순히 사실의 교정이 아닙니다. 인식의 문제입니다. 출발점부터 바른 인식을 가져야 하는 겁니다. 기초가 부실한 건물은 무너지게 돼 있습니다. 과거를 정확히 알고 이를 토대로 새로운 세계를 만들어 가는 과정, 그것이 중요합니다. 제대로 된 민주주의는 한국의 미래를 그려 나갈 틀이 될 것이고 올바른 역사 이해가 그 토대가 될 것으로 확신합니다."

최태영 교수는 동시대의 역사가 이병도 교수와는 정반대라는 생각이다. 이병도 교수는 조선사편수회를 출발로 어용학자로서 역사를 했다. 주관이 없는 것이다. 그러나 최태영 교수는 처음부터 주관의 자세가 뚜렷하며, 일제의 역사왜곡 선동에도 전혀 흔들리지 않았다.

종합적으로 생각하면 최태영은 법학자이자 역사가이다. 법학을 해도 법사상, 법철학, 히브리법 토라, 모두 다 역사가의 입장에서 연구하고 한국사 또한 역사적 관점으로 파악해야 되는 고대사를 했다. 그분은 법학자 이전에 히스토리언이다. 고대사 연구 잘하셨다. 4천 년도 더 전의 역사로 참으로 어려운 한·중·일의 여러 고대사 문헌들을 꿰고 있었기에 가능했던 학문이었다. 그만큼 깊이 있는 박식함과 역사인식을 갖춘 학자의 출현은 그리 쉽지 않은 것이다. 나도 우리 역사의 2천 년을 신화로 알고 나머지 2천여 년만 역사인 줄 알다가 뒤늦게 단군의 고조선이 다 실재 역사였음을 알았다.

최 교수의 학문 중에서도 중요한 고대사 연구는 앞으로도 지속돼야만 한다. 학문은 대물림이 절대 필요하다. 고대사 연구도 대물림되어야 한다. 그것은 너무나 중요하다. 일본인이 우리 역사를 많이 왜곡해 놓았기 때문이다. 최태영의 이 방면 학문에 치중해 학자로시 이띤 자세였는가,

법학자가 왜 고대사 연구를 시작했나, 일본에 가서 어떤 자료를 어떻게 구해 왔는지, 말년에 고대사 연구한 책 두 권이 나오게 된 과정과 항일의 문제도 기록해 두어야 할 것이다.

『한국상고사입문』 서문에 기록된 최태영 선생의 역사관이 참으로 훌륭하다고 생각한다. 역사학에 접근하는 방식은 1. 역사적 과거를 캐는 것, 2. 다른 나라에서 어떻게 하나로 비교법을 연구하는 것인데, 최태영은 그것이 아니라 과오를 되풀이하지 않는 반성, 발전의 기초로서 역사를 보았다. 역사가들이 다 사관이 다른데 역사를 그렇게 진보적으로 생각하는 사람이 많지 않다. 보통은 옛날 얘기 정도로만 생각한다. 최태영은 진보적 견해의 역사가인 것이다.

최태영은 고대사를 중시, 그 방면 자료를 제일 많이 가지고 있는 학자라는 사실이 중요하다. 나는 다른 교수와 함께 고인의 이러한 자료를 향후 어떻게 보관해야 할지 의논했다. 바로 최 교수의 논문에 인용된 책들과 참고자료를 한 장소에 모아 문고를 만들어 보존하는 것이다. 단군이 실재했다는 증거자료들이니 어떻게 보면 그것은 국가의 재산이다. 절대로 분실되거나 흐트러뜨리지 않게 분류하고 정리목록을 만들어서 보관해야 할 것이다. 선생도 그의 단군연구자료를 잘 보관해 줄 것을, 단군과 고조선과 근대의 한국·일본·중국 전체를 아우르는 역사와 사상·정책 등을 연구할 단군개국기념관을 만들 것을 유언했다.

어려운 사실은 나는 최 교수님의 법학 연구와 고대사 연구를 높이 평가하는데, 다른 사람은 고대사, 특히 단군에 관해서 그렇게 평가하는 사람이 적지 않을까 하는 것이다. 그러나 점점 많은 사람들이 최 교수처럼 생각하는 것을 본다.

2006년 8월
법학박사·대한민국학술원 회원

차례

1장

인간 단군

단군은 누구인가

　단군의 존재가 한국사 인식의 전면에 떠올랐다. 1999년 여름 단군이 앞으로 어떻게 될 것인지를 내게 와 묻던 젊은 신문기자가 있었다.

　종교적 이유를 내세워 단군 동상의 목을 자르다니, 한국인의 전통적 조상숭배 사상을 정면 부인하고 위해를 가하는 이런 일은 이유야 어찌됐든 제 나라 역사에 대한 무지에다 직접적으로는 일제 이래 교묘한 역사왜곡의 결과라는 데 생각이 미친다.

　단군은 누구인가. 단군이란 서기전 2333년 지금의 중국 땅 요동에 (고)조선을 개국하고 2096년간 47대에 걸쳐 통치해 온 임금들, 배달왕검(배달은 박달나무, 왕검은 임금이라는 말의 이두)을 가리키는 한문식 명칭이다. (고)조선은 그 이전 환국(桓國)시대 말기 곰이며 호랑이 등을 귀히 여기는 여러 부족들을 하나로 통일해 최초의 단합된 민족국가를 이루었기에 우리 역사의 기원으로 중요시되는 것이다. 단군이라는 명칭은 이후 왕이라든가 하는 용어로 변화됐다. 47대 단군만이 전하는 것은 유표한 행적의 임금들만을 추려 전했기 때문이다.

　오늘날 단군을 두고 벌어지는 비극은 오랫동안 한국인들에게 단군이 누구인가에 대한 명확한 설명이 주어지지 못했기 때문이다. 대한제국

말 혼란기에 일제가 끼어들어 한국사를 날조하고 일본 왕권에 유리하게 조작한 일본 황통사(皇統史)의 식민사관이 한국인들에게 교육되는 바람에 단군 조상들의 뿌리가 잘려 나감으로써 한국인들이 나라와 역사에 대한 자신감을 잃고 단군을 정확히 이해할 기회가 없었던 것이다.

그러나 단군사를 심도 있게 연구해 보면 단군을 정확하게 인식하고 있는 한·중·일의 역사 기록들이 전해져 왔음을 알 수 있다. 이런 사실은 중국과 일본에서의 한국사 왜곡 말살 노력에도 불구하고 부인할 수 없는 근거로서 존재한다.

단군임금들이 우리 조상이라는 것은 수천 년 동안 한국인에게 자자손손 전해져 온 상식이었다. 한국인들이 『천자문』 다음에 배우는 『동몽선습』은 당시의 사대(事大) 때문에 비록 중국사를 앞세우고 기자와 위만을 말하고는 있다 해도 어린이들에게 우리 조상이 중국 요임금과 같은 시기에 요동에 조선이라는 나라를 세웠고 단군들이 다스렸음을 잊지 않고 가르치고 있는 것이다.

고조선이란 위만조선·기자조선과 구별하여 오직 한(韓)민족 단군들이 대를 이어 가며 통치한 조선을 의미한다. 기자나 위만조선이 끼어들 여지가 없는 것이다. 중국인들은 역사를 자기 뜻대로 재구성해 버렸지만 역사서와 달리 지리서만큼은 변조할 새가 없었다. 중국의 세계지리서인 『산해경(山海經)』에 고조선 이야기가 나온다.

'(고)조선인들이 한문을 쓰게 된 뒤 나라 이름을 (아사달)에서 조선(朝鮮)이라 하고 배달임금을 단군(檀君)이라고 했다' 하고 '조선'의 음이 '조선(潮仙)'과 같다는 설명이 나온다. 여기의 조선(潮仙)이란 단순히 그 음을 차용한 것이다.

단군은 신화로 꾸며낸 신도 아니요, 곰의 아들도 아니다. 고조선의 임금이던 그들은 우리 할아버지와 똑같은 사람, 우리의 조상인 실재인물들이다. 우리는 그중에서도 고조선을 개국한 대표 단군을 최고의 조상으로 섬겨 왔고, 역경을 겪을 때마다 조상을 생각하는 마음으로 굳게 뭉칠 수 있었다. 또한 우리는 조상들이 광활한 요동 땅을 통치했던 역사를 자랑스럽게 여긴다.

말기에 이르러 고조선은 힘이 미약해지면서 지금의 중국 대륙에서 밀려나고 삼한으로 전락했다. 그러나 한반도 북부의 강력한 왕국이던 부여는 이 일대 한민족 국가 가운데 늦게까지 단군의 제위를 이어갔다. 고구려도 건국 초기에는 왕을 '단군'으로 호칭했음이 『삼국유사』에 나온다. 우리 민족이 중국대륙과 만주와 한반도에 먼저 와 살았던(先住) 주인이라는 것을 알아야 한다.

근대 조선에 이르러 천하가 중국을 중심으로 움직인다고 신봉한 사대 세력에 눌려 위국(爲國)이나 호국을 내세운 행사를 금함으로써 단군의 존재도 국가 규모의 힘을 잃었다. 그러나 세종 때에는 단군을 국조로 모시려는 의지와 노력이 있었다. 일제 때 이들은 미신이라는 이유로 타파 대상이 되었다. 단군에 대한 종교적인 오해는 이런 데서 비롯된 바가 없지 않다.

내가 태어난 황해도 장련은 구월산이 뻗어 있는 곳인데 삼성사란 단군사당이 있었고, 송관(松串)이란 곳에는 조선의 옛 이름을 딴 아사나루(아사는 아시아 전역에서 해를 나타내는 말이다)가, 읍에는 단군 조상에게 제사를 올리고 민족제전을 펼치던 장소 소도(蘇塗)를 나타내는 솟대백이가 있었다. 제전에서는 오랜 역사와 역대 임금으로부터의 교훈을 〈세년가〉라는 노래로 전승했음이 『세종실록』에 나온다.

일제가 조선을 침탈하면서 자기네보다 유구하고 우월한 역사를 가진 한국인들에게 그 옛날 고조선이라는 강대하고 광활한 독립국가가 있었다는 사실은 어떻게 해서든 잊어버리도록 해야만 식민통치하기가 수월했다. 일본은 역대 환웅천왕이 천 수백 년간 다스린 환국은 물론 고조선도 단군도 모두 실재 아닌 신화라는 사상을 퍼뜨리느라 환국으로 기재된 『삼국유사』를 불태우거나 변조하고 일본이 일찍이 한국을 지배하기도 했다는 거짓말도 날조했다.

한국 고대사 왜곡의 앞잡이 이마니시(今西龍)의 부류가 '한국사는 신라 때부터 시작이라'는 당치도 않은 설을 '실증주의 사학'이라고 호도함으로써 그 이전 수천 년의 한국 고대사를 못 믿을 것으로 돌려 버리려 안간힘을 썼다. 그러나 어느 것이 진정한 실증주의 역사인지 생각해 보아야 한다. 당시의 적대국인 일본인들이 한국사를 질시해 조작한 사실을 한국인이 그대로 받아들인다는 것은 미친 짓이다. 그것이 얼마나 한국인들에게 용기를 잃게 했는가를, 일본이 그 때문에 얼마나 덕을 보았는가를 몸서리나게 보아 오지 않았던가.

가시마 노보루(鹿島曻) 같은 일본사가들은 "일본의 황통사는 거짓 역사이지만 일본이 놀랄 만큼 짧은 기간 내에 과학과 선진 물질문명을 받아들여서 청일전쟁과 노일전쟁에서 승리하고 한때 세계 지배를 꿈꿀 정도로 자부심과 용기를 가지고 발전한 것은 중국과 한국 등 피해국에 대해서는 미안한 일이나 오로지 이러한 역사 위조의 공적이다"라고 실토한다.

한국 역사의 복원을 위해 나는 일본과 중국 측의 한국사 왜곡을 밝힐 전거를 찾아내는 데 이십 수년을 바쳐 왔다. 이제 그 자료들이 전부 모였다.

현재 일본에는 상가야(上伽倻) 왕조사를 연구하는 저명 학자들이 있다. 우리나라 고조선사와 일본의 진정한 고대사인 상가야 왕조사가 연접되어 있다는 것을 아고 기요히코(吾鄕淸彦) 같은 학자들이 상세히 연구, 발표하고 있는 것이다. 이들은 일본 군부와 신직(神職)이 개입된 역사나 『일본서기』와 『고사기』는 진정한 역사가 아니라는 것을 밝히기에 열을 올리고 있어 일본 제국주의 황통사 사가들로부터 박해를 받는 것도 사실이다.

나는 그 일본의 진정한 역사를 공부할 기회를 얻었다. 1988년 일본 후지산 기슭 지하 서고에서 비서(秘書)인 「후지미야시타문서(富士宮下文書; 신황기)」를 확인할 수 있었던 것이다. 1200년 전의 이 문서는 백제인이 와서 일본을 가르치다가 그대로 일본 왕이 되었다고 전한다.

또한 일본 궁내청 소장의 『상기(上記)』에는 일본에 건너온 한 단군 자손의 73대손이 일본 신무(神武; 진무)일왕이 되었다는 기록이 있다. 「후지미야시타문서(신황기)」 『수진전(秀眞傳)』 『상기』 『다케우치(竹內)문서』 등은 단군 및 백제와 관련해 한국 고대사 연구에 필히 참고해야 할 것들이다.

구사카(日下寬), 쓰보이(坪井九馬三)가 일본어로 1902년 번역·탈고하여 1904년 도쿄대학과 1915년 경성 조선연구회에서 한문 원문과 함께 출판한 활자본 『삼국유사』는 일연의 『삼국유사』 「고조선조」의 기록 중 환국(桓國)을 정확히 기록해 놓은 『삼국유사』 정본의 증거자료이다.

일본은 단군과 고조선의 역사를 신화라고 꾸며내고, 옛날에 일본이 한국을 지배했다고 사실과는 180도 다른 거짓 역사를 강요했다. 이제 그 일본인들이 한국에서 물러간 지 반세기가 넘었다.

아직도 진정한 한국역사를 복원하지 못하고 일본 황통사 사가들에게 속아서 단군과 고조선을 부인하고 조작된 역사를 받아들이는 것은 심히 어리석고 통탄할 일이다. 이런 상황은 심지어 일본 학자들에게조차 웃음거리이며, 야합의 대상이다. 우리는 자신의 역사를 바로 알아야만 앞으로 나아갈 수 있다.

환국과 단군조선

환국의 신시시대와 단군

　단군조선 이전에 이미 환국이란 신시(神市)시대가 1천 수백 년간(1565년간) 지속됐다. 그 나라에서 처음 환웅이 데리고 온 무리가 3천 명의 군대였다. 우사·운사·풍백 등 행정적 직임을 맡은 사람들은 따로 있었다. 환웅이 거느렸던 3천 명의 무리는 소규모 군대가 아니다. 신화적 허구로 볼 수 없는 것이다. 일본인들은 단군조를 논하며 의도적으로 이 부분을 자꾸 회피해서 뺀다.

　신화는 어디에 나오는고 하니 신시시대 환국에 있던 이야기이다. 단군보다 1500년 전 환웅이란 임금들이 환국에 있었다는 것인데 역사가 없어졌기에 그런 신화로 상징된 것이다. 오랜 역사를 가진 나라는 어느 곳이고 신화가 있고 그 신화에 역사적 사실이 반영되어 있는 것이 상식이지만, 우리나라의 역사는 고조선 개국부터는 분명한 사실이요 신화가 아니다. 최근 고고학 발굴을 통한 만주 고조선 지역에서 서기전 2400년쯤의 청동기 유물이 발굴되었으니 그 시대에 충분히 광역국가가 성립할 수 있다는 것은 무리한 말이 아니다.

　우리가 어디서 왔는지는 증명할 필요가 없다. 우리는 아주 일찍 깬 민족으로 석기시대부터 다른 데서 들어와 요동과 한반도에 제일 먼저 정착했던 주인이다. 10만 년 전, 그 당시 빙하기 등의 영향을 받은 민족대이동으로 요동과 한반도 일대에 인간이 거주했다. 그때 어떤 인종이 살았는지 알 수 없다. 동양미술사학자 코벨은 백인종인 코카서스 종족도 있었다고 주장한다. 그러한 종족들이 역사적인 설정 아래 혼합하여 한데 뭉치기 전 환국 신시시대에는 곰·호랑이·태양·조상 등을 섬기는 여러 부족으로 분열하여 싸우고 있었던 것이다.

마지막 환웅대에 와서 단군(배달임금)이 나와 환국을 무력 통일하고, 서기전 2333년 아사달(지금의 중국 하얼빈)에서 조선이라는 광역국가를 개국했다. 중국의 요임금과 같은 시기였다. 단군은 환웅의 자손으로서 우리 민족의 개조가 되는 조상이다. 이것이 단군 이야기다. 일연의 『삼국유사』에서 불교의 옷을 벗기면 거기 인간이 나온다.

그를 배달임금이라 한 것은 산 위에서 박달나무 있는 지역으로 내려온 때문이다(박달나무는 시베리아, 한반도 북부의 찬 데서 자라는 나무다. 배달은 박달의 이두다. 박천을 배천으로 읽는 것과 같다). 단군이 개국한 조선을 조선, 단군조선, 고조선이라고 부른다. 나중에 끼어든 기자나 위만조선과 혼동되지 않도록 단군조선, 단군의 손이 살았던 나라로서 고조선이라고 한다. 고조선이란 말이 생긴 것은 신라 이후다.

고조선이란 나라 이름은 중국의 가장 오래된 지리지 『산해경』을 통해서도 확인된다. 중국과 일본이 역사를 위조한 짓거리들은 비슷하다. 중국은 중화사상을 내세워 자기네가 모든 패권을 가져야 하는 것처럼 철저히 주변국의 역사를 개조했으면서도 기적적으로 지리지 『산해경』만은 개조를 면했다. 여기에 바로 고조선 이야기가 있는 것이다. 조선을 묘사한 내용은 다음과 같다.

열양 동해 북산 남쪽에 나라 이름을 조선이라 한다. 동방에 군자의 나라가 있다. 낙랑군(요동에 있는 것으로 한반도 내의 낙랑과는 다르다) 왕검성이 고조선 땅이다. 서로 사양하고 다투지 않고 훈훈하여 박하지 않다. 그들은 의관을 하고 띠를 띠고 검을 찬다. 음식은 기장을 먹고 짐승도 키워서 먹는다. 공자는 자기의 도가 중국에서 잘 지켜지지 않으니 떼를 타고 구이(九夷)의 나라 조선으로 갈까 보다고 했다.

조선이 책봉한 제후국이 많은데, 한데 모여 복종할 때는 제후국이고 분열하여 저마다 패권을 다툴 때는 열국이라고 부른다. 단군은 여러 분국 분봉왕 수십 명을 모아 회의를 열었고 속현 여러 군데를 순회 방문했다. 그만큼 고조선은 세력 있는 민족이었다. 고조선 말기 조선족의 강한 나라 부여가 한반도 북부에서 6대 단군을 유지해 나갔다. 예맥도 그 근처다. 한나라도 부여는 정복하지 못했으며 부여는 고구려로 이어졌다.

고조선의 강역

우리는 조상들이 요동의 넓은 땅에서 나라를 이루고 살았던 사실을 자랑스러워한다. 우리 한족(韓族)이 선진민족으로 활약한 고조선의 중심이 요동이었고, 그 나라가 강대했다는 사실은 일찍이 한·수·당 등 여러 강국이 한족(韓族)을 치러 간 곳이 요동이었고, 중국의 요(堯) 임금 다음의 순(舜) 임금이 우리 한족이었음을 보아도 알 수 있다.

고조선 강역은 지금의 북경 동쪽에서 한반도까지 전체를 빽빽이 차지한 것이 아니라 그물코처럼 곳곳의 산수가 좋은 몇 군데를 차지하고 살았다. 강화도 마니산도 단군의 손이 원래 거주하던 곳이다. 고조선 강역은 고조선-부여와 예맥-고구려로 이어진다. 원래 우리가 살다가 한사군에 뺏겼던 땅, 요동의 고토는 5백 년 후 고구려 광개토대왕 때 다시 회복했다.

우리 민족이 본바닥이던 요동에서 살았던 것도 사실이고 이후 한반도로 밀려온 것도 사실이다. 단군의 손 한족들은 만리장성 안에서부터 밀려나기 시작해 중국 한무제가 위만조선을 칠 때는 세력이 더 미약해져서 요동에서 밀려나 한반도 삼한으로 전락한다. 즉 우리 한족들은 만리장성 안의 지역을 차지하고 살다가 요동-만주-한반도로, 최근세의 이북동포들이 6·25를 전후해 남하해 오듯 이주해 왔다. 더러는 왜(일본)까지 갔다. 그때부터 우리나라 족속이 일본으로 갔다. 예국, 맥국도 모두 만리장성 앞 부여 근처에 있다가 남하하여 강원도로 쫓겨 내려왔다.

삼한은 한반도에서 삼국으로 발전한다. 본래 영토이던 한반도 남단 깊숙이까지 밀려온 한족 가운데 제일 먼저 건국을 선언한 것은 삼국 가운데 신라다. 중국에서 가장 멀리 떨어져 있었기에 간섭이나 시달림을 덜 받아 삼국 중 가장 먼저 독립 건국을 이룰 수 있었다. 구려는 고구려의 먼저 이름이다. 고구려는 중국을 맞상대하여 싸우고 요동지방에 늦게까지 국가를 유지하고 있던 부여를 정벌하여 합치느라 건국이 늦어진다.

백제는 언제나 고구려 뒤에 따라붙었다. 후일 백제가 강해지면서 요서지방에 고구려 영토를 포위하는 성을 11개 쌓았다. 이를 두고 고구려와 일대 충돌이 일어나자 내려와 신라와 연합했다. 그런데 백제 성왕과 신라 진흥왕이 힘을 합해서 고구려를 상대로 싸워 땅을 도로 찾았는데 신라가 갖고 백제한테 안 주니까 분개하여 백제가 다시 고구려와 연합했다. 이때 신라는 백성이 다 왜국으로 가는 바람에 백성을 잃은 금관가야 왕실을 받아들이고, 고령가야 등을 쳐서 합병하여 강해졌다. 이후 당나라를 등에 업고 중국식으로 변신하면서 임금 복색부터 바꿨다.

고구려가 신라에 패망할 때 정복되지 않고 남은 11개 성이 발해가 되어 고구려의 후신임을 자처했다. 신라 이후 왕씨가 이를 계승해 고려라고 했다. 그때부터 요동의 우리 국토를 잃었다. 고려국에서 역사서를 쓸 때 이런 사실들을 다 참고했을 텐데, 조선이 건국하면서 『고려실록』을 모두 없애 버렸다. 그대로 두면 조선이 고려의 역적이라는 역사 판단을 피할 수 없었기 때문이다.

역사와 단군

단군을 부정하는 이들은 『삼국사기』에 단군 이야기가 뚜렷하지 않다며 단군은 가공이라고 한다. 그러나 김부식은 『삼국사기』에서 단군 이야기를 의도적으로 축소한 것이다. 그는 중국에 요공을 해서 살려고 했다. 단군과 부여, 고구려로 이어지는 역사 찾는 파벌을 제거해야만 신라 출신의 자신이 살아남을 수 있었다. 고토를 찾으려는 묘청도 그런 김부식에게 토벌됐다.

역사가 두 가지라는 걸 알아야 한다. 고구려 계통 역사는 비밀에 묻혔고 신라 계통은 천지에 널려 있다. 우리의 진짜 역사는 모두 박제되어 산속으로 들어갔다. 고구려 계통 역사를 전하는 사서로 『규원사화』가 있다. 발해국에 가 있었던 고구려 사서를 중국에서 다 거두어 간 뒤 남은 것 중에 예맥국이 가평, 춘천으로 쫓겨 내려오면서 보관해 전한 사서를 토대로 쓴 책이 1795년의 『규원사화』다. 이병도는 『규원사화』를 인정하면서 『환단고기』는 못 미더워했고, 윤내현은 『규원사화』에서 단군 고조선에 대한 확신을 얻었다고 했다.

단군의 역사를 기록한 『단군세기』는 47대 단군의 세세한 업적을 전한다. 이 책은 고려 말의 학자이며 정치가인 행촌(杏村) 이암(李嵒)이 1363년(공민왕 12년)에 쓴 역사서이다. 우리가 허망하게만 취급해 온 단군대의 이야기가 일본 고대 사서 4종을 맞춰 보면 중복되면서 확실성이 드러난다. 단군조선과 일본의 상고사가 그렇게 접점을 이루는 것 중 하나는 단군조선의 섬승노(陝野奴), 배폐명(裵幣命)과 일본의 장수언(長髓彦; 나가스네히코) 내란 부분이다. 배폐명 이야기는 『단군세기』와 『태백일사』에 나와 있는 기록이고, 장수언의 내란은 일본 상고사 『상기(上記)』에 나와 있다. 『단군세기』에서 우리가 왜를 친 기록은 이러하다. (김은수 역, 『환단고기』에서 인용)

  - 3대 단군 가륵(嘉勒) 때인 서기전 2173년 "반란을 일으킨 예읍의 추장 소시모리(素尸毛犁)를 참하였는데 그 후손에 섬승노라는 자가 있어 해상으로 도망하여 세 섬에 의거하여 천왕이라 칭하였다."
  - 35대 단군 사벌(沙伐)조에는 서기전 723년 "장수 언파불합(彦波弗哈)을 보내어 규슈(九州)의 구마소(熊襲)를 평정했다."
  - 36대 단군 매륵(買勒)조에는 서기전 667년 "섬승후(陝野侯) 배폐명이 병선을 몰고 가서 왜인의 반란을 진압했다."(『태백일사』「마한세가」에는 "단군 궁홀 때인 갑인(서기전 667) 섬승후에 명하여 전선 500척을 이끌고 가서 해도(海島)를 토벌하여 왜인의 반란을 평정했다"고 되어 있다.

이에 상당하는 일본 상고사 『상기』의 기록은 "조선인이 선단 70척에 군대 1천 명을 싣고 왜(九州)로 쳐들어와 장수언으로 하여금 내란을 일으키게 하고 임금으로 내세웠다가 수십 년 후 평정됐다"는 것이다.

우리가 직접 왜와 싸운 게 아니고 규슈에서 장수언이라는 유력한 세력가를 일으켜 왜왕으로 삼고, 수십 년간 다른 대치 세력과 전쟁을 벌인 것이다. 이때의 왜는 규슈에서 활동하는 집단이었으며, 지금의 일본 본토로 진출한 것은 이로부터 아주 오랜 세월이 흐른 뒤이다. 후일 일본에서 진무(神武)일왕이란 이름으로 불리게 된 왜의 지도자가 장수언의 대치 세력이었는데 진무의 아버지 대에 일어난 이 전쟁에 진무 집안 3대가 나서서 싸우다 진무의 두 형이 죽고 진무 대에 가서 가까스로 수습되었다. 진무에게는 후일 다른 왜왕 스진(崇神)대에 있었던 업적까지 덧붙여져 신격화되는데 일본사의 믿을 수 없는 부분이 이런 것이다.

배폐명, 혹은 섬승노라고 불린 존재의 왜 정벌은 매우 복잡한 역사이기 때문에 일률적으로 말하기는 어렵다. 우리가 가서 왜를 정벌하고 임금을 내세웠던 것은 사실이다. 선단 규모가 『상기』에는 70척, 『태백일사』에는 500척인 것으로 미루어 국가적 정벌군인 것으로 보인다. 우리가 규슈로 왜를 치러간 기록은 부여 때도 나온다.

일본 상고사 연구자들도 이 사실을 주목한다. 진무의 가계는 『상기』에 의하면 일본에 온 단군의 손의 73대가 되므로 종래는 왜 땅의 통치권을 두고 우리나라 종족끼리 전쟁을 벌인 것이다. 일본 학자들은 이를 두고 '대리전'이라고 한다.

『단군세기』에서 배폐명의 사실을 접하면서도 진척되지 못하던 연구가 일본의 고대 사서 『상기』와 『신황기』 등을 통해 분명해졌다. 단군조선은 더 이상 부정할 수 없는 것이며, 일본은 완전히 한족(韓族)이 가서 건설한 것이다.

단군이 우리 주변에 예사롭게 그 존재의 단편을 드러내고 있는 것을 만주와 한반도 일대에 흩어져 있는 단군릉과 단군사당 같은 것에서 엿볼 수 있다.

『조선왕조실록』에 "동네 어린것들이 무덤 꼭대기에 올라가 놀고 장난하는데 단군릉이라 하는 것이니 그런 짓 말라"는 기록이 보인다. 적어도 여러 개의 단군릉이 있었다는 것을 말한다. 그러나 1993년의 평양 단군릉 발굴은 어딘지 부자연스러운데 정보교환이 없으니 알 수 없다. 만주,

환도, 광개토대왕릉 근처에 가면 이름 없는 장군릉이 많다. 단군릉이 그 중에 있을 것이다. 발굴해 보면 많은 사실이 밝혀질 텐데 중국 측이 절대 발굴을 금하고 있다.

중국 산동 등지에는 단군사당이 많다. 환도 근처에서 아직도 자신이 고구려인의 후손이라 생각하는 중국인들이 단군사당에 제사를 지낸다. 이는 내 자신이 1920–30년대에 현지에서 직접 확인했던 사실이다. 평양 숭령전과 황해도 구월산 삼성사, 강화도 참성단도 단군을 겨레의 조상으로 섬겨 국가적 의례로 제사 지내는 곳이었는데, 숭령전과 삼성사를 일제가 헐어 버렸다. 참성단 행사는 일제 이래 단군을 부정하면서 국가적 행사가 아닌 일개 단체 행사로 축소되었다.

우리 조상은 조상을 위하고 하늘을 위하는 민족이며 보은사상이 강했다. 그것이 전통이다. 불교가 들어오며 거기에 옷을 입혀 한구석에서 변조되기 시작했다. "옛날에 환국(桓國)이 있었다"는 기록의 나라 이름 환국이 불교적 존재인 환인(桓因, 이를테면 제석이라는 것)으로 둔갑한 "옛날에 환인이 있었다"는 기록과 병존하게 된 것이다. 불교가 생겨나기 이전 사실인 환국을 제대로 기록한 일연의 『삼국유사』는 고기(古記)의 가치와 역사가의 입장을 지켰다.

한국사의 큰 의문 하나는 기자조선이다. 기자 또한 은나라 족인지 모르겠으나 조선의 지방관리 정도였을 뿐 그가 조선에서 임금한 자취가 없다. 1천 년 후 기준(箕準)을 뜬금없이 기자의 후손이라고 내세운 것도 중국에 대해 사대주의가 발생하여 갖다 붙인 것으로 보인다. 기자조선은 허구이다.

단군의 사적은 사기를 통해서만 전하는 것은 아니다. 글로, 또는 입에서 입으로 전해지는 노래 〈세년가〉로도 단군의 존재는 오늘날까지 전해

저 왔다. 그런 단군을 일제가 말살한 이후 오늘에 이르기까지 학계에서는 단군 역사를 회복하지 못한 채 일본의 논리를 그대로 답습한다. 민간단체들이 단군을 되찾는 운동을 벌이고 있으나 여기엔 학구적 관점이 결여된 것이어서 문제점이 없지 않다.

어떤 교수가 1999년 민간단체들의 열렬한 단군숭배를 두고 "무조건 단군만 높인다고 애국하는 것은 아니다"라고 했다. 그러나 "역사가라며 단군 안 높인다고 애국하는 것도 아니다." 내 주장은 단군을 억지로 높이라는 게 아니다. 조상은 조상이지 왜 아니라 하는가. 역사가라면 적어도 우리 민족이 수천 년간 단군을 국조로 모셔 왔음을 인정해야 하고, 일제강점 이후 일본에 의해 단군이 부정되는 사태가 어떻게 일어난 것인지를 설명해야 한다. 지금처럼 뚜렷한 해명 없이 단군을 말살하는 것은 일본의 주장을 좇아 단군을 암살하는 것이다. 우리 역사에서 수없이 벌어졌던 역사적 인물 암살의 한 작태인 것이다.

그러나 단군상만 미련하게 많이 만들어 세운다고 다 되는 것도 아니다. 이런 상황은 앞으로 어떻게 이용될지 모르는 위험한 것이다. 개신교의 일부 사람들이 또 그걸 좇아다니며 목을 베고 부수는 야만스런 혼돈이 지속되고 이 통에 단군이 끝내 학술적 인정을 받지 못한다면 참말로 일본은 한국 역사를 분열시킨 획책이 맞아 떨어졌음을 지극히 기뻐하며 속으로 크게 웃을 것이다.

단군은 우리의 위대한 조상이며 나는 진실로 그 조상을 존경한다. 그것은 종교적 신과는 아무 상관없는 것이다. 단군 연구는 문헌학과 고고학의 학문적 연구를 통해서 진전될 것이다.

1999년 말, 한 민간 단군단체가 무엇 때문인지 내게 상을 주겠다지만 거절했다. 나는 적어도 학교 교과서에 단군이 정식으로 조선을 개국한

임금인 조상으로 기록되고 학생들에게 가르치게 되면, 또한 우리 민족이 일찍이 북경 근처 요동과 한반도에 최초로 선주했던 민족이라는 나의 학설을, 또 코벨의 학설을 절반 정도의 사람들만이라도 받아들인다면, 그땐 죽었던 조상을 기어이 찾아서 받들었단 공로로 상을 주는 데가 있다면 자축하는 의미에서라도 받겠다. 지금 단군 역사는 교과서에도 못 오르고 후손들에게 가르쳐 주는 사람도 없고, 일본인들에게 떠밀려서 쫓겨난 상황이다. 단군 조상은 못난 후손들을 바라보며 지금 심난할 것이다.

〈세년가〉 연구

　어떤 역사가들은 다음의 의문을 걸고 이유 없이 우리 전래의 역사를 부인한다.

　'문헌상으로 보아 문자시대에 진입할 수 없었을 텐데, 어떻게 4천 년 동안 단군과 조상들의 역사가 전해 올 수 있었겠느냐'는 것이다. 이에 대하여 나는 확신을 가지고 이렇게 답한다.

　'〈세년가(世年歌)〉라는 것이 있어 노래로 역대의 사적을 엮어 가며 입에서 입으로 전해 내려왔다'고. 우리 역사는 〈세년가〉가 전하는 대로이다.

　한자가 보급되기 전 일찍이 정음(正音)의 원본 가림토(加臨土)와 각종 이두가 있었다. 언젠가는 더 자세히 밝혀질 것을 기대하거니와 고구려 초기에 이두문자로 사서 『유기(留記)』100권을 지었음이 『삼국사기』에도 기록돼 있다. 삼한시대에 쓰던 붓과 먹도 많이 발굴되었다. 고구려보다 앞선 삼한에 글이 있었다는 증거이다. 소도를 핵심으로 한 10월 상달 민족축제일에 노래를 불러 역사를 전했다는 기록은 곳곳에서 발견된다. 따라서 〈세년가〉라는 것이 분명히 있었다.

　이제 판정을 내려야 한다. 우리나라에서는 없어졌을지라도 일본과 중

국에 그 흔적이 남아 있으리란 생각을 했는데 확신한 대로 이들을 찾아
낼 수 있었다.

솟대백이와 〈세년가〉

단군 이래 삼한과 삼국시대까지 매년 음력 10월 상달 무천·영고·동맹
같은 국가 규모의 큰 축제가 있었다. 이때 신지(神誌 혹은 神智)라는 제
관이 건국 이래의 역사와 조상들의 공적 교훈을 노래로 불렀다.

중국의 역사서와 우리나라 최치원이 새긴 비문 등에서 이런 사실이
증명된다. 『위지(魏志)』「고구려전」과 「삼한전」에 "여러 나라에 각각 별
읍이 있어 솟대 소도목이라고 하는 나무를 세우고 제사 지냈다"는 것이
다.

한국 측 기록은 1520년 조선 중종 때 찬수관을 지낸 학자 이맥(李陌)의
『태백일사(太白逸史)』「신시본기(神時本紀)」제3에 "신시를 세운 환웅
천왕의 공덕은 수두(蘇塗) 제천의 고속에 의하여 분명히 전송되어서 잊
히지 아니하였다"라는 것이다. 「마한세가(馬韓世家)」상편에는 "이로부
터 수두제단이 도처에 세워졌다" 하였고, 최치원이 쓴 「난랑비문(鸞郎
碑文)」에는 "백제에도 그런 행사가 있었다"라고 되어 있다. 경북 문경에
있는 신라 봉암사 지증대사 적조탑비(寂照塔碑)에도 "동국이 정립(鼎立)
하였을 때 백제에 소도라는 민족축제 의식이 있었다"라고 새겨져 있다.
고조선의 수두교(敎)가 요(遼)·금(金)·지나(支那) 등 각지에 널리 분포된
사실도 역사에 기록되어 있다.

그런 기록 말고도 광대들이 긴 가극을 판소리로 전해 내리는 것을 보
면, 일본에서 역사가 문자로 기록되기 전 전문적으로 지나간 왕조 수백
년간의 사적을 외우는 인간 사서(史書) 가다리베(語部)가 있었던 것을

보면, 단군 이래 〈세년가〉라는 노래를 불러 문자와는 별도로 역사를 전해 왔다는 것을 믿을 수 있다. 1910년대 구월산 단군사당인 삼성사에서 멀지 아니한 장련읍 서탑거리에 솟대백이라는 지명이 있었다. 〈세년가〉가 이곳에서 불리었을 것이다.

『세종실록』의 〈세년가〉

1973년 『조선왕조실록』 영인본이 발행되면서, 『세종실록』 제40권 세종 10년 6월 유관(柳寬)이 올린 상서와 세종 18년 12월 유관의 조카 유사눌(柳思訥)의 상서에서 단군의 사적과 단군릉에 관한 사실이 〈세년가〉로 전해 내려온 것을 확인했다. 유관이 세종에게 올린 글은 다음과 같다.

황해도 문화(文化)에서 부로(父老)들의 말을 들으니 구월산(闕山)은 문화 고을의 주산인데, 그 산허리에 단군사당인 삼성사가 있고 그 밑에 성당리(聖堂里)라는 마을이 있으며, 단군이 박달나무 가에 내려와 후대에 문화의 동쪽 장장(藏壯)이란 곳(혹은 당장평, 왕검성이라는 곳)에 도읍을 정했으며, 단군은 중국의 요임금과 같은 해에 건국했고 건국한 지 천여 년 만에 아사달산에 들어가 신으로 화했다고 합니다.

신으로 화했다 함은 별세했다는 것을 말한다. 이로부터 8년 뒤에는 유관의 조카 한성부사 유사눌이 상서를 올렸다.

〈세년가〉를 보니 단군이 조선의 시조이며 그 나라를 누린 역사는 매우 깁니다. 전에 그 사당을 지으라고 유사에게 명하실 때는 유사가 잘 몰라서 평양에 세우고자 하였으나, 신의 숙부인 관(寬)이 그것이 잘못임을 논하여 사업을 아직 시행하지 못하고 있습니다.

그 〈세년가〉에 의하면, 단군이 평양에 도읍을 정하였다가 뒤에 백악으로 도읍을 옮기고 은나라 무정 8년에 아사달에 들어가 신이 되었다고 합니다.

나라를 누리기 천여 년이고 지금도 그 사당이 아사달에 있습니다. 그러니 그 근거가 없다고 할 수 없습니다. 더구나 고려가 구월산 밑에 사당을 세웠는데, 그 집과 위판이 지금도 있어서 〈세년가〉와 서로 합치됩니다. 그러니 이를 버리고 다른 곳에 세운다면 그것은 잘못이라고 생각합니다.

단군사당을 다시 세우려고 조사하던 세종 임금이 이를 재가하고 예조에 명을 내렸다. 『세종실록』의 이 부분을 읽으면서 나는 11살 때 구월산 삼성사터와 성당리 마을, 그리고 오래된 문화 유씨 묘들을 바라본 기억을 떠올렸다. 문화 출신의 유관과 유사눌은 선산이 있는 구월산에서 삼성사를 확인할 수 있었던 것이다.

유사눌이 말한 〈세년가〉의 내용이 어떤 것인지는 아직 발견된 바 없다. 그러나 근세 세종대왕 대까지도 〈세년가〉가 남아 있었음을 확인한 것은 커다란 수확이었다. 일반인은 모른다 해도 최근까지도 식자들은 〈세년가〉를 알고 있었다. 이병도는 다음과 같이 말했다.

"그러니까 우리나라에서 옛부터 단군을 국조로서 사당을 세우고 최고의 조상으로 제사를 받들어 왔는데 그것이 끊어진 것은 일제강점 때부터였다. 지금까지도 여러 곳에 그 제단의 유적이 남아 있고, 또 그 제상의 진설도와 〈세년가〉가 세전되어 오고 있다. 신화나 전설에 지나지 아니한다면 이처럼 역대 왕조에서 조의(朝議)에 의하여 받들지는 아니했을 것이다. 아무튼 실존 인간 단군과 영구한 역사를 이어 온 고조선에 관하여는 더 연구할지언정 신화로 단정할 수는 없다고 생각한다."

『표제음주동국사략』의 〈세년가〉

내가 그동안 확신한 대로, 또한 『세종실록』에 기록된 대로, 고려시대에도 불렀던 것이 분명한 〈세년가〉를 1985년경 기어이 찾아냈다. 단군

서부터 고려 공양왕까지의 치적을 기록한 그 〈동국세년가(東國世年歌)〉
는 권도[權蹈; 또 다른 이름은 권제(權堤)]가 1436년 찬한 것이다.

1524~1529년간 영주(오늘날의 영천) 군수로 나가 있던 유희령(柳希齡,
1480~1552)이 이 지방에서 목판 활자로 편찬한 『표제음주동국사략(標題
音註東國史略)』이란 통사 책 첫머리에 바로 이 〈동국세년가〉가 기록돼
있다. 『표제음주동국사략』은 방대한 『동국통감』을 유희령이 간단하게
개편하여 민찬 사서로 발간한 것인데, 해외에 반출된 수만 권의 도서 중
하나로 한국 정부의 반환 요청에 따라 근년에 간신히, 그것도 원본 아닌
필름 복사로 대만 고궁박물관에서 찾아온 책이다. 일본에도 이 책이 가
있다. 정신문화원에서 이 필름을 공개했으나 아무도 관심을 가지지 않
았을 때 나는 누구보다 먼저 이 책을 복사해 읽었다. 그리고 『동국통감』
에서도 못 찾아냈던 〈동국세년가〉를 이 책의 서두에서 발견해 낸 것이
다. 『세종실록』에도 없었던, 진짜 〈세년가〉의 발견이라고 할 수 있다.

『표제음주동국사략』의 표제란 것은 본문 상단에 제목을 단 것을 말한
다. 음주라 함은 지명·인명 등 고유명사의 음을 주(註)로 단 것을 말한
다. 유희령의 선대는 대대로 무관 벼슬을 지냈다. 어린 유희령은 자기가
실수한 일에 그 부친이 사과하는 것을 보고 분발하여 23세 나던 1501년
에 진사가 되고 중종 때인 1516년 과거에 급제, 영주 군수로 5년 임기를
마쳤다. 참의를 수차 지냈으며 박식하였고 시집을 내기도 했다.

『표제음주동국사략』은 그가 영주 군수로 재직할 때 그 지방의 목판
활자로 수정본인 재판까지 찍어냈다. 현재 3판까지 찾아냈는데 연세대
와 고려대 등 여러 곳에 산재해 있어 전집이 완벽히 갖춰지지 않고 결질
됐다. 그러나 그 원본은 『동국통감』에 있는 것이므로 내용은 짐작된다.

유희령의 『표제음주동국사략』은 의도적으로 첫머리에 〈동국세년가〉

를 실어 자주정신을 표방하였다. 그 내용은 이승휴가 지은 『제왕운기(帝王韻紀)』의 기록과도 부합하는 것으로 4천 년 전에 건국한 단군조선의 전기 1천 년을 통치한 단군 47대에 대한 기록이 동일하다. 다른 책과 달리 신라를 위주로 하지 않고 고구려·백제·신라 순으로 역사를 기술하고 있다. 또한 통일신라(남조)에 대한 발해(북조)의 역사를 밝힘으로써 후일 『발해고』를 저술한 유득공의 선구가 되었다. 권도가 찬한 〈동국세년가〉 내용은 이렇게 시작된다.

　요동에 하나의 별천지가 있으니, 중국과 완전히 구분되어 삼면이 큰 파도가 출렁이는 바다로 둘러싸이고 북녘은 대륙에 연한 중방(中方) 1천 리, 이것이 조선이다. 아름답고 예의를 아는 나라이다. 환국에서 환웅이 온 인류를 크게 이롭게 할 만하므로 (환웅으로 하여금) 무리 3천을 거느리고 태백산 신단수 아래로 내려보냈다. 그의 아들이 조선이란 나라를 세운 단군이다. 시라, 고례, 남북 옥저, 동북 부여, 예와 맥은 모두 단군의 자손이다.

그러나 중국에 대한 외적(外的) 사대관계로 이른바 기자조선을 우리 역사에 접목시켜 왜곡된 부분이 있으므로 바로잡아야겠다. 또한 고조선이 서기전 2333년에 건국하여 2천 년 동안 존속했다는 것은 모두 『규원사화』와 일치하지만, 전기 조선이 1천여 년 47대이고 후기 조선이 9백여 년 41대라 한 부분은 『단군세기』의 단군조선 2천 년 역사의 47대라고 한 것과 맞지 않는다. 이 점은 더 연구 조사해야 할 과제이다.

가고시마의 단군 옥산궁과 심수관

우리나라에서는 없어진 〈세년가〉가 중국·대만, 혹은 일본에 남아 있으리란 생각을 했다. 1985년 일본 가고시마현 미야마(美山)에 있는 단군 사당 옥산궁(玉山宮; 교구산구)에 가서 조사했다. 이곳의 종주(宗主)이자 한국인 도공 14대 심수관(沈壽官)을 방문하여 일본의 조선인 도공들이 세운 단군사당 옥산궁의 축문과 축가에 전해 오는 〈세년가〉를 찾아내고 많은 이야기를 들었다.

1598년 정유재란 때 기구하게 조국을 떠나 가고시마에 정착한 40~70여 한국인 도공들이 평양 숭령전(일제는 숭령전을 문간과 본채 건물 하나만 남기고 다 헐었다)의 옥산궁을 본받아 단군사당을 만들었다. 그래서 이곳 이름도 옥산궁이라 한다. 4백 년 전 단군사당이 평양을 위시해 조선 각처에 있었음이 분명하다. 해마다 음력 8월 15일 단군제를 지내 왔는데, 이때 불리던 제문과 축가, 「옥산궁 유래기」가 종주 심수관 댁의 가보로 전해 온다. 400년 전의 〈세년가〉가 축가와 제문으로 남아 있는 것이다. 옥산궁(단군사당)은 심수관 댁이 있는 마을 뒷산에 있었다.

녹아도(鹿兒島; 가고시마)시로 들어가며 고려봉을 멀리 바라보면서 시내 몇 곳을 먼저 둘러보았다. 애써 찾아간 녹아도 시내의 고려우편국은 개명당하여 그 문패가 갈려 버렸다. 그러나 노인들은 지금도 고려우편국을 물으면 그대로 가르쳐 주었다. 일본에서 한국을 가리키는 지명은 급속히 사라지는 중이지만 고려산·고려교는 옛 이름 그대로였다. 고려교는 원래 견고한 데다 다리 이름을 크고 깊게 각자한 때문에 현재에도 그대로 갑돌천(甲突川) 위의 대교로 이용되며 그 이름 그대로 불리고 있다.

단군 신사가 있는 묘대천(苗代川; 지금의 日置市 美山)으로 향했다. 빗속의 석양 무렵 산길에 서 있는 홍살문 격인 도리이를 몇 개나 통과해 옥산궁에 다다랐다. 차도도 없는 풀밭, 좁고 물이 고인 산길인데도 운전기사는 군소리 한마디 없이 차를 곱게 몰아 옥산궁의 본전 문 앞까지 안내해 주었다. 지키는 사람 하나 없고 몇십 년 동안은 푸대접을 받고 있던 단군의 폐사를 둘러보았다. 다음 날 아침에 옥산궁을 다시 찾아가서 한 번 더 둘러보고, 날이 개었으므로 사진을 다시 찍어 가지고 왔다.

이제는 일본식 건축물로 변화되긴 했지만 평양 단군릉을 말하는 옥산 궁이란 이름을 끈질기게 간직해 온 목조사당 안에는 놀랍게도 단군바위가 모셔져 있었다(돌과 바위를 사랑하는 한국인의 심성을 나타낸 것이다). 1603년 심당길(沈當吉; 심수관 집안의 시조)과 김해(金海) 두 조선도공의 꿈에 똑같이 조선의 하늘로부터 큰 불덩이가 날아와 떨어지는 것을 보았다. 사람들이 꿈에 본 그 장소에 가보았더니 과연 큰 바위가 이곳에 있었다고 한다. 바위는 그 당시 실제로 뜨거웠다고 하며 이곳 사람들은 꿈에 단군이 바위로 현신해 나타난 것이란 계시로 받아들였다고 한다. 17개 성씨들로 구성된 조선도공 집단의 단합을 위해 돌을 옥산궁에 모셨다. 내가 본 그 단군의 신체, 사람보다 훨씬 더 큰 자연석 통돌의 둘레에는 방울과 흰 종이로 접은 사카키 나무가 걸려 있었다. 추석날 고려 춤을 추고 고려 떡을 해 먹으면서 단군 제사를 지낼 때 이 바위를 공개하고 축가와 축문을 읽었다. 14대를 내려오는 동안 이제는 그 뜻도 잘 모르고 발음도 어눌해진 우리말로 그 노래와 제문을 외우는 것을 보고, 민족의 역사가 글보다 입으로 전해지는 〈세년가〉로 대대로 전해 내려올 수 있었음을 확신했다.

이들은 축문에서 단군을 최고의 존귀한 조상으로 받들면서 운명적으로 객지 떠돌이가 된 그들의 새로운 삶을 수호해 달라고 축원한다. 땅의 개간과 갖가지 생업에 눈 돌리면서도 어느 하루 조상 단군을 기리는 날의 기쁨을 말하며 역경을 이겨 내는 힘을 추스르는 강인함도 배어난다. 그 구심점이 바로 단군인 것이다.

돌로 된 단군의 신체(神體)를 모신 가고시마 조선도공의 옥산궁신사. 〈세년가〉의 일종인
「옥산궁 유래기」와 제문, 축가 등이 전한다. ⓒ 최태영

옥산궁의 단군상이 어떤 것인지를 알려고 여러 방면으로 탐문해 보았
으나 여의치 못했는데, 문공부의 서종환 과장과 한국문화원의 박장환
도쿄주재원의 수고로 히가시 이치키초(동시래정; 東市來町) 교육위원회의
신사전문위원으로부터 얻은 자료에 의하여 단군의 신체(神體)가 4m²×
높이 3.5m의 암석임을 알았다.

정신문화연구원에서 유승국 원장이 최근에 현지 여러 곳에서 조사 촬
영한 사진을 가지고 일본에 가서 비교 확인한 바에 의하면, 국내에 현존
하는 신체들과는 다르며, 그것이 큰 바위에 신상을 조각한 것임을 재확
인했다. "옥산궁의 단군 신상을 평생에 꼭 한 번 실물을 볼 기회를 가졌
다"는 심수관 씨에게 한국에 현존하는 것과는 전혀 다른, 큰 바위덩이
자연암에 조각된 것이고, 신체의 둘레에는 금속방울이 둘려 있다는 것

을 다시 확인했다.

지금까지 일본 학자 및 재일한인 연구가들이 샤먼의 유물인 전래적인 방울이 있다고 하는 것과 부합되는 것 같다. 그 단군 신체 바위의 유래는 일본 가고시마 현지의 히가시 이치키조(東市來町) 사무소 및 심수관 소장 문헌에 의하면, "1603년에 조선인 도공 40여 명이 그 지역 일본인들과의 분란으로 곶목도(串木島) 쪽으로 이동하여 살던 중, 어느 날 밤하늘에서 큰 불덩이가 내려와 부근의 봉소곡(蜂巢谷)에 떨어졌다. 점을 쳤더니 그 불덩이가 단군의 화신으로 나온 것이었으므로, 경장 연간(1596-1606)에 옥산신사를 세우고 그 타다가 남은 암석, 즉 단군 신체 바위를 모시게 되었다"고 한다.

12대 심수관(현재 심수관의 할아버지. 사쓰마 도자기의 중흥을 이룩했다)이 옥산궁(나중에 일본식 이름 옥산신사로 바뀜)을 돌보며 생전에 단군제의 비용을 댔다. 그러나 한참 일제강점 치하에 있던 1920년대에는 일본 당국이 단군 하나만 유일하게 모시는 것을 금하고 여러 명의 일본인 조상들을 같이 봉안토록 했다. 이때 일본신 중 스사노오노 미코토가 선택되어 단군과 같이 모셔졌다. 스사노오노는 신라인이었다. 얼마 후 그것도 안 된다 하여 단군이 아주 없어질 뻔한 것을 12대 심수관이 고급 로비로 "단군을 계속 받들게 해달라"라고 부탁했다. 그의 노력으로 단군은 간신히 밤에 제사 지내는 것으로 맥을 부지했다. 사당은 처음엔 조선식이었지만 1910년대에 개축할 때 조선식 건축을 금한 조치로 일본식이 되었다. 1930년대에 들어 단군제는 급기야 폐기됐는데 그 전말은 다음과 같다.

경성제대 의과를 나온 한 청년이 동네사람들을 선동해 "돌덩이를 놓

옥산신사 깊숙이 단군신체(神體) 바위가 있는 전각과 14대 심수관. 겹겹이 금줄이 둘러쳐져 있다. 1986년. ⓒ 김유경

고 단군이라고 숭배하는 것은 야만국의 행태이며 우리의 수치"라면서 단군제를 중단하자고 나왔다. 12대 심수관이 그토록 애써 지켜냈던 단군 제사를 없애자는 것이었다. 13-14대 심수관은 단군제의 시비가 붙자 맞서 싸웠다고 한다. 온 동네 사람들이 두 패로 갈라져 단군제 존속을 투표에 붙인 결과 중단하는 것으로 가결됐다. 그때부터 단군 제사는 이곳에서 없어졌다.

"옛날 것 지키려고 하다 할 수 없이 변했습니다. 그러나 역대 조상들 가운데서도 물선 나라에 와서 역경을 이겨낸 1대 조상들의 새로운 힘이 언제나 뜨겁게 가슴에 와 닿습니다"라고 14대 심수관은 말했다. 그는 단군제가 없어지게 된 결정적 사건에 대해 말을 삼가고 있다. 단군제는 이곳에서 중단됐지만 그래도 4백 년 동안 내려온 축가의 내용은 한국인 도공의 조상들이 지켜 오면서 진정으로 힘을 얻었던 것이 어떤 것인지를 소리 없이 보여주고 있다.

　다만 13대를 계속해 온 옥산궁의 단군축제를 폐지하던 때 심씨가 항쟁하던 일을 잊지 못하고 있다는 것과 단군의 신체와 그 축제일에 부르던 축가와 제문에 대하여 간단히 설명해 두어야겠다.

　'「옥산궁 유래기」에 의하면 옥산궁은 조선의 개조 단군의 사당묘(廟)이다. 「옥산신사 약기(略記)」에 이르기를 고서 「옥산궁 유래기」에 의하면 평양의 옥산묘로부터 최존신(最尊信) 단군의 신령을 옮겨 옥산신사라고 존칭한다'라는 것이다. 소화 연대의 「연혁개요」에 의하면, '경장 10년(1605)부터 조선국 개조 단군을 봉제사하다가 1911년(명치 44)쯤 일본의 4신을 합사했다'는 것이다.

「옥산궁 유래기」

　1867년도 고서(古書)의 기록을 다시 필사한 것으로, 그 첫머리는 다음과 같다.

　　玉山宮은 蓋 朝鮮開祖檀君之廟也라
　　平壤玉山에 神主를 建廟營하고 設해서
　　大社善美를 塵하고 皇都에 根軸하니
　　最尊信의 神靈이다
　　慶長年中 御征討之刻吾祖라
　　(후략)

　　옥산궁은 아다시피 조선 개조 단군의 묘라.
　　평양의 옥산신궁에 신주를 만들어 사당을 마련하고 모셨다.
　　큰 집에 아름답고 좋은 것들로 정성을 다하고 평양(황도)에 근축하니
　　최고로 귀한 신령이시다.
　　임진왜란에 조선을 칠 적에 우리 조상들이 가져왔다.

심수관 씨에 의하면 그 후에는 축제일의 주간행사에는 단군을 위한 특이한 것은 금지되고, 야간의 비공식적 제사에 한하여 단군을 위한 행사가 묵인되었다는 것이다. 무악(舞樂)부터 악기·신무(神舞)·고려가(高麗歌) 및 제사도구에 이르기까지 조선 전래의 것으로 신사(神事)를 행하고, 제물로는 예부터 고려떡을 올렸다. 단군축제 때마다 대대로 불려 내려온 신무가(神舞歌; 축가)와 축사(祝詞; 제문)는 일본 학자와 재일 한인 연구가들이 무언지 알지 못할 축언이라고 말해 왔지만, 이번에 심씨가 보관하고 있는 자료를 내가 사진에 담아 와 읽어 본 바에 의하면, 순우리말로 된 축문이 분명하다. 축문의 대략을 말하면 다음과 같다.

옥산궁 신무가(축가)

단군 제사에 춤을 출 때[종묘제례의 일무(佾舞)처럼] 신무가(神舞歌; 祝歌)가 불리었다. 이 축가는 우리말로 된 것이 분명하다. 전문의 정확한 해석은 앞으로 연구할 과제이나 1895년에 내가 읽어 본 신무가와 미야마(美山) 옥산신사 축사(祝詞; 祭文)의 큰 뜻과 일본어 원문은 다음과 같다.

1. 오늘이라, 오늘이라. 제물도 차렸다.
2. 오늘이라, (단군축제가) 오늘이고나. 모두 함께 노세.
3. 이리도 노세. 저리도 노세.('여러 가지로 노세'라는 뜻)
   제일(祭日)이라 제일(祭日)이라 우리 아방(우리 어버이)
4. 조신(祖神)을 잊지 않으리라.
   고수레, 고수레. 자나 깨나 잊지 않으리라.

일본어 가나 원본
オノリオノリラ
ナルノソチョイムル

チェイムルドサイズル
オノリ
ヒラオヌルイコスノレイナ
ムンノソイロムツノソイロ
オノリラ
イリドノサイ
チェイリチェイリウラパン
ノサイナンギノサイナソギ
ハナガハイチヤナ
コスライナコスライナ
チョナサイナ
ハナガハイチヤナ

옥산신사 제문(祭文; 祝詞)

대한혼(大韓魂)이여 소시(昭視)하소서(굽어 살피소서).

무엇 때문에 (우리가 이렇게) 떠돌이 원객(遠客)이 되었나이까.

조상신이여, 일하여 살아가며, 영귀(榮貴)하게 되도록 애호 교도해 주소서.

무궁한 행복을 비나이다.

비애를 그치고, 합력하여 땅을 개간하고, 농사를 지으며, 누에 치고 고기 잡자.

길이 길이 우리를 모두 수호해 주소서. …

마시자, 다 함께.

우는 새도 즐겁고, 산에는 샘이 솟는다. 꽃은 피었다.

노자 노자. 모두 함께 마시자.

산과 언덕을 서로 개간하자.

길이 길이 이어 가도록, 우리들 모두 수호하소서.

이 축가와 축사와는 별도로 한 귀퉁이에 '山好水好(サンチヨコムル ジョタ=산조코 물조타)'라고 한자 옆에 일본 가나를 달아 놓았다. 이를

보니 일본 가나로 써 놓은 축가가 우리 한글을 그대로 옮긴 것이 분명하다. 1985년 해독하여 알 수 있는 큰 뜻만 우선 발표하면서 전문가들의 완전한 해독을 부탁해 본다.

1928년 일본인이 발표한 옥산신사 축가와 유래기의 연구가 있다. 한문으로 소개된 축가 연구는 본문과 동떨어진 해석을 하고 있다. 그 내용은 '한국인들이 옛날에 이런 노래를 불렀지만 이제는 일본 조상으로 바꿔서 섬기며 일본 국민이 돼서 전쟁에 나가서 전사하는 등 충성한 일본 국민이 다 되었다'는 것이다. 국내에서는 1992년 김의환이 이에 대한 논문을 썼다.

심수관 댁을 방문하였다. 긴 이야기가 오가고 그 집안에 소중히 간직해 오는 조상 전래의 한글 서적과 조상들의 예술작품을 보았다. 산간의 인가가 드문 동네여서 복사 시설이 없는 것이 한스러웠다. 중요한 자료들을 우선 사진에 담지만 자신이 없는 일이므로, 심씨가 추후에 복사해서 서울 올 때 가지고 오기로 했다. 그의 조상들의 예술품 중에는 처음

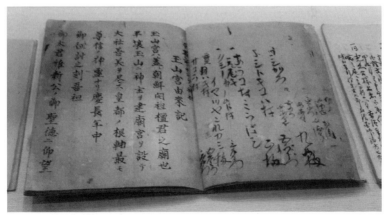

심수관가 소장 「옥산궁 유래기」. 2019 ⓒ 김유경

이곳으로 오게 될 때 가져온 조선의 마지막 흙을 써서 빚은 조선풍의 도자도 있고, 선대 12대 심수관의 파리박람회 우수작 수상작품, 미국 박람회 우수작 수상작품 등도 있어서 돋보였다. 그가 도록에 '본시 동근(本始同根)'이라고 친히 붓글씨를 쓰고 나에시로가와(현재 美山) 심수관가의 내력을 기록한 시바 료타로의 소설 『고향을 잊지 못합니다』 책에는 "각이한 꽃나무라도 같이 꽃을 피우기는 일반이라"는 글을 써서 주었다. 조선의 본향을 잊지 않기 위해 얼마나 애쓰고 있는지가 전해졌다. 그는 1985년 11월 4일 서울에 와서 강연해 줄 것도 쾌락했다.

심수관은 그의 집 무궁화 나무와 제주 석물 돌하르방 옆에서, 큰 대문 앞에서 사진을 찍으면서 '우리 심씨는 한국의 양반, 일본의 사족(士族)'이라는 의미 있는 말을 하고 작별했다. 그는 우리가 탄 차가 안 보일 때까지 대문 앞에서 우리를 배웅했다. 우리도 그의 집 대문이 보이지 아니할 때까지 차 뒷창으로 바라보았다.

3백 몇십 년 동안 무한한 고생을 하며 고향을 잊지 못하고 단군 밑에서 굳게 단결해서 별촌(別村)을 이뤄 긍지를 가지고 살아온 심수관가의 긴 이야기는 후에 직접 듣게 될 것을 기다리고 있다.

[정리자 주; 2019년 5월 14일 일본 가고시마현(縣) 미야마(美山)의 수관도원(壽官陶苑)에서 14대 심수관 선생과 만났다. 그는 단군 말이 나오자 바로 "저는 단군을 대단히 존경합니다"고 했다. "옥산신사의 단군상은 특별한 사람 아니면 볼 수 없는데 만져서도 안 되고 사진도 안 됩니다."

젊어서 옥산신사를 정비하는 제관으로 선발되어 평생 딱 한 번 단군의 신체 바위를 보았을 때의 일을 그는 이렇게 말했다.

"평범한 돌이었는데 뒤통수를 맞은 듯 정신이 번쩍 들면서 단군 신상이 이렇게 생기셨구나 싶어 뒤로 넘어질 뻔 했습니다. 그때 단군상을 본 사람은 지금 저 하나 생존해 남았습니다."

14대 심수관과 특별한 인연으로 이날의 만남을 가능케 해준 전(博) 건축가 김영림(金永琳) 씨는 "93세 고령으로 대화하기가 힘든데 단군 이야기가 나오니 선생의 얼굴이 희열로 환히 빛나는 것을 영원히 기억하게 될 겁니다"고 했다. 2019년 6월 16일, 14대 심수관 선생의 부고를 접했다.]

교토에 가서 기원(祇園)의 야사카(八坂; 팔판)신사를 찾아간 것은 한국인과 깊은 관계가 있는 신사이며, 멀리 떨어진 규슈의 산촌에 있는 단군의 옥산신사와 연맥을 끊지 아니하고 중요한 행사가 있을 때면 반드시 기별하기를 잊지 아니한 특별한 관계가 있었다는 신사이기 때문이다. 기원은 예나 지금이나 한(韓)족이 많이 살고 수예·염직 등의 산업으로 이름난 고장이다. 야사카신사의 주신인 소잔오존(스사노오)도 일명 우두대왕[우두머리; 요새 젊은이는 부족의 장을 의미하는 것이라 하지만 실은 소머리, 소시머리를 의미하는 것이다]이라 한다.

김승한의 저서 『일본에 심은 한국 Ⅱ』 116쪽에는 야사카신사가 약 3천가량의 동계 신사의 본산이라 하였다. 『고향을 잊을 수 없나이다』 일본어판 63쪽에는 야사카신사가 일본 전국에 7천 군데쯤 있다고 한다.

교토 복견(伏見; 후시미)의 이나리(稻荷)신사는 한인과 관계가 깊고 또 많은 동계 신사의 양대 총본산 중의 하나이므로 그대로 지나갈 수가 없었다. 그 규모가 크고 영리 기업성이 농후해서 신혼부부를 위한 대규모 호텔 설비까지 있었다. (1985, 1988년 옥산신사 등 제1차, 2차 「일본 소재 한국학연구자료조사보고서」)

『삼국유사』의 '환국'과 벼슬 이름 '서자'

『삼국유사』 권두의 기이(紀異) 제1, 단군을 얘기하는 항목 '고기(古記)에 이르기를 옛날에 환국이 있었다. 환국의 높은 서자 벼슬을 하는 환웅'의 환국(桓國)이 논의의 초점이다.

1280년경 김일연이 편찬한 『삼국유사』 초간본은 전하지 않고 조선 중종 때인 1512년(임신년)에 발행된 『삼국유사』가 확실한 발간연대를 가진 고판본으로 전해진다. 이외에도 목판인쇄본이나 필사본으로 된 5-6종의 판본이 완질 혹은 부분적으로 전해 온다.

"옛날에 환국이 있었다. 그 나라에 높은 서자[庶子: 태자의 스승이 지나는 관직; 서자 항목 참조] 벼슬을 하는 환웅이 있었고 마지막 환웅대에 단군이 나타나 조선을 세웠다." 일연의 『삼국유사』가 인용한 고기에는 원래 그렇게 되어 있었다. 그런데 이후 지배이념이 된 불교의 영향으로 어떤 책들은 환국을 불교에서 말하는 제석, 환인으로 변조함으로써 현재 전해지는 『삼국유사』의 어떤 판본에 '옛날에 환국이 있었다(昔有桓國)'가 '옛날에 환인이 있었다(昔有桓因)'로 변조되어 있고, 급기야 '환인의 첩의 아들(서자) 환웅'을 유도하기에 이르렀다.

그 때문에 원래의 환국시대라는 사실적이고 역사적인 배경에 불교적이고 신화적인 요소가 섞이게 되었다. 그러나 '옛날에 환국이 있었다(석유환국)'는 본뜻을 잃지 않은 『삼국유사』 정본이 이제껏 본류로 전해지는 것은 틀림없는 사실이다. 그렇게 말할 수 있는 이유는 이렇다.

불교의 부처는 단군의 고조선보다 역사적으로 훨씬 후대의 존재이다. 환국은 불교가 생기기도 전에 있었다. 그런데 이 땅에서 불교가 절대 지배이념이 되면서 환국을 제석이라는 환인으로 비견한 이견이 생겨나게 되었다. 그러므로 환인은 가짜다. 환인이란 불교적 존재가 고조선사에 끼어들 여지가 없는 것이다.

김일연이 『삼국유사』를 집필하던 1270년대 훨씬 이전부터 불교는 지배이념이었고, 환인은 불교에서 받드는 최고의 존재였다. 일연 이전 삼국시대에도 환국을 환인으로 변조한 기록이 존재했을 가능성도 있다. 그러나 일연은 설사 그런 자료가 전부터 있었다 하더라도 그의 『삼국유사』에 고기를 인용하여 분명히 환국(桓國)이라고 역사와 종교를 구별해서 기록했다. 그렇게 해서 환국으로 기록된 『삼국유사』가 분명히 정본으로 전해 온다.

『삼국유사』에서 불교적인 것들을 벗겨 내면 거기 인간이 나온다. '석유환국'으로 기록된 『삼국유사』에도 그 아래 주를 달아 '환국이 말하자면 제석'이라는 설명을 달아 놓았지만 『삼국유사』의 주는 일연 이후 후세인들이 달아 놓은 것으로 별 신빙성이 없다.

1920년대 한국사 왜곡에 나선 일본인들이 이 점을 결정적 빌미로 삼아 『삼국유사』 정본의 환국을 환인으로 변조하고 이를 정본처럼 내세워 끝내 단군을 말살하기에 이른 것이다. 군청을 동원해서 환국으로 표기된 책과 비기(秘記), 역사서 등을 빌리는 형식을 취해 다 거둬들여 없앴다. 총독부의 분서(焚書) 당시 교토대학으로 운반된 『삼국유사』에 '석유환국'은 '석유환인'으로 변조돼 있었다. 일본 학자도 이를 인정한다. 환국의 국(国)자 한자의 왕(王) 획 위에 붓글씨로 큰 대(大)자를 가필함으로써 환국을 환인으로 변조한 흔적이 역력한 것이다.

신채호가 1931년에 『조선상고사』에서 "환국이 환인으로 변조됐다"라고 명쾌히 지적했다.

최남선은 1927년 계명구락부 발행의 『계명』 18호에 특집 게재한 「삼국유사 해제」에서 석유환국을 고수했다. 그는 조선총독부가 기획한 조선사편수회의 일원으로 『조선사』 발행 편찬회의에 참석하면서 계속 단군을 역사 첫머리에 넣어야 한다고 주장했다. 또한 석유환국을 석유환인으로 변조한 데 대한 언급을 했다. 『조선사편수회 사업개요』에 나와 있는, 소화 7년(1932) 7월 21일 중추원에서 열린 제6회 위원회 때 최남선의 발언 내용은 이러하다.

> 단군 고기는 광범한 고기록을 지극히 간략하게 요약하여 놓은 것이므로, 그 편언척자(片言隻字)에도 중대한 의미가 내포되어 있는 것이다. … 그러므로 가령 한 자의 잘못이 있다 할지라도 그것이 전문(全文)의 해석상 미치는 영향은 지극히 크다. 『삼국유사』의 단군 고기 중에 석유환국이라고 되어 있던 것을 석유환인이라고 고친 천인(今西龍; 이마니시 류)의 망필을 인용한 것이 바로 그 하나다.

최남선은 후일 친일로 돌아서긴 했지만 끝까지 단군을 찾으려 한 것은 고마운 일이다. 나는 당시 2백 부 한정판으로 발행된 이 당시의 『조선사편수회 사업개요』를 어렵게 입수했다. 편찬 과정의 회의록이기도 한 이 책에는 최남선이 "단군을 왜 뺐느냐"라고 항의하자 "그건 몰라서 한꺼번에 나중에 하련다"라고 거짓 응수하는 기록도 나온다. 편수회는 최남선을 따돌리고 그가 없을 때 결의를 해서 단군이 속한 고조선 시대를 없애 버렸다. 최남선은 고대사에 단군을 넣어야 한다고 끝까지 우겼는데 이마니시 휘하의 책임편찬자로 이병도가 고대사 이후 삼국시대와 고려 때까지를 맡아 쓴 조선사에서 단군은 삭제돼 버렸다.

이후 1966년에 문정창이 저서 『단군조선 사기연구』에서 석유환국이 석유환인으로 변조됐음을 자세히 논했고, 1987년에는 변호사 이상시가 고대사를 연구한 저서 『단군 실사(實史)에 관한 문헌고증』에서 이를 지적했다.

문제는 환국이라는 기록이 실린 『삼국유사』를 어디서 더 찾아내느냐 하는 것이다. 환국이라고 명기된 믿을 만한 기록들을 찾아내야 환인으로 변조됐음을 증빙할 수 있는 것이다. 내가 증거를 찾아내야겠다고 생각했다. 그리고 일본학계에서 변조되지 않은 『삼국유사』를 두 가지 찾아냈다.

일본이 본격적으로 한국사 날조에 나서기 전, 일본인 쓰보이(坪井九馬三)와 구사카(日下寬)가 일어로 번역하여 1904년 한문 원문과 함께 도쿄문과대학 사지총서(史誌叢書) 1로 간행한 활자본 『교정 삼국유사』가 하나였다. 이 책은 1915년 경성 조선연구회에서 재발행됐다. 이들 두 책은 신채호도, 그토록 환국을 강조했던 최남선도, 1966년 『단군조선 사기연구』에서 환국을 증명하는 『삼국유사』의 여러 본을 제시한 문정창도 언급하지 못했다. 나는 이 책을 해방 직후 입수했다.

그동안 이 땅에 전해져 오던 환국(桓國)의 존재는 한국사를 날조하느라고 혈안이 되었던 일본 학자들 일단과 동시대 인물이던 또 다른 일본 학자가 쓴 이 책 도쿄문과대학 사지총서 1 『교정 삼국유사』로 잘 증명된다. 국사학계의 크나큰 숙제 하나가 이로써 해결된 것이다. 이 책은 내

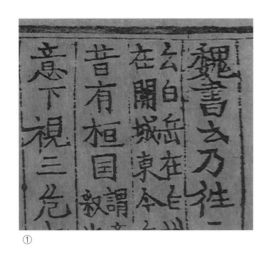

① '환국'으로 표기된 서울대 규장각 소장 1521년 발행 임신본(壬申本) 『삼국유사』

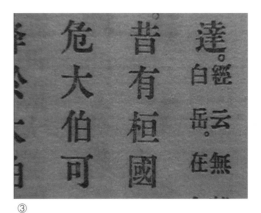

② '환국'으로 표기된 도쿄대 1904년 발행 활자본 『삼국유사』의 일본어역
③ '석유환국'으로 표기된 도쿄대 발행 활자본 『삼국유사』

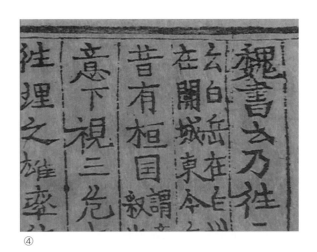

④ '석유환국'으로 표기된 오와리본 『삼국유사』
⑤ '환인'으로 변조된 1921년 교토대 발행 『삼국유사』

가 절대로 손 밖에 내놓을 수 없는 귀중한 자료다.

이마니시가 변조에 개입했던 교토대학은 1921년 석유환인이라고 변조한 『삼국유사』 영인본을 발행했다. 석유환국이라고 본문 그대로 옮긴 도쿄대학의 『삼국유사』 활자본은 그에 앞서 1902년 발행됐지만 교토대학이 환인으로 변조한 일에 보조를 맞추느라고 널리 공개되지는 않았던 것이다.

사학자 황의돈이 소장했던 『삼국유사』(현재 서울대 규장각 소장본) 또한 석유환국으로 명기되어 있는 것이다. 황의돈이 가지고 있던 『삼국유사』는 그의 사후에 알려졌다. 환국이 모두 불태워지던 시기를 넘어 해방되고 일인들이 쫓겨 간 뒤에야 환국이 공개됐다.

이로서 환국임을 알려 주는 원본자료와 후속서로 황의돈 소장본, 송석하 소장본, 도쿄대 발행본, 경성 조선연구회 발행본, 최남선 편 『삼국유사』에서 충분하게 환국이 진본임을 말해 주는 소리를 크게 낼 수 있게 되었다. 이암의 『단군세기』에도 환국이라고 나온다. 내 주장은 고조선 건국에 있어 환인설은 절대 받아들여서는 안 된다는 것이다.

이마니시의 수하에서 왜곡된 조선사를 썼던 이병도는 1956년 자신이 펴낸 『삼국유사』 한글 번역서에는 '환인'이라고 했지만, 1973년 자신이 감수한 고전국역총서 1 『삼국유사』 책의 서문에는 서울대학본(규장각본)을 저본으로 이동환이 교감하여 석유환국으로 기재한 이 책이 '가장 완벽한 『삼국유사』의 해석'임을 강조하였다.

한국인들만이 쓰는 국자가 몇 종류 있었다. 내가 아이 때 國자를 国, 囶으로도 썼다. 또 하나는 입 구(口) 안에 구슬 옥(玉)자를 넣은 요즘 보편화된 국(国)자이다.

두 종류의 『삼국유사』가 있어 변조되지 않은 정본에는 분명히 환국이라고 기록돼 있으며, 후일 환인으로 변조된 사실을 신채호와 최남선, 문정창, 이상시 등이 지적하여 연구서까지 냈음에도 불구하고 오늘에 와서도 『삼국유사』를 연구하는 국내 학자들이 유독 환인으로 변조된 것만 가지고 다루는 이유를 모르겠다. 환국이라고 명기된 진본이 서울대 규장각에 있는데도 이에 대한 신중한 고찰이 있는 것 같지도 않고, 환국과 환인의 차이는 천지 차이임에도 학문하는 자로서 의문이라곤 전혀 없이 집단으로 나서서 환인이라고 전제하고 '연구'를 개진한다. 창피한 일이다. [정리자 주: 2016년 11월 KBS 대구방송국의 정동희 PD가 〈일연의 『삼국유사』, 신화인가 역사인가〉 다큐멘터리를 제작하면서 일본 나고야 호사(蓬左)문고 소장 오와리본 『삼국유사』를 찾아 '석유환국' 부분을 확인하였다. 이 책은 1592년 임진왜란 때 일본으로 반출되어 도쿠가와 막부 집안에 대물림된 임신본 『삼국유사』로, 「오와리(나고야의 옛 이름)본 『삼국유사』」로 이름 붙여져 1904년 도쿄대 문과대학 사지총서로 발행된 일본어역 및 한자 원문 병기 『삼국유사』의 저본이 되었다. 여기에는 목판활자로 인쇄된 '석유환국(昔有桓国)'이 기록되어 있다. 또한 2013년 고(故) 손보기 교수 소장의 『삼국유사』가 연세대에 기증되었는데, 여기에도 '석유환국'이라고 기록되었다.]

『삼국유사』에 나오는 서자란 말의 뜻

『삼국유사』에 나오는 '환국의 서자(庶子) 환웅'이란 말을 우리말로 풀어 설명하는데 서자란 말뜻이 모든 『삼국유사』의 해석본에 고약하게 첩의 아들로 해석되고 있다. 이 때문에 환국이 더욱더 환인이란 존재로 둔갑되었다. 그러나 '환국의 서자'라는 말은 '환국의 높은 벼슬을 한 사람'이란 말이다.

한문의 출처를 알기 위해 보는 책으로 『강희자전』 말고 『사원(辭源)』이라는 책이 또 있다. 『사원』은 신학문이 들어온 근대 중국 민국(民國)

연간에 각 방면을 연구하는 전문가 수십 명이 중국의 고어, 고사를 풀이해 놓은 대백과사전이다. 나는 『삼국사기』 신라본기 문무왕조에 당나라가 유인궤를 좌서자(左庶子)로 언급한 것을 보고 그러한 관직의 명칭이 있음을 알았다. 사원을 찾았더니 서자란 '1. 첩의 아들, 2. 많은 아들(뭇서자), 3. 옛날부터 있는 높은 벼슬 이름'의 세 가지 뜻으로 쓰였다. 그러니 혼동하지 말 것이다.

당나라인으로 백제 멸망에 신라와 협력한 유인궤는 당나라로 돌아가 그 공로를 인정받아 좌서자 벼슬을 했다. 우서자도 있었다. 왕세자의 스승 같은 유공한 사람들에게도 서자 벼슬을 주었다. 예를 들면 중국 위나라의 책사 사마의는 위왕 조조의 아들 조비의 스승, 서자가 되어 가르쳤다. 압축 표현된 사서의 자귀에 굳이 환웅이 첩의 아들이라는 뜻을 담는다는 것은 후세인들이 서자란 말의 본뜻을 잃어버린 결과이기도 하다. 첩의 아들이라 해놓고 그게 안됐는지 "그 당시엔 사회가 어지러웠다"라고 부연설명한 『삼국유사』 해설도 있다.

단군과 이병도, 김재원 그리고 기독교

나는 법학 전공자로 역사에 대해 학문적 반박을 들이댈 연구는 하지 않고 있었다. 그러다가 해방되고 한참이 지난 뒤 우리 한국사가 한국사 왜곡의 핵심인물이었던 이마니시 류가 조종한 대로 흘러가고 있다는 것을 알았다. 도쿄대와 교토대 학자들이 나서서 한국사 왜곡의 중추적 역할을 수행할 때 이마니시는 교토대학 사학과 강사로 1920년대에 조선사 왜곡 논문으로 박사학위를 받았다. 조선총독부가 그의 학문을 식민통치의 도구로 적극 활용해 한국사를 난도질하기에 아주 적절한 앞잡이였다.

조선사편수회에서 이마니시와 한 팀이 되어 통일신라 이전부터 신라 통일시대·고려시대를 편찬했고, 해방 이후 그 사관을 가지고 국내 강단파의 거두가 된 이병도 박사를 돌려세우지 않으면 안 된다고 생각했다.

나는 도쿄 유학시절부터 이병도를 알았다. 그는 보성전문 법과를 나오고 일본에 유학해 애초엔 법학을 하려 했으나 방향을 바꿔 와세다대학 사학과로 갔다. 내가 메이지대학에 다닐 때 기숙사 친구 최정순이 와세다에서 이병도와 같이 공부해서 셋이 어울렸다. 내가 서울법대 학장일 때 그는 서울대 사학과 교수로 있다가 같이 대한민국학술원 회원이 되고 학술원 회장을 지냈다. 그는 한문과 일본 고대사에 정통했다. 그러나 국사는 처음엔 일본인이 고쳐 놓은 한국사를 그대로 받아들였다.

나도 처음에는 이병도가 우리 역사를 바로 찾아 잘해 주려니 믿어 마지않았는데 한번 일본인들에게 설득당한 사람은 아주 모르는 사람보다 더 힘들다. 이병도의 완강한 식민사관을 두고 학계에서는 여러 가지로 말하고 있었다. KBS 이사장 송지영과 국어학자 이희승, 숙명여대 총장 윤태림이 하는 말들은 이런 것이었다.

"최태영 당신이 죽으면 이병도 설복시킬 사람이 없으니, 죽기 전에 꼭 해내라. 이병도에 맞설 사람은 당신밖에 없다."

"그 이병도 말 안 듣는 인간이니 설득할 것도 없다."

"그깟, 제풀에 매장되게 내버려 두라."

그러나 사학자 장도빈이 『조선사편수회 사업개요』를 인용해 이병도의 식민사관과 경력을 폭로한 내용이 박창암의 글로 1980년 일본 도쿄 신국민사 발행의 『역사와 현대』지에 발표된 뒤 그는 흔들리고 있었다. 옳은 역사를 지켜내기 위해 이병도를 전향케 하려면 내가 할 일이 있다고 생각했다. 대법관 되는 게 문제가 아니었다. 다행히 이병도와 나, 김재원은 학술원을 통해 매일 같이 만나는 친구 사이였고, 내가 쓴 책 『서양 법철학의 역사적 배경』은 이병도가 나의 학문적 입장을 전적으로 신뢰하게 된 전제였다.

"당신이 언제 한국사 공부를 정식으로 해봤냐?"라고 이병도에게 말했다. 자신이 한국사에 대해 흑 잘못 생각하고 있는 건지도 모른다는 생각을 갖고 있는 건 아닌지 알아보아야 했다.

"당신은 북애의 『규원사화』를 어떻게 생각하느냐?"

"그건 괜찮은 역사인 듯해."

긍정적인 반응이었다. 내가 '옳다' 하고 생각했다.

"북애의 말처럼 우리가 공자를 안 배우고 단군을 공부했으면 이렇게 안 됐을 거다."

이병도 박사의 부인이 만년에 내게 도움을 주었다.

"선생님 말씀이 먹혀들어 갑니다. 선생님 말이라면 믿고 요즘은 단군을 믿나 봅니다."

'옳다, 바짝 달라붙으면 되겠구나'고 생각했다. 이병도를 설득하기 위하여 그와 사이가 틀린 문정창 등 인사들과 만나는 것도, 이완용을 들먹이는 것도 피했다.

내가 『세종실록』에서 찾아낸 〈세년가〉를 그에게 들이댔다. 〈세년가〉는 임금이 대를 이으면서 각 대에 이룩한 사적을 전하는 노래인 것이다. 그가 이를 순순히 받아들였다. 세종이 이병도보다 먼저 알게 된 〈세년가〉를 후일 이병도도 알고 존재를 인정하게 된 것이다. 잇달아 고려 공양왕 때까지의 사적을 언급한 권도의 〈동국세년가〉가 『표제음주동국사략』에서 나왔다. 그가 단군을 실재 인물로 받아들이게 된 결정적인 계기였다.

"당신이 죽고 나면 일본의 식민사관을 전파시킨 국사학자라는 평판을 교정해 줄 사람은 아무도 없다. 그러니 변화된 진정한 사관을 용감하게 발표하는 것이 이완용의 반열에서 빠져나오는 길이다"라고 설득했다. 그가 나의 이론을 받아들였다. 3년에 걸쳐 공들인 토의의 결과였다.

"이제 신문에 발표하자!"

"내가 신문에 글을 내겠다면 신문기자들이 욕하지 않을까?"

"아니다. 무조건 발표하는 것이 당신이 사는 길이다."

그리고 신문사에 통지했다. 원고를 넘기기 전 그가 우리 집에 와서 원고를 정리하며 내 말을 듣고 더 써넣은 부분이 있었고 몇 자를 더 수정했다. 정신문화연구원(한국학중앙연구원의 전신)의 윤여덕 편수관이 증인 겸 그 원고를 다시 정서했다. 발표 전날 밤, 한 모임에서 이병도의 사관을 매우 비판하는 말이 나왔지만 밤 동안 또 어떤 심경 변화를 일으킬지도 모른다는 신중함으로 이병도가 새로운 사관의 글을 썼다는 말을 꺼내지도 않았다. 신문기자와 만나는 자리도 피했다. 내가 옆에 있으면 그를 윽박질러 억지로 쓰게 한 것이라는 의심을 줄 수도 있기 때문이었다.

1986년 10월 9일자 조선일보에 글이 실렸다. 역사연구에 자료가 될 것이다. 그 후 1989년 이병도·최태영 공저로 고려원 출판사에서 발간한 『한국상고사입문』은 이병도 박사와 저술을 같이한 것이 아니라 그가 사관을 바꿔 국사학의 방향을 전환한 뒤 내 이론을 옳다고 인정하여 그 증거로 공저자로 이름을 올려 발행한 것이다.

초대 국립박물관장을 지낸 김재원 박사는 17세에 한국을 떠나 독일로 가는 바람에 한국사를 알 수가 없었다. 영어·독일어·프랑스어를 잘하던 그는 내가 보전전문에 있을 때 강사로 들어온 이후 끝까지 교분을 나눴다. 그가 부정하는 역사는 다음과 같은 것이었으나 나의 주장을 어렵지 않게 받아들였다.

"고구려 동명성왕이 『유기』라는 역사책 1백 권을 썼다지만 그때는 글이 없었다."

"천만에. 고주몽보다 앞선 삼한시대에 쓰던 먹과 붓이 대량 발굴됐다. 글이 있었다는 확실한 증거가 잡힌 것이고, 사기가 쓰였다는 것이 인정된다. 설사 만에 하나 글이 없었다 하더라도 역사를 노래로 지어 부름으로써 전한다. 〈세년가〉가 그것이다. 실제로 고려 공양왕 때 부르던 〈동국세년가〉가 있고, 『세종실록』에 〈세년가〉 이야기가 나온다.”

“중국에 가 보니 단군사당이 얼마든지 많다. 우리가 그걸 흉내 낸 것 아니냐.”

“네가 가서 본 게 맞다. 그게 진짜다. 만리장성 앞의 요동 땅은 원래 우리나라 단군이 살던 곳, 단군의 나라이기 때문에 단군사당이 많은 것이다. 우리가 만들어 놓은 사당에서 이젠 중국인이 된 옛 고구려인들이 자기 겨레인 조상을 위하느라고 제사 지내는 것이다. 그들은 아직도 자기네가 고구려의 후손이라고 생각해서 그런다. 우리가 남 흉내 내서 단군을 위하는 것이 아니다. 조상이니까 당연히 위하는 것이다.”

나의 단군 강의는 그에게 효과를 냈다. 이후 김 박사는 한국사를 강의할 정도까지 되었다. 1981년 발표된 그의 책 『단군신화의 신연구』는 산동반도 가상현 무량사(武梁祠)에서 나온 석실 벽화를 두고 단군의 존재를 논하고 있는 것이다. 며칠만 더 살았어도 단군을 확신하는 자신의 역사관을 공개적으로 설명할 예정이었는데 돌연 작고했다. 앞날을 내다보고 공들여 사귀었던 두 사람이었다. 꼭 3년이 걸린 일이었다.

그러나 나도 오산을 했다. 두 거두만 설득하면 일은 다 바로 될 줄 알았다. 그러나 그새 역사를 제대로 알지도 못하는 자들이 기득권 세력으로 성장했다.

1994년경 기독교회관에서 젊은 목사들을 위해 단군조선에 대한 강연을 했다. 기독교도로 예수 믿는 것과 단군 조상은 별개의 문제라는 말을 했다. 내가 말하는 단군은 곰도 아니고, 신도 아니고, 하느님도 아니고, 고조선을 건국했던 우리 조상, 먼 윗대 할아버지이다. 나는 단군을 나의 조상으로서 진실로 존경한다. 조상과 기독교의 신이 무슨 관계냐.

젊은 목사들이 매우 공감하고 좋아하며 강의를 한 번 더 해달라고 하더니 얼마 후 취소해야겠다는 말을 전해 왔다. 이날 앞서서 한 신학박사가 "예수 믿는 사람은 단군을 부인해야 된다"는 강연을 했는데 그가 알고 취소하게 했다고 한다.

기독교를 초기부터 받아들인 나이 든 예수꾼들은 단군조선을 제대로 알기에 겨레의 조상인 단군을 당연히 인정하고 조상으로 받든다. 그것은 자기 아버지·할아버지를 모시는 것과 똑같은 것이다. 요즘와 전통이 단절된 시기에 역사인식이 혼란스러운 일부 기독교 목사들이 가장 신식 학문이기나 한 것처럼 단군이 신화라며 역사를 뒤집어 놓으려 한다.

기독교계에서 단군을 인정하는 곳은 YMCA와 산정현교회 두 계파가 대표적이다. YMCA는 기독교가 이 땅에 들어오던 초기 신문화 전파의 큰 역할을 해온 전통이 있어 사회과학과 밀착된 유식한 기독교를 주창하는 곳이다. 나는 경신학교 이래 도쿄의 조선 YMCA가 2·8 독립선언을 하고 조선 유학생 활동의 구심점이던 시기 도쿄 유학을 해서 그 내부 상황을 누구보다도 잘 안다. 백남훈 선생이 당시의 총무였고, 여기서 이상재 선생을 만나고, 미국으로 3·1만세운동 자료를 가져가던 맥퀸 선교사와 의논하고, 3·1운동 1주년 기념식을 준비했다. 당대의 유학생, 김우현 목사 등 사회지도자들이던 기독교인과도 만났다. YMCA 원로 모임인 계묘구락부가 있다. 여기선 누구도 단군 조상을 부정하거나 단군을 신이라고 하지 않는다. YMCA의 이런 입장은 교계의 큰 버팀돌이 되어 이성적인 기독교 세력을 이끌어 가고 있다.

산정현교회는 평양에서 신사참배를 끝까지 거부하고 순교했던 주기철 목사와 조만식 선생이 이끌었던 교회이다. 주기철 목사도, 조만식 선생도 "단군은 기독교가 배척해야 할 우상"이라는 따위의 말을 하지 않았다.

단군 조상은 기가 막힐 것이다. 후손이라는 사람들이 할아버지인 당신을 두고 곰의 자식이라고 하지를 않나, 귀신이라고 하지를 않나, 신화라며 아예 없었다고 하질 않나 하니 말이다. 만 번을 다시 말한다 해도 단군은 조선이라는 나라를 요동 땅에 개국했던 우리의 위대한 조상이며, 신과는 아무 관계가 없다. 그러나 나는 단군을 위한답시고 '하느님이 단군'이라고 하는 안호상 박사의 주장엔 절대 동의하지 않으며, 그런 감상이 국사에 도움이 된다고도 생각하지 않는다.

조선사편수회와 단군

조선을 강점한 일본이 조선의 기를 꺾을 책략으로 1915년 조선사 편찬을 계획하게 됐다. 첫 작업으로 이미 1910년부터 조선의 중요한 역사서와 자료를 은밀히 거둬들여 일본 역사에 불리한 수십만 권의 책을 인멸하던 중이었다. 3·1운동을 겪은 후에는 '조선인들이 다 죽은 줄 알았는데 독립하겠다고 일어난다. 또 일어나면 안 되니까 아예 역사를 없애 조선인들의 혼을 빼놓자'고 생각해 조선사편수회를 만들어 박차를 가하게 되었다. 1922년부터 1938년까지 조선사편찬위원회가 활동했는데 조선사를 만드는 일이 아니라 조선사를 없애는 것이 주목적이었다.

역적 이완용과 권중현, 일본 귀족이 된 박영효가 처음부터 이 회의 고문이었고, 역대 조선총독부 정무총감들이 회장, 도쿄대 구로사카(黑板勝美), 중추원의 이나바(稻葉岩吉), 교토대 미우라(三浦周行), 교토대 강사 이마니시 류[今西龍. 후일 경성제대 국사학과 교수로 취직했다], 경성제대 총장, 친일학자 등 수십 명이 동원되었다.

위원회에서 사료수집과 교묘한 편찬 방침이 결정됐다. 조선총독이 나서고 관청이 동원돼 조선 전역과 만주의 역사자료가 모두 거둬들여지고, 대마도주 소(宗) 씨 가문 소장 조선 관계사료 전부도 이들의 손아귀에 들어갔다. 십수 년간 얼마나 많은 자료가 수확됐는지 이들도 놀랄 정도였지만 이 자료들이 모두 사라짐으로써 이후의 한국사는 상고사와 단군 관련자료들이 완전히 고갈되고 『삼국사기』 『삼국유사』 정도만 남게 되어 결정적인 타격을 입었다.

조선사편수회는 1938년 전35책, 2만4천 페이지에 달하는 『조선사』를 완성했다. 16년이란 기간과 1백만 원이란 거액이 투자된 사업이었다. 『조선사편수회 사업개요』는 이 과정에서 위원들의 회의 내용과 조직, 규정, 진행상황 등을 기록한 책이다. 이 책을 보면 신경질이 난다.

그래도 일본인들 손에서 삼국 이전의 고조선과 단군이 어떻게 교묘히 말살되어 갔는지, 편찬과정 중 최남선과 이능화가 일본과 어떻게 싸웠는지, 이병도와 신석호가 이마니시와 무슨 짓을 했는지를 살피려면 이 책을 보아야 한다. 이 책은 2백 부 소량만이 제작되었는데 후일 사학자 장도빈이 생전에 악을 쓰고 구해 그 내용을 처음 폭로했었다.

일본의 조선사 편찬 목적은 일본에 없는 유구한 조선 상고사의 고조선과 단군·기자·발해를 노골적으로 우리 역사에서 다 없애 버리려 한데 있다. 1923년부터 1935년까지 9차에 걸친 위원회 회의 기록은 조선 학자들이 주장하는 단군과 상고사 부분을 일인들이 순차적으로 깔아뭉개는 과정이 칼자루를 쥔 일인들의 교활한 말과 소리 없는 공포 분위기로 버무려져 있다. 1923년 첫 번째 위원회에서 조선 학자의 의견에 따라 단군을 고조선 건국과 함께 망라하겠다고 발언한 일본인 위원 가시와라(栢原昌三)는 수개월 후 돌연사하고, 이 발언을 의결한 중추원 서기장 오다(小田幹治郎)는 위원회 직후 파면되었다. 조선 역사의 시작을 처음엔 상고, 삼한시대부터 다룰 것처럼 하더니 차츰 연대가 낮춰지며 삼국 이전이 됐다가 결국은 신라통일 이전부터 다루는 것으로 결판나 버렸다.

이 과정에서 구로사카·이나바·이마니시는 최남선과 이능화의 계속된 주장을 묵살하고 일본의 야심대로 진행한 주모자들이다. 이때 이들이 내세운 논리가 바로 편년체로 한다는 것이었고, 자기네들이 선택한 사료만 자료로 취급한다는 것이었다. 결국 단군의 고조선은 고려 공민왕 때 백문보가 "우리 동방이 단군으로부터 3600년이 지났다"라고 한 상소문을 통해 단 두 글자가 언급됐다. 이나바는 "이것으로 단군을 다뤘다"라고 1935년의 마지막 위원회 때 보고했다. 이들이 만든 『조선사』는 일본보다 역사가 앞서는 단군과 고조선을 없애고 우리 역사가 신라 건국부터 시작된 것처럼 왜곡하여 다룬 것이다. 단군의 고조선을 말하는 기존의 역사서는 아예 없애 버렸다.

당시 1백만 원이라는 굉장한 예산을 들인 편찬에는 일제가 절대 신임하는 자들만이 참여했다. 거액의 돈으로 한일의 학자들을 어렵잖게 이 사업에 끌어들일 수 있었다. 일제는 그런 『조선사』를 완성해 놓고는 제딴엔 성공한 줄 알고, 그걸로 조선이 일본과 동족인데 자기네가 '역사가 더 긴' 종가라고 주장하고 일대 문화사업을 펼친 듯 호도하여 조선인의 저항을 누그러뜨린 후 조선으로부터의 수탈을 더욱 확실히 한 것이다.

이 과정에서 우리가 주목하는 최남선·이능화는 편찬위원회 위원이고, 이병도·신석호는 이마니시와 함께 신라부터 고려 때까지의 편술자였다. 이병도는 이마니시의 눈에 들어 하라는 대로, 일본 정권의 뜻대로 '신라 건국부터 시작된' 조선사를 찬술한 책임자였다. 역사를 왜곡한 것이다.

12년에 걸친 아홉 번의 편찬위원회에 최남선과 이능화가 다수의 일본 어용학자들 틈에서 단군과 발해의 역사를 얘기하며 저항했다. 그러나 대담하게는 못 나서고 변죽만 울리는 정도의 그들에게 전적인 호감이 가지는 않는다. 적극적으로 대들지 못하고 "조선인들은 단군의 역사를 사실로 알고 있다"는 말만 되풀이했을 뿐, 한 번도 강하게 주장한 적이 없다. 이마니시 일당이 그 말을 받아 "소용없는 말이다. 단군 개국의 확실한 날짜가 없으니 편년사에 기록할 수 없다"면서 다 무시해 버렸다. 계속된 항의엔 "그건 따로 모아 별책으로 넣으면 된다"라고 거짓말로 받아 넘긴다. 중요한 것은 최남선이 이때 석유환국(昔有桓國; 옛날에 환국이 있었다)이 석유환인으로 변조된 사실을 지적했는데, 일제는 결국 최남선을 뇌물로 돌려세우고 그가 없어진 뒤 단군을 삭제하기로 결의한다.

"단군은 절대이다. 실존 인간이다. 단군의 고조선은 한 책을 할당해야 된다." 그렇게 말하지 않을 바에는 무슨 소용이랴. "발해국도 얘기해야 되지 않겠느냐. 중요하지 않느냐." 그렇게 미온적으로 말했으니 회의록은 결국 역사 전체의 줄거리를 따지지 않으려고 신화니, 확실한 연대가 없느니, 어쩌구 회피하는 일본 측의 주장을 위한 기록이 되었다. 하긴 조선 학자들이 어떻게 말하건 단군시대는 없었던 것으로 한다고 작정한 그들이었다.

그나마 최남선도 중도에 변절했다. 7차 위원회 이후 없어진 그에 대해 '해촉'이란 단 두 글자 외는 아무 설명이 없다. 최남선이 자꾸 골치 아프게 구니까 어떻게든 떼어내 버려야 일본 마음대로 일을 진행할 수 있었을 것이다. 변절한 최남선이 3만 원을 받았다고 알려진 데 대해서는 1백만 원이 총예산이니까 거기서 일인들이 그 돈을 집행한 것이라고 나는 해석한다. 최남선이 그렇게라도 단군 역사를 살려 보려 한 건 고맙지만 친일 행적을 미루어볼 때 그에게 일본을 배척하는 치열한 배일(排日)사상은 없어 보인다.

한문학자에 프랑스어도 하고 유식하던 이능화는 처음부터 편찬위원이 되어 해임당하지 않고 끝까지 일했다. 아마 최남선보다는 일본인들의 비위를 덜 거슬렸나 보다. 그가 일본과 무슨 연이 닿아서 편수회에 들어갔는지는 알 수 없다. 그도 단군을 찾으려고는 했다.

일본인들끼리는 처음부터 단군을 신화라고 보자느니, 고려 말의 백문보나 『세종실록』 다룰 때 단군을 언급하자는 등 말이 많았다. 단적으로 말하면 일본은 조선사에 단군·기자·발해가 있었다는 것을 아주 싫어해 결사적으로 피했던 것이다. 조선민족을 말살하면 저희 일본족의 근본 또한 없어지는 것인데 어리석을 뿐이다.

신라통일 전부터 시작하는 조선사의 편수담당자였던 이마니시는 교토제대 강사였다가 총독부의 후광을 업고 경성제대 사학과 교수로 취직했던, 참으로 맹랑하고 나쁜 자였다. 학문은 보잘것없는 자가 일제의 하수인으로 나서 편찬자가 된 것을 기화로 천하 대담한 짓을 했다. 이병도는 그런 이마니시와 배짱이 맞아 끝까지 실제 일을 담당함으로써 조선인의 정신을 빼는 역할을 맡아 천추에 욕먹을 짓을 했다. 반면 이병도와 동문으로 와세다대학에서 사학을 한 최정순은 "협력할 수 없다" 하고 이들 집단에서 뛰쳐나와서 광산업에 나섰다.

당치도 않은 이마니시란 자가 끼어들어 조선 역사를 전적으로 묵살하는데, 고문으로 앉아 있던 박영효 역시 영향력을 발휘할 인간이 아니었다. 그는 개화당으로 서재필과 함께 미국에 도피했다가 "미국은 양반을 못 알아보는 나라"라며 돌아온 무능한 부잣집 철부지로, 조선 임금의 사위임에도 일본 귀족이 되어 '가문이나 양반스럽게' 누리다 죽었다. 이완용·권중현 고문에 가서야 그 역적들이 무슨 조선사를 바로 볼 인간이었겠는가.

이마니시, 이 깜찍한 자가 1932년 경성제대 교수로 재직 중 급살한 것은 속이 시원하지만 제 맘대로 써낸 『조선사』는 이미 다 만들어진 뒤였다. 총독부가 데려온 하수인이었던 그자는 경성제대 사학과 선생까지 되어, 두고두고 한국사학에 해악을 남겼다. 이후 '단군이 실증사학의 조건에 맞지 않으니 단군은 실존인물 아닌 신화다'라며 단군과 고조선을 묵살한 역사를 우리 학계 일부가 받아들이고 외국에까지 단군 없는 우리 역사가 소개되었다. 과거 조선사람들이 배운 조선의 교과서 『동몽선습』에 단군의 고조선 개국이 분명히 언급돼 있는데도 그것을 부인하는 것이다.

나는 고조선을 부정하는 학자들이 고대사에 대한 연구와 지식이 있어 단군과 광역국가 고조선을 부인한다고는 생각하지 않는다. 실증주의의 이름으로 일제가 던져 준 자료만을 취해 역사의 큰 줄기에서 그처럼 분명한 단군의 광역국가를 부인하고 가장 개명한 척하는 것이 학문의 전부는 아니다. 이들이 내세우는 실증사학으로 '단군의 광역국가는 없다'고 증명된 것도 아니다.

한 가지 의문을 풀 길이 없는데 사사가와(笹川臨風) 박사가 조선사편수회에 2-3일 왔다가 아무 말 없이 그냥 돌아간 사실이다. 한문을 많이 알고 진정한 신사이자 최고 권위의 동양사학자였고 소화 왕세자의 스승으로 일본 대궐 속에서 책을 얼마든지 읽었던 그는, 나의 메이지대학 스승이었다. 사사가와는 서울에 와서 이마니시 일당이 하는 소리를 듣고 "이런 역사를 나는 쓸 수 없다"라고 생각해 돌아갔을 것이다.

조선사편수회 때문에 조선역사 자료, 특히 상고사 자료가 깡그리 없어졌다. 역사책을 다 걷어가 없애 버린 것이다. 편수회는 이렇게 한국

의 역사를 망치려고 했다. 그런데 국내 사학계에 조선사편수회에 대한
비평이 많지 않다. 오히려 검사 출신의 변호사 이상시(李相時)가 1987년
「단군 실사(實史)에 관한 문헌고증」에서 신랄하게 조선사편수회를 비판
했다.

　한국인이라면 일본이 조선 망치려고 만든 그 책을 당연히 제쳐 놓을
줄 알았는데, 다른 사람도 아닌 대학 강단에서 그 『조선사』를 대단하게
받든다. 한국인을 그렇게 속인 것이 다 나오는데, 조선사 편찬사업의 한
민족 말살 계획이 얼마나 흉악한 것인지는 얼른 보아도 알 만한데, 그
악령이 한국인 자손들에게 여전히 거짓인 줄 모르도록 깊이 뿌리박혀
있다.

　많은 한국인이 일본이 끼친 해독을 그대로 입으면서 만족해 하며 아
직도 끈덕지게 속고 있으니 통탄할 일이다. 이제는 대학에 일어과를 만
들어 일어 가르쳐 달라고 불러온 어떤 형편없는 일본인한테서 이완용이
위대하다는 등 어처구니없는 소리까지 나오게 만든다. 일본에서 자국의
역사관을 위해 알게 모르게 한국의 학계에 풀어놓은 세력과 자금이 만
만찮을 터이라고 나는 지금도 여러 사례를 보아 믿고 있다. 일본의 덕을
본 이들로 하여금 일본 세력의 의사를 대변하게 하는 것이다. 이런 일에
우리 학계·관계가 신중한 판단으로 경계하기를 바랄 뿐이다.

　단군은 우리의 과거이고 긍지이며 미래다. 단군이 있음으로 해서 우
리가 일찍 각성했다는 자부심을 갖는 것만으로도 좋은 일인데, 있는 단
군과 광역국가를 부인하는 사람들을 알 수 없다. 어떤 유명하다는 역사
학자는 '단군할아버지'라는 호칭을 그저 단순 경직되게 혈연상의 조상
으로만 해석하여 오늘의 우리가 어떻게 그 자손이냐고, 따라서 단군이
없다고 부인한다. 거듭 말하거니와 단군의 자손이란 단군이 개국한 나

라의 백성이란 말이다. 단군이 이 많은 사람들을 낳았다는 말이 아니다. 우리 민족은 비교적 순일한 편이긴 하지만 실제로는 다민족으로 복합 구성되고 오늘날 그 자손들은 세계 각국의 국적을 갖고 퍼져 나갔다. 고 조선의 역대 단군은 틀림없이 있었다. 단군의 광역강국의 개국이 없었 다는 것, 그러한 주장은 어떤 경우라도 못 참을 일이다.

이병도와 신석호는 다른 역사학자들이 납북되고 사라진 때 서울대와 고려대에서 거대한 학맥을 형성했다. 이마니시 류의 역사가 그대로 강 단에서 교육됐다. 내가 그를 돌려세우지 않으면 안 된다고 생각해 공을 들여 토론했다. 이병도가 단군과 그의 광역국가 개국을 인정하고 환인 아닌 환국이라 인정한 것은 거저 된 게 아니다. 나의 학문적 입장을 이 병도가 긍정하여 들어주었고 그 자신 또한 이마니시에게 속았음을 알고 거기서 벗어나기 위해 열심이었다는 사실이 중요하다. 이희승·윤태림· 송지영 등 인사들이 내가 이병도 설득하는 일을 지원했다. 당시 한국방 송공사(KBS) 이사장으로 있던 송지영은 "당신이 이병도를 설득하는 동 안 내가 옆에 있을 테니 끝까지 하라"라고 했던 사람이다.

단군을 위하여

고조선의 최고통치자 단군의 맥은 고조선에서 부여·고구려로 이어졌음이 기록을 통해 보인다. 고조선의 마지막 47대 단군이 물러나고 단군조선이 없어지지만 그중 요동의 부여가 없어지지 않고 강하게 버티고 있으면서 부여왕이 단군이라 일컬어지게 되었다. 범장(范章)의 『북부여기』에 해모수를 위시한 부여의 6대 통치자들이 모두 단군으로 불리었던 임금들이다. 부여는 예맥의 조선족으로서 중국에 말려들지 않고 독립해 있으면서 흥망을 되풀이하다가 단기 2827년(494) 고구려에 합쳐져 주로 고구려와 백제의 시원이 되고 일부는 가락국을 거쳐 일본으로도 가서 일본국의 조상이 되었다.

김일연(1206-1289)이 단기 3603년(1270)쯤에 저술한 『삼국유사』는 단군의 고조선 개국과 부여와 고구려의 단군에 대해 성찰하고 있는 가장 오랜 사서(史書)다. 부여를 계승한 고구려의 시조 고주몽이 단군의 손이라고 한 『삼국유사』 기록을 주목해야 한다. 고구려는 주몽 이후 몇 대 임금을 단군이라 칭했다.

고조선 단군과 부여·고구려 단군이 다른 점이라면 고조선 단군에게서는 성씨가 없이 임금 이름만으로 알려진 반면 부여·고구려의 단군들은 모두 성이 있는 단군들이란 것이다. 해모수·해부루 같은 단군의 성은 해(解)씨·고(高)씨·한(韓)씨·대(大)씨 등이다. 만주 몽고어의 간(汗)·간(干)은 한(韓)과 동음이요 대(大)와 같은 뜻이므로 한(韓)·대(大)·고(高)·해(解)로 성씨를 한역(漢譯)한 것이다. 고조선시대에는 아마 성씨가 없었을 것이다.

『삼국유사』 외에도 그것과 거의 동시대 혹은 후대에 기술된 단군의 고조선 관련 기록들이 있는데, 그중 몇 종을 들어 비교해 보면 다음과 같다.

『삼국유사』보다 1백 수십 년 앞선 단기 3478년(1145) 『삼국사기』를 편찬한 김부식은 유학자로서 단군 이야기가 황탄하다 하여 『삼국사기』에 이를 기재하지 아니하였지만 동시대인 이규보의 『동국이상국집(東國李相國集)』 중 『동명왕편(東明王篇)』의 기록으로 보아 김부식도 단군에 관한 기록이 있음을 알았던 것이 확실하다. 『삼국유사』보다 조금 뒤의 저술인 이승휴의 『제왕운기(帝王韻紀)』에는 단군의 고조선을 분명히 기재하였다.

이승휴는 고려의 고종·원종·충렬왕 3대에 걸쳐서 40여 년간 사관(史官)을 지냈다. 호학박식하였고 단기 3620년(1287)쯤 한중 양국의 역사를 시로 엮은 『제왕운기』를 남겼다. 주체성을 찾고자 하면서도 불교의 영향을 크게 받아 단군의 존재를 불교적 용어로서 표현하게 되고 또 원의 철저한 사기 삭탈 작업에 눌려 있던 시대의 영향을 받지 않을 수 없었지만 조선을 중국과 분명히 구별하고 홍익인간의 건국이념을 내세우고 시라(신라)·고례(고구려)·남북 옥저·동예·북부여·예맥 등 국가를 열거한 것은 대단한 성찰이다. 『제왕운기』의 서두는 이러하다.

"단군이 개국하여 조선의 국토를 차지하고 임금이 되었다. 시라·고례·예와 맥은 모두 단군나라 백성의 자손이다. 그중의 대국은 부여와 비류국이었고, 그 다음은 삼국과 남북 옥저와 예맥이었다. 그들 왕의 조상은 모두 단군의 계통이었음이 물론이다."

단기 3694년(1361) 고려 공민왕 때의 학자 백문보(白文寶)는 그의 시대를 기준으로 "우리 동방이 단군으로부터 3600년이 지났다"는 글을 왕에게 올렸다. 단군이 개국시조로 분명히 인식되어 있었음을 알 수 있다.

불교를 배척하고 유교를 지배이념으로 삼은 근세조선에 와서 단군의 고조선은 불교적 색채를 벗게 되지만 유교적 사대주의 아래서 다른 중요한 사항들을 간과해 버리는 경우가 많아졌다. 그러나 단군을 국조로 받드는 것은 변함없었다. 태조 3년(1394) 편찬된 정도전의 『조선경국전(朝鮮徑國典)』 국호조는 단군조선 및 후기 조선으로부터 기술하였다. 그 다음해 명나라에 갔던 권근이 명 태조를 만난 자리에서 지은 응제시(應製詩)에 "단군이 요와 동시대에 동방에 조선국을 세웠다"라고 했다. 같은 때 정치가·학자들인 하륜·변계량·양성지 등도 단군이 개조임을 말하고 단군에게 제사를 지낼 것을 역설하였다.

『세종실록』에는 고대 조선에 관하여 불교적 표현을 삭제한 나머지 다른 중요한 사항들까지 없애 버리고, "신인이 단목 아래 내려오매 국인이 임금을 삼고, 도읍을 평양에 정하고 단군이라 일컬으니 이것이 전(前)조선이다"라고 크게 고쳐 버렸다.

그런데 세종 때 단군을 국조로 받드는 움직임이 있었다. 이때 세종 임금에게 단군에 관한 보고서를 올린 사람은 문화 구월산에 단군사당인 삼성사(三聖祠)가 있었음을 알았던 정승 유관과 한성부사 유사눌이었다. 문화(文化) 출신의 이들은 유(柳)씨 집안의 오랜 조상묘가 있던 구월산에서 삼성사를 통해 단군의 존재를 확인하고 그런 주장을 펼 수 있었던 것이다.

1462년에 발행된 권람[권근의 손자. 람의 부친이자 권근의 아들인 권도(또 다른 이름은 권제)는 〈동국세년가〉를 찬했다]의 『응제시주(應制詩註)』는 권근의 시에 언급된 역사적 사실에 그 손자 람이 자세한 주석을 붙인 것인데, 불교 전성시대에 저술된 『삼국유사』를 사대적 유교사상에 젖은 자기의 주관대로 많이 깎고 고쳐서, '다만 인간을 교화하고자 하여' 환(桓)은 단(檀)이라고도 한다' '태백산 신단수 아래 내려왔다' '산은 지금의 평안도 묘향산이다' '곰이 사람으로 가화했다' '단군이 처음에 평양에 도읍하였다'고 하고 또 태자 부루가 중국에 가서 우를 만날 때 후왕의 예로 대하기나 한 것처럼 기록하였다. 이 점은 『세종실록』의 지리지와도 비슷하다.

유교사회인 조선시대에도 국조로서 단군의 존재는 당연시되어 중종 때 박세무가 지은 『동몽선습』이라는 초보 교과서는 '단군이 중국의 요 임금과 동시에 요동 땅에 조선을 개국했다'는 기사를 어린아이들에게 읽혀서 일반 민중 누구나 국조 단군의 성덕을 믿고 기려 왔다. 주목할 점은 『동몽선습』은 『세종실록』대로 "신인이 내려오매, 국인이 세워 임금을 삼았다", 즉 국민이 임금을 세웠다고 한 것이다.

조선 중·후기에는 단군들의 치적과 동이문화의 우수함, 요동의 강역, 유적 등을 논하는 학자들이 나왔다. 북애는 『규원사화』에서 『위서(魏書)』와 『북사(北史)』의 「물길전(勿吉傳)」과 「괄지지(括地志)」, 『금사(金史)』 『요지(遼志)』 『산해경』 등을 인용하면서 숙신의 후신인 말갈과 고구려의 부락인 여진·금·요도 모두 단군의 후예라고 기술하였다. 요제(遼帝)와 금제(金帝)도 3신위의 묘를 설치했으며, 금제는 단기 3526년(1193) 단군을 개천홍성제(開天弘聖帝)로 받들었다는 것이다.

단군은 일제강점기에 들어 다시 수난을 겪었다. 일제가 조선사편수회를 만들어 조선사를 해체하기로 작정하면서 단군의 고조선과 발해 역사가 있었다는 것을 부인하고 나섰다.

일본인들이 최고 조상으로 받드는 니니기는 조선인의 아들이며, 스사노는 신라(시라기)에서 간 사람으로 일본인들이 모시는 한국계 조상 중 최고의 신이 되었다. 일본 역사는 한국 역사의 일부분이다. 그래서 일본도 한국사를 알아야 된다. 역사의 전체적인 큰 줄기를 무시하고 '사료(史料)와 사설(史說)을 구별해야 하느니, 고조선 개국이 몇 연도란 날짜가 없어 편년사가 될 수 없으니, 단군이 없느니' 하는 구실은 말도 안 된다. 일본은 막대한 사람과 돈을 동원하여 그들을 위한 조선사를 편찬해서 단군조선 해체운동을 해놓은 것이다. 거기에 이병도·신석호가 동참하였고, 한국인의 머리 꼭대기에서 놀아나던 경성제국대 교수 이마니시의 학맥은 내쳐지지 못한 채 계승되었다.

그러나 이 시대에도 정인보는 『조선사연구』에서 단군은 고조선의 개국자로 우리 역사의 출발점이라고 보고 고조선은 삼국시대 직전인 서기 전 약 50년까지 유지했다고 썼다. 신채호의 역사연구는 널리 알려진 것이다.

신명균(申明均)은 일제강점기 최후의 단군교주였던 인물로 배일(排日)하여 자결했다. 1924년 내가 법학교수로 보성전문학교에 들어갔을 때 교무직원으로 신명균과 오일철이 있었다. 내가 복잡한 시간표 짜는 기술이 있어 셋이서 터놓고 얘기하던 사이였다. 신명균의 전공과목은 한글이었고, 그는 그때도 단기 연호를 썼었다. 늘 셋이 만났는데 하루는 신명균이 없어졌다. 오일철이 "그 사람 죽었어요. 지하에 가서 단군을 어떻게 뵙겠냐구요" 했다.

그 시절 일본 천조대신 신사에 절해야 되고 일본말 상용을 피할 수 없게 되자 '지하에 계신 단군과 조상들 뵐 면목이 없다'고 신명균은 생각했던 것이다. 그는 목숨을 걸고 단군 조상을 후세에 전하려고 단군교(대종교)를 한 것이었다. 그 죽음의 이유가 알려지면 가족들이 큰 탄압을 받게 될 터이니 불문에 부쳐 가족들과 나와 오일철만 알았다. 보성전문 교직원 목록에도 단순히 작고했다는 사실만이 기록돼 있다.

단군조선이 있었음을 끝까지 지켜왔다는 데 옛날 단군교의 의미가 있다. 오일철은 6·25 때 죽었다. 내가 고대를 떠난 뒤에도 그 부인이 고려대에서 식당을 경영했는데 얼마 있다가 날 찾아왔다.

"학교에서 식당을 맡아 호구하고 있습니다. 그런데 총장이 나가랍니다. 우리 식구는 살길이 없습니다."

유가족까지 그렇게 박대를 받았다. 신명균·오일철의 가족은 다치지 않게 남겨 두어야 나중에 그들이 지켜 온 일의 내막을 들을 수 있는 것인데, 당시 총장은 그런 게 싫었던 것이다. 신명균에 대해 이후 언급된 바를 듣지 못했다. 후에 단군을 받들고 나온 사람이라면 마지막 교주 신명균의 죽음을 언급하고 그 뒤를 이은 것임을 말해야 됐었다. 그런데 단군상이나 미련하게 만들게 하고 밀입북해서 김일성을 만나야 단군 위하는 것인가? 이어 친일경력이 있는 사람들이 단군을 위한다고 나서는 세상이 됐다. 김구 선생 문하 사람들이 이를 비난했었다.

대한민국 초대대통령 이승만은 친일파들과 일했지만 그래도 단군 연호를 법령으로 채택해 사용했다. 부통령인 이시영도 1934년에 쓴 저서 『감시만어(感時漫語)』에서 "배달민족의 기원은 단군의 개화로부터이고, 한중 양족이 관련된 역사가 이로부터 시작되었다"라고 했다. 단군과 요는 동시대 임금이고, 복희씨와 순임금은 배달족이 살고 있는 곳에서 태어났다고 하고, 또 북애처럼 5사(事)와 360여 사(事)의 각 분담자까지 열기하였다.

윤보선 대통령은 1980년대에 안국동 한옥 저택에 국사찾기운동본부를 만들어 여러 사람이 여기서 단군을 강연했다. 윤보선은 국사에 대해 이렇다 저렇다 의견이 없었지만 단군의 존재를 인정하고 그 모임을 만든 것인데 사후 이 모임은 없어지고 기록도 남지 않았다.

박정희 정부가 1961년 단기를 폐지한 것은 큰 실책이다. 이 때문에 서기전의 일들이 모호한 것처럼 격하되었다. 단기가 계속 유지되었다면 단군 문제는 지금처럼 복잡해지지 않았을 것이다. 최규하 대통령은 단군을 가장 잘 이해한 대통령이었다. 최 대통령이 "몽고와 우리와의 관계는 어떻게 되느냐?" 물었다. 내가 "같은 조상의 후손이지만 우리가 몽고의 후손은 아니다"라고 했다. 노태우 대통령 때 북방정책이 활기를 띠며 단군에 대한 역사 복원도 희망적으로 보였다.

그러나 단군을 이해하지 못하는 인사들도 있었다. 1990년 내가 소련·중공·일본·한국의 학자들이 망라된 한민족 학술회의를 할 때 정원식 문교장관은 "역사학자 다수가 단군은 실증주의에 맞는 게 아니라고, 없다고 하는데 선생은 왜 단군 찾는 세미나를 한다고 하시오?" 하면서 후원을 거부했다. 내가 "역사는 사실이지, 다수결이 아니다. 다수결 좋아 마라. 이완용·송병준 그자들도 나라 팔아먹을 때 내각 다수결이라며 한일합방에 조인했다"라고 했다. 강영훈 총리는 만주에서 보고 들어 단군을 잘 이해하는 사람이었다. 강총리와 홍성철 부총리, 이어령 문공장관이 나서서 "그렇다면 문공부가 후원하겠다. 선생 소신대로 하십시오" 하여 세미나가 성공적으로 이루어졌다. 현승종 총리는 나와 직접 맞부딪치지는 않았지만 단군을 부정하는 학자들을 받들었고 요령부득이었다.

학술원에서 한 법학자가 질문하기를 "이병도가 왜 그렇게 역사를 왜 곡했습니까?" 했다. "그 사람은 한국사를 처음에 제대로 공부하지 않았 습니다. 일본에서 일본사만 공부하고 일본인과 이완용에게 이용된 겁니 다"라고 나는 답변했다. 이병도는 그래도 솔직한 점이 있었다. 이마니시 의 어리석은 수작에 넘어간 것을 자인하고 벗어나려 했던 것이다. 그는 종래의 사관을 바꿔 1988년 단군을 실존인물로 인정하는 글을 발표했 다. 17살에 외국으로 나갔다 돌아온 김재원 박사도 처음에는 단군 실존 을 부인하다가 곧 단군을 인정하고 단군을 강의하는 학자가 되었다. 오 히려 아무것도 모르는 자들이 단군 있다는 사람들은 다 무식하다 한다.

일본인과 일부 학자·언론인·정치가 들이 왜 그렇게 단군을 싫어하는 지 이상하다. 어떤 기독교도들은 단군을 참혹한 말과 행동으로 욕보이 니 그게 웬일인가. 단군을 부정하면 저희들의 조상을 부정하는 것인데 지금 우리나라는 고대사를 스스로 부인하니 알 수 없는 일이 많다. 그러 나 『환단고기』를 앞세운 일단의 사람들이 우리나라 기원을 환웅으로 하 자고 주장할 때 내가 이를 반대했다.

"제발 가만히들 있어라. 환국에서 민족 구성이 되어 왔다. 단군 개국 이 중심이 돼야 옳다. 환국·환웅을 기원으로 하자고 하면 단군기원까지 기원이 세 개가 되어 단군마저도 안 믿게 된다. 단군을 굳혀 놓고 단군 이 환국·환웅에서 나왔다고 하면 된다."

모두들 "그 말이 옳다"라고 동의했다. 평양에 세워진 단군릉은 석연치 않은 부분이 있다. 신시시대에 우리 민족은 복합 구성되어 광역대국이 되며 고조선이 개국했다. 단군 이전의 고대사는 합의되지 않은 부분이 있지만 고조선을 개국한 인간 단군은 실존했다고 학자들이 모여서 주 장할 필요가 있다. 그것은 역사의 진실이며 종교를 초월하는 것이다. 단군을 학문적으로 연구하는 연합이 생기면 단군 연구는 좀 수월해질 것이다. 근래 유승국·윤내현이 의욕적으로 고조선 연구를 했고, 신용하의 저서 『한국민족의 형성과 민족사회학』 또한 단군 개국의 실존을 말하는 유력한 설이다. 신용하는 일본의 고집스런 역사왜곡에 맞서는 일도 해낸다. 식민사관 학맥에서 벗어난 학풍이 더욱 진작되었으면 한다.

우리 조선족은 과거 한·중·일 동양 삼국에 널리 퍼졌던 것처럼 지금은 세계 각국에 많이 퍼져 있다. 중국이 만리장성을 쌓을 때 우리 동이족은 장성 안팎으로 갈리면서 중국 본토에도 많이 남았다. 우리 조상의 또 한 부류는 고조선 이래 여러 차례에 걸쳐 일본으로 건너가고 일본국을 건설했다. 오늘날 중국·일본·미국·소련 등 세계 160개국에 나가 있는 재외국민은 2002년 현재 560만 명이라고 한다. (개천절 축사에서 국무총리가 발표하는 재외국민 수는 2004년에 670만, 2006년에 700만, 2016년에는 750만 명이었다.) 숫자만으로 보면 중국과 이탈리아 다음가는 규모의 재외국민 수이지만 자국의 인구비율로 따지면 세계에서 가장 많은 재외국민을 거느린 나라라고 한다. 이것은 기질의 문제이지, 청승맞게 말하는 역사의 비극 때문이 아니다. 자신들의 나라를 제대로 하겠다고 국외로 나가 있는 것이다. 이제 국적은 다르다 해도 단군의 자손임은 무시 못할 사실이다. 단군의 홍익인간 이념은 지금도 세계 각국에 흩어진 한국인들 사이에 가장 근본적인 구심점을 이루는 것이고, 동시에 세계화를 받아들이는 바탕이기도 한 것이다.

내가 일을 더 벌일 수 있다면 단군기원을 살리고, 단군의 광역국가 고조선 개국이 교과서에 더 확실하게 실리고, 단군개국기념관을 만들어 단군 학문의 연합과 도서관과 장학사업을 했으면 한다. 여기엔 단군을 내세운 가짜 사이비 단체들이나 친일파 같은 결격자들은 제외하고 순수

학문하는 학자가 이끄는 것이라야 신뢰받을 수 있다. 내가 부탁하는 것은 조선총독부 조선사편수회가 단군의 고조선 개국을 압살하는 데 이용했던 환인설은 절대로 받아들여선 안 된다는 것이다. 환국은 있어도 환인은 없다. 중요한 바탕은 한말까지 조선사람들이 수천 년간의 역사적 진실로 배워 안 단군론이 정인보와 통한다는 것이다.

내가 만난 정인보

1930년대 중반 황해도 안악에서 왕양명의 양지양명학(良知陽明學)에 대한 강연회가 열렸다. 서울에서는 정인보가 오고 안악 본바닥에서는 김용승 진사가 연설했다. 안악의 김용승은 내 장인이었는데 자기 실력으로 과거급제하여 진사가 되고 '율곡이 맹자보다 낫다'고 할 만큼 한학을 깊이 공부한 이였다.

"인위의 시시한 규범을 가지고 사람을 구속하는 주자에만 얽매여서야 제대로 사람이 펴 나가질 못한다. 사람의 본심을 밝게 보려는 일은 불교에서 많이 노력했지만 지나쳐 본심을 아주 죽여 버리고 말았다. 본심을 가리는 잡것들을 제거하여 잘 가꾸면 양지가 생기고 이를 실생활에 나타나도록 실행하는 일에 중점을 두어야 한다. 일본은 우리 선조들이 가져간 양명학을 받아들여 적극성을 띠게 됐는데 우린 주자에만 억눌린 채 발전을 보지 못했다"는 주장을 폈는데, 두 사람은 토론하면서 서로 사상이 같은 것을 알게 되었다.

김진사는 중국에서 근세 중국철학을 배워 온 정인보를 두고 '한문 제대로 하는 사람은 정인보밖에 없다' 하고 정인보는 시골서 구태의연한 유학만 하는 줄 알았던 유학자가 양명학에까지 들어간 것을 보고 '김진사가 깊이 있는 한학자다' 하여 두 분이 친했다.

정인보와 내가 『강희자전』 대신 중국의 현대 자전 『사원(辭源)』을 보게 된 것은 김진사가 권한 것이었다. 다정한 벗이던 두 분인지라 육류가 귀하던 그 시절 김진사는 사냥으로 잡은 꿩을 '정인보 갖다 준다'며 안악서부터 허리에 차고 서울로 가곤 했다.

1938년 여름이었다. 안암동 우리 집 앞 솔밭으로 두루마기에 단장을 짚은 3인이 다가오는 게 보였다. 정인보와 안재홍·홍명희 3인행이었다. 정인보 선생이 내 집의 문패를 보면서 "이 이름이 내가 아는 그 최태영인가?" 했다. 우리는 김진사를 통해 서로를 알고 있는데다 당시 나는 젊은 나이에 조선인 최초로 보성전문의 법학교수가 되고 『보전학회논집』을 통해 「히브리법 토라 연구」라는 논문으로 우리 처지를 빗대면서 우리말로 발표한 것으로 이름이 나 있었다.

안재홍·홍명희가 "당신이 아는 바로 그 사람이 저기 소나무 아래 있소" 하였다. 안재홍은 조선일보 사장이라 잘 알았고, 작가 홍명희도 야구광으로 일찍부터 알고 있었다. 셋이 안암동에 있는 영도사 절로 산책하러 가는 길이었다.

그렇게 웃으며 만난 이후 정인보와는 보성전문의 2차 설립자 김성수의 계동집 사랑손님으로 친분을 맺었다. 정인보의 집안은 조상이 17대를 이어 벼슬을 해온 양반인데 그래서 그는 종묘 앞을 지날 때면 늘 모자를 벗곤 했다. 양반이니 옛사람 티를 내느라고 구두도 경제화라는 갓신 같은 것을 신었다.

김성수의 계동집 사랑꾼은 정인보, 야당 하던 윤제술, 나, 김성수, 그렇게 4인으로 정해져 있었다. 김성수는 사회에서 친일파들과 어울렸지만 집안에는 이들을 절대 들이지 않았다. 유진오 고대총장조차 계동 사랑에 한 번도 발을 들이지 못했다. 그 당시 서울 상류가정의 설비대로 스팀을 놓은 사랑에 자주 모여 앉았다. 온갖 시사문제·인사문제를 진지하고도 열띠게 토론하고 의견이 갈리면 저무도록 싸우면서 검증하는 것이었다.

해방 뒤 정인보는 감찰위원장이 되었다. 당시 임영신 상공장관이 금반지와 과일 몇 상자 받은 것을 뇌물로 볼 수 있는가를 토론하던 기억이 있다. 정인보는 매우 강경해서 이를 뇌물로 규정했는데 그보다는 임영신이 상공장관으로 적합지 않다고 생각한 것이었다. 그즈음 친일파 출신들이 나를 매우 중상하여 그에게 가서 나의 험을 확인받으려 했으나 정인보는 "그 사람은 어떤 경우에든 바른 사람"이라고 말했다.

정인보가 단군을 개국 조상으로 본 역사의 출발은 옳은 것이다. 해방이 되고도 십수 년의 시간이 흘렀는데 우리 국사가 수천 년 역사를 줄이고 고대의 강역을 축소하고 단군을 신화라고 우겨 우리 고대사를 없는 것으로 돌려세우던 일본의 의도 그대로 교육되는 것을 알고는 내가 크게 놀랐다. 신채호·정인보·안재홍·손진태·최동·장도빈 같은 학자들이 살아 있었다면 이러한 강단교육을 막을 수 있었을 것이다. 불행히 이들은 작고하거나 대부분 납북되었다. 내가 이들 모두와 친하면서 역사 실력을 인정받았고, 법학을 하면서 그 배경이 되는 역사 또한 같이 연구해왔으니 '그렇다면 나라도 역사연구에 나서겠다'고 생각하게 된 것이 그즈음이었다.

역사를 바로 세워야 한다는 생각뿐이었다. 한문과 일본 고문에 소양이 있는 것을 믿고 고대사를 파고들었다. 정인보의 저작 『조선사연구』부터 다시 읽었다. 역사인식이 나와 제일 맞는 학자가 정인보이다. 정인보는 "단군이 중국 요와 같은 시절에 고조선을 건국했다는 것은 새롭게 주장할 것도 없는 사실이며, 단군은 신도 아니고 곰의 아들도 아니고 중국인도 아닌 우리 조상, 할아버지와 똑같은 사람이라"고 했다. 신채호는 여러 이론을 가져다 세우려고 했지만, 정인보는 아예 단군이 우리 조상임을 논리 이전의 사실로서 확인하고 있는 것이다. 유교를 신봉한 조선이지만 국조로서 단군을 받드는 일만은 수천 연래 변함이 없어서 아이들은 서당에서 『동몽선습』을 가지고 으레 그렇게 배웠고, 단군이 고조선을 개국한 우리 최고의 조상임을 의심하는 조선사람은 없었다. 이것은 정인보와 내가 속했던 시대 사람들의 상식이기도 했다.

정인보의 한국 고대사는 인간 단군을 바로 찾고, '한사군'은 중국인들이 몇백 년 후에 꾸민 허구이고, 한반도 내 한사군 설은 일본인의 조작에 불과한 것임을 증명하는 데 주력했다. 중국이 한사군을 포기한 사실로 보아서 정인보의 이러한 주장은 확실하게 밝혀질 가능성이 충분히 있다고 나는 생각한다.

그가 지은 "비·구름·바람 거느리고 인간을 도우셨다는 우리 옛적, 삼백예순 나뭇 일(여사; 餘事)이…" 하는 제헌절 노래나 "우리가 물이라면 새암이 있고 … 이 나라 한아바님은 단군이시니" 하는 개천절 노래는 건국 사실을 무게 있고 아름다운 노랫말로 모든 사람이 순하게 부를 수 있게 한 좋은 것이다. 〈세년가〉류라 할 것이다. 그런데 이렇게 순한 우리말을 구사하는 정인보이면서도 정작 책은 토씨만 빼곤 지독히 어려운 한자로 되어 있어 요즘 젊은이들이 그의 책을 보려면 번역을 해야 될 것 같다.

후일 남북이 갈리고 김용승 진사가 북에서 작고했을 때 정인보 선생은 남하해 있던 김진사의 아들 김동량의 집에 와서 북쪽 황해도를 향해 슬프게 망곡했다. 정인보가 김용승 진사와 만나 양명학을 토론하던 일부터 두 사람이 같이 연못가를 거닐고 옛날 군수 남이형(南履炯)의 행적을 함께 논했다는 것, 두 사람의 우정 등을 시조로 기록했다. 그러나 6·25가 나자 그도 납북되었다. 그보다 젊었던 나는 그때의 위기를 탈출해 살아남았지만 정인보가 납북에서 헤어나지 못한 것은 두고두고 안타까운 일이다.

거동이 불편한 만년의 생활에 접어든 내게 정인보의 제자들이 여러 명 찾아온 적이 있었다. 정인보가 2000년 7월의 문화인물로 정해졌을 때는 그의 따님 정양완 여사와 국어학자 한 분이 나를 찾아와 정인보의 이야기를 하며 그리워하다가 돌아갔다.

한국 고대사의 원천

단군과 고조선, 홍익인간

한국은 동북공정으로 대두된 중국 및 일본의 역사왜곡에 지속적으로 맞서야 할 입장이다.

한국 고대사의 가장 강력한 원천은 단군과 고조선이다. 단군에 대한 확실한 이해 없이 고대사는 한발도 진행하기 어렵다. 단군의 홍익인간 사상을 좀더 충실히 기록할 필요가 있다.

역사 바로잡는 일, 역사교과서를 충실히 하는 일의 요점은 단군의 홍익사상을 바로 알고 단군설화에 신화적 요소가 없다는 것을 인정하는 것이다. 단군이 고조선을 개국했다는 것, 여러 민족을 통일하여 광역국가를 개국한 사람이 단군이란 것, 부여·고구려가 고조선을 이어받았다는 것이 골자이다.

동이 조선족이 중국보다 먼저 깼던 것이 사실이다. 요임금의 후계자가 되어 중국의 치산치수를 해결한 순(舜)임금이 요임금과 마찬가지로 산동의 동이족이다. 중국이 대홍수를 만났을 때 고조선의 2대 단군 부루가 하(夏)나라 우(禹)왕에게 치산치수법을 가르쳤으며, 동이가 큰 활과 치우의 갑옷 투구같이 앞선 청동기 무기를 가졌던 사실 등에서 알 수 있다.

이러한 사실이 교과서에 제대로 나와야 한다. 우리 헌법에 법령화된 단군기원 살려 단군개국기념관 만들어 단군의 홍익인간 사상을 연구하고 역사교과서 충실히 가꿀 용기가 없느냐고 사람들에게 묻겠다.

서구식 현대 법철학으로 홍익인간 사상을 말하면 최대다수의 최대행복을 실현하자는 것이다. 우리는 단군의 자손이라 한다. 이 말은 우리 민족을 다 단군이 낳았다는 게 아니다. 단군 자손이란 단군의 가르침을 받은 사람들을 말한다. 단군이 세운 나라의 백성으로 최대다수 최대행복의 원칙 아래 교육받은 사람들을 말하는 것이다.

그 사상은 민족과 나라를 위해 사는 것이다. 사람이 모두 다 선한 게 아닌데 자부심을 가지고 단군의 사상을 실현하려 애쓰는 민족주의를 함으로써 홍익인간 하는 것이다. 그대로 못되는 수도 있다. 조선시대에도 홍익인간 개념이 있었지만 그대로 되지 않았다. 그렇게 실현하는 일은 쉽지 않기 때문이다.

홍익인간 사상이 민족을 위한다고 해서 우리 민족이 무엇이든지 다 잘났다는 국수주의가 아니다. 공산주의도 아니다. 단군의 민족주의는 침략주의나 식민주의를 해서 다른 민족을 지배해 없애자는 것이 아니라 평화롭게 다 같이 잘살자는 평화주의를 말한다.

'자기 민족이 전 세계를 지배해야 된다'는 소리는 바로 명치천황, 소화천황 등 군국주의 일본이 말하던 민족주의일 뿐이다. 그것은 천황주의이며 단군의 홍익인간 철학하고는 다른 소리다. 미국주의는 미국이 세계를 지배하겠다는 야심을 갖는 것이고 그러니까 침략주의가 된다.

우리가 알고 있는 민족주의는 우리 자신의 홍익인간 사상 등에 대한 연구가 없이 근대화 과정에서 일본식 민족주의 등을 그대로 받아들여 갖게 된 개념이 없지 않다. 한국의 축구 응원이 대단했다고 못된 민족주의라고 하는데 축구는 침략이 아니니 거기에 민족이 들어갈 이유가 무엇이 있겠는가.

홍익인간은 공산주의도 아니다. 잘 알려진 대로, 마르크스의 공산주의는 인간의 정신을 무시한다. 마르크스주의는 민족을 뛰어넘어서 생산기관의 권력을 쥐는 사람이 지배하는 것이라고 한다. 그것은 처음부터 안 된 소리다. 인간은 정신이 지배하는 것이고 물질은 인간이 지배하는 것이다. 공산이념의 시행착오는 이미 전 세계 공산국가의 몰락으로 증명됐다.

나는 바이마르 헌법 등 각국 헌법을 비교해 가르치며 수정자본주의를 주장하고 가르쳐 왔다. 그것은 자본주의를 어느 정도 고쳐서 네 것, 내 것이 다 있어야 된다는 것이다. '내 것, 내 이익만 추구하는 건 안 된다, 네 것, 남의 것도 이익을 추구해야 된다. 그래야 발달이 되고 홍익인간 하는 것이다'라고 생각한다. 또 그것이 인류사상이라고 생각한다.

단군사상은 우리 민족이 살길이다. 어느 나라가 멸종을 면하려면 언어·문자·정사(正史)와 교육을 바로 받아들이는 데서 얻는 것이 있다. 말과 글이 없어지면 그 민족은 역사상에서 영원히 사라지는 것이다. 교과서 확충이야말로 단군사상을 바로 연구하는 첫 작업이다. 단군개국기념관을 만들어 단군의 홍익인간 사상을 연구하고 학생들에게 교육하는 것이다.

단군개국기념관을 나라에서 설치하여 단군 연구의 중심지가 되도록 할 것을 건의한다. 마침 행정기관을 이전한다 하니, 서울에 빈 건물이 생기면 그곳에 단군개국기념관을 설치했으면 한다.

단군개국기념관이 단군사상과 고대사에 대한 도서와 자료를 모으고 연구하는 곳이 되면 일본과 북한, 중국에 대한 정책을 찾을 수 있을 것이다. 우리가 일본과 북한 중국의 중간에 서서 정말 단군사상을 실현해 보자는 것이다. 이 일이 잘되면 동양평화를 유지하는 살길이 확실해질 수 있다.

개신교 일부 목사가 단군을 의심하지만 이는 역사에 무지한 소치일 뿐, 우리 역사만 제대로 안다면 문제될 것 없다. 단군(檀君)은 기독(基督)보다 2천3백여 년 전 사람이었다. 기독이 자기보다 2천 수백 년이나 앞서 태어난 단군과 충돌하거나 상관할 일이 없다.

우리가 애초에 기독교를 배운 것은 거기 따라 들어오는 개화 때문이었다. 정치가와 진정한 종교가는 거기서 구별된다. 단군은 국조로서 우리에게 독립국가 고조선과 역사의 자부심을 갖게 한 조상이며, 기독교와 충돌할 아무 이유가 없다.

조선족이 이제는 한국, 북한, 중국 일부, 일본 여러 나라에 퍼져 있다. 단군개국기념관을 중심으로 단군 손들이 서로 침략 안 하도록 조약을 맺을 수 있다면, 그것이 국가기관이 나서는 것보다 유리할 수도 있다. 이들이 모두 단군 손이니 서로 죽이지 말고 평화롭게 살 연구를 했으면 한다. 홍익인간으로 최대다수의 최대행복을 주도록 사업하는 것이다. 그것은 돈 생기는 일이 아니며 많은 연구가 있어야 할 듯하다.

누가 운영하는지가 제일 중요하다. 무엇보다 사이비 단체의 단군운동이 돼서는 절대 안 된다. 민간단체라고 다 순수한 것은 아니다. 친일경력이 없는 사람, 단군을 진정 위할 수 있는 이를 골라 일하게 하고 개천절 행사도 사이비 단체인들이 나서지 못하게 하고 국가에서 주관해야 한다.

학계에서는 근대에 신채호, 정인보에 이어 이희승, 문정창, 유승국, 윤내현, 손보기, 최재석, 최동, 장도빈, 이상시, 신용하, 그리고 본인 등이 노장층으로서 단군사상을 시종일관해 왔다.

단군은 최고통치자들도 이해한 역사였다. 독립운동가이던 이시영 부통령은 『감시만어』라는 저서를 통해 단군을 알리고 중국인의 한국사 왜곡을 공격했으며, 최규하는 단군을 가장 잘 이해했던 대통령이었다. 윤보선 대통령도 단군사상을 위한 운동을 그의 자택에서 펼쳤다. 이승만 대통령 때 정한 단군기원을 박정희 대통령 때 병기해 쓰는 일을 폐기했지만 이는 잘못된 일이었다. 북방정책을 편 노태우 대통령도 단군을 알았다.

그들도 역사 바로잡는 일에 동감할 것이라 생각한다. 단군개국기념관을 설치할 것을 노무현 대통령과 정부에 권고한다. 일본에 있는 이병창(李秉昌) 박사가 1990년대 초 한국에 단군 연구할 기관을 한국에 마련하려던 뜻이 있었으나 우리 정부가 이를 잘 이용하지 못했다.

단군을 숭모하는 대표단체로 현정회(顯正會)가 있어 과거 여러 학자들이 관여했다. 내가 애초에 현정회와 관계한 것은 우리나라가 단군 때부터 어떻게 민족통일을 이루고 국가로 발전했는지를 밝히기 위해서였다.

나의 연구 분야인 법철학과도 연관된 우리 고대사의 단군과 환국(桓國), 부여, 고구려의 정체를 밝히게 된 데는 "당신이라야 학계의 식민사관을 돌려놓을 수 있을 테니 우리가 현정회에 들어가 여럿이 협조해서 돌려세우자" 하는 KBS 이사장 송지영의 간곡한 부탁도 있었다.

송지영 외 한글학자 이희승, 숙명여대 총장 윤태림, 가톨릭의 한호(韓鎬) 신부와 군인 박창암 장군 등의 지조와 열성어린 협력으로 성과를 얻어 그 방면 대표적 학자들이 단군을 실존인물로 인정하도록 바로 돌아서기까지 목적을 달성하고 거의 사실을 밝혔으므로 내가 더 이상 현정회에 관여할 필요가 없게 되었다.

일본과 해결해야 할 일들이 많다. 일본은 옛날부터 조선을 이용해 자국의 이익을 취할 것만 생각해 온 나라임을 잊어서는 안 된다. 한 예로 울릉도에 붙은 바윗덩어리 하나를 가지고 그 바윗돌 하나만 일본 저희 것이라는 논리는 억지가 분명하다. 일본이 말하는 다케시마(竹島)는 원래 울릉도를 말하는 것이다. 울릉도는 지금까지 한국 영토이며, 따라서 독도가 일본 영토가 된 적이 없다. 일본 학자 중에도 독도가 일본 영토된 사실이 없다는 것을 1980년대경 서울에 와서 강연한 일이 있어서 나도 그 강연을 들었다.

일본 내에도 한일합방을 반대한 법학자 우키타 가즈오(浮田和民) 같은 7박사 등 바른 역사를 말하는 양심적인 역사학자도 없지 않으므로 바른 역사를 말하는 이들을 찾아 잘 지켜볼 필요가 있다.

이제 일본에서도 천황 중에 한국인 혈통이 있고 일본 국토를 개척한 것도 한국인들이었음을 스스로 밝히고 있다. 일본에서도 이젠 천황이 신이 아니라는 것을 안다. 교토대학 학생들이 소화천황을 만나 "우리는 천황제가 없어지고 당신 같은 사람이 없어지는 게 목표다"라고 한 것이다. 천황을 앞세운 군국주의를 경계한 것이다. 이 방면에 일본이 우리보다 앞장서 가고 있으니 우리가 오히려 교과서 확충에 후진이 되는 셈이다.

우리가 단군과 고조선을 바로 내세워 우리의 근원을 확실히 하지 않는 한, 천황중심제가 되어 조선인 혈통임을 뻔히 알면서도 자기네 천황을 그토록 받드는 일본의 군국주의 우익이나 중국의 역사왜곡에 효과적으로 맞서기 어려울 것이다. 이들은 다분히 침략적인 세력이기 때문이다. (『대한민국학술원통신』 2005년 2월 1일)

2장

단군조선 연구

단군 이전 - 환국 신시시대

단군의 고조선이 건국되기 전에 환국(桓國)이 있었다. 우리의 아주 오랜 조상족은 서기전 3천여 년경 백두산(태백산)에 이르러 그 산 북방의 평원, 즉 송화강 유역과 북경 부근, 한반도에 정착해 원주민과 융합하면서 그곳을 근거지로 하여 발전했다. 환웅까지의 오랜 신시(神市)시대를 거쳐 민족통합자 단군이 조선이란 광역강대한 나라를 세우고 민족적 이동을 개시했다. 고려 때 김일연이 쓴 『삼국유사』는 『고기(古記)』를 인용해 단군이 나타나기 직전의 환국 신시시대를 설명하고 있다.

환국의 높은 서자(庶子; 태자의 스승을 일컫는 고대 중국의 관직) 벼슬을 지녔던 인물 환웅이 바람(風伯)·비(雨師)·구름(雲師) 및 생명·곡식·질병·형(넓은 의미의 법)·선악의 판단 등 인간의 360여 가지 직책을 맡은 관리와 무리 3천 명을 거느리고 백두산 박달나무 많은 지역에 이르러 그곳을 신시라 했다. 하늘에 제천하던 곳임을 말하는 것이다. 무리 3천이란 것은 3천 군대로 생각되며, 그때부터 법이념과 생활에 필요한 360여 국가 조직 기능을 갖춘 큰 세력이었음을 알 수 있다.

사학자들의 통설에 의하면, 우리 조상의 주류는 옛날에 이동해 온 북몽고족에 속하는 종족으로서, 알타이어족의 말을 쓰는 사람들이다. 신채호는 "조선이나 만주·몽고·터키 등은 수천 년 전에는 같은 혈족이었으리라" 추측하면서 "중국의 한(漢)족을 조선족과 동족으로 볼 수 없다"라고 했다. 몽고족은 오랜 옛날 우리와 같은 조상의 후손일 수는 있지만 연대의 선후로 보아 조선족이 몽고족에 속하는 것은 아니라고 했다.

그런 우리 조상들을 중국인은 인방(人方)·동인(東人) 혹은 동이(東夷)에 속하는 종족이라 하고 숙신국 혹은 예맥족이라고 일컬었다. 그들이 활을 다루는 데 능하였음은 맥궁(貊弓)·단궁(檀弓)이라는 기록을 통해서만이 아니라 큰 활을 사용하는 사람이란 글자 이(夷)로 보아도 알 수 있다. 활은 오랫동안 조선족의 뛰어난 무기여서 중국은 당(唐)대에도 신라의 활 만드는 법을 배우려고 노력했다.

어떤 종족이 언제 어디로부터 왔는지 지금 와서 명확히 알 수는 없다. 중요한 것은 우리 조상족들이 치수(治水)법, 무기 같은 선행문화를 지니고 중국 한족에 앞서 요동에 선주(先住)했다는 사실이다. 우리는 중국의 한족과는 그 어계(語系)부터 다를 뿐 아니라 다른 문화전통을 가진 종족이었다. 발해만 북쪽 홍산 지역의 고조선 청동기문화 시작이 중국의 황하유역보다 수백 년 앞선다는 점에 주목할 필요가 있다.

미국의 동양미술사학자 존 코벨은 조선 한(韓)족이 동아시아에 정착한 연대는 현재 알려진 것보다 훨씬 더 일찍으로 보아야 한다고 주장했다. 그는 우리의 문화가 일찍부터 중국과 다르다는 것을 바로 보고 단군의 존재를 인정했다. "한(韓)민족 그 문화가 중국 것이 아니고 독특하다"라고 한 코벨의 지적은 옳다.

백두산은 단군과 조선족이 제천(祭天)하던 곳이고, 우리 조상족이 제일 먼저 정착하여 개척한 곳은 지금의 하얼빈을 중심으로 한 송화강 연안 요동평야이다. 송화는 고대에는 소밀·속말·소머리, 즉 우수(牛首)·

우두(牛頭)라고 하였다. 흰 소를 잡아 제물로 올리고 제천하던 데서 비롯되었다고 한다. 소머리란 지명은 후일 민족이동과 함께 강원도 춘천, 경북 경주 그리고 일본 각처로 전래된다.

오랜 신시시대를 지나는 동안 여러 종족들 간에 곰 상징의 종족과는 융화하여 통혼하고, 범을 상징으로 하는 종족 등은 정벌하였다. 곰족과 태양, 조상을 받드는 환웅 종족이 우세하여 다른 종족들을 물리치고 무력통일을 이룬 것이다. 환국-신시시대는 여러 부족이 한 종족으로 통일되기까지 서로 싸운 기간이 천 수백 년간 계속된 것으로 봐야 한다. 치우 등 여러 환웅이 있었다고 전한다.

정착생활을 하게 된 우리 조상들은 환웅을 수장으로 받들어 박달나무(檀木) 아래 소도와 제단을 세워 하늘과 조상을 숭배하는 경천보본(敬天報本)의 수두교(蘇塗敎)를 펴고 법질서를 두루 보호하며 교화하여 살았다. 고려 말의 학자 이맥(李陌)의 『태백일사(太白逸史)』「신시본기」에 "신시를 세운 환웅천왕의 공덕은 수두 제천의 고속(古俗)에 의하여 분명히 전송되어서 잊히지 아니하였다"라고 했다. 신채호가 이때 조선 한족의 특징이 하느님과 조상을 받드는 수두교에 있다고 본 것은 매우 주목할 일이다. 불교와 유교가 들어온 것은 한참 뒤의 일이다.

주의할 것은 일연의 『삼국유사』에 나타난 본래 기록은 "석유환국(昔有桓國) - 옛날에 환국이 있었다"는 것인데, 불교가 지배세력이 되며 비사실적인 "옛날에 환인이 있었다(昔有桓因)"로 변조된 기록이 나타나게 됐다는 것이다. 환국은 불교가 발생하기 전의 역사임을 생각하면 제석이라고 해석되는 환인(桓因)이 변조된 기록이라는 사실은 쉽게 이해된다. 일제강점기 일인들이 이를 결정적 빌미로 삼아 환국으로 표기된 진본 사서(史書)까지 위조해 가며 단군을 없애고 고조선을 해체하여 그 역사의 전부를 말살하려 했던 것이다.

근대의 신채호·최남선·문정창이 환인 아닌 환국을 말했다. 『삼국유사』에서 불교의 꺼풀을 걷어 내면, 거기에 인간 단군이 나타난다.

단군의 개국

환웅 족속이 세력을 이루는 동안 곰 토템 종족과 결혼하여 출생한 우리 조상들의 유력한 지도자가 나타난 것이 4천3백여 년 전이다. 그는 신시시대의 여러 종족을 통일하고 아사달에 나라를 열었다. 이 지도자가 즉 단군임금이고, 그가 세운 나라를 후일 한자화하여 조선이라 한다. 위만조선 등과 구별되는 고조선(옛조선)이란 명칭은 신라 이후 쓰이기 시작했다.

『삼국유사』에 "『위서(魏書)』에 이르기를 지금으로부터 2천 년 전에 단군왕검이 있어 도읍을 아사달에 정하고 나라를 개창하여 이름을 조선이라 하니 요임금과 같은 시기이다"라고 했다. 신용하는 단군의 고조선 형성을 논한 저서 『한국민족의 형성과 민족사회학』에서 "이 기록은 중국 역사가의 하나가 역사적 사실을 담담하게 기록한 것이다. 여기에는 신화나 설화의 요소는 한 군데도 없다. 『삼국유사』의 저자 일연은 이 『위서』의 기록을 그대로 전재하여 인용하고 자신의 견해는 주를 붙였다"라고 했다.

고조선의 개국 시기는 『삼국유사』나 『제왕운기』 등에 고대 중국 요임금과 동시라고 기록돼 있다. 고려 말 공민왕 때 사관인 백문보(白文寶)

가 "우리 동방이 단군으로부터 3600년이 지났다"라고 처음 단군기원을 썼다. 서력기원보다 2333년 앞선 단군기원은 요임금의 즉위년인 무진년을 단군 건국년도로 하여 대한민국 건국 당시의 법령으로 공포되었다.

지금까지의 고고학적 발굴 결과에 의하면 한반도와 만주지역의 청동기문화가 시작된 연대는 서기전 2400년 이상으로 확인되었다. 일반적으로 청동기시대에 국가가 나타나므로, 이것은 고조선 왕국의 건국년대가 상당히 믿을 만하다는 것을 보여준다.

김정학은 "고고학상으로 고조선을 볼 때 요령성 대능하 유역에서 우수한 청동기 유물들이 많이 출토되고 있다. 거기에 지배자의 권력이 집중되고 강대했음을 말하는 것으로 풍부한 농업생산력을 기반으로 기마의 기동성과 청동무기를 가지고 군소 읍락국가들을 정복할 수 있었기 때문이다. 요동반도도 신석기 중기 이래로 밭농사가 많이 행해진 곳이어서 농산력을 바탕으로 청동기문화가 발달했다. 그 유적은 청동기시대 전기부터 후기까지의 고조선 국가 형태를 암시하는 것이다"라고 했다.

윤내현도 "한반도와 동일 계통의 비파형 동검 등 청동유물과 토기가 요령성에서 발견된 것으로 보아 4400년 전에 벌써 고대국가 단계였다"라고 진술하고 있다. 근래 한반도 내 경기도 연천 전곡리, 충남 공주 석장리, 평남 상원 모루동굴에서는 10만 년 내지 수십만 년 전 주거인들의 구석기시대 유물이 발견되고 있다. 오래전부터 한반도에 주거하던 종족이 있었던 것이다.

그리고 보면 외부인의 영향을 받지 않고, 신시시대 말기 단군 개국 초에 이미 농경사회로 발전하였으며, 또 청동기 문화기에 들어와서는 광대한 영역의 강대한 국가를 이루었다고 보아도 조금도 무리가 없다. 그런데 아무 근거 없이 굳이 대동강 유역설을 고집하여 이를 부인하는 것은 이해가 되지 않는다. 이는 일본 식민사관의 입장이라 할 수 있다.

나라 이름을 처음에는 아사달이라 하고 배달임금이라 부르던 데서 후일 조선, 단군왕검이라는 한자(漢字) 칭호로 바뀌었다. 종교가 중요한 지배원리였던 시대의 단군은 제천을 주관한 제주(祭主), 천군의 칭호이고 왕검이란 사람이 따로 있는 것이 아니라 우리말의 임금을 이두로 왕검이라 했던 것이다. 이로써 단군 이전의 환국 신시시대와 단군조선(고조선)시대는 분명히 구분해 보아야 할 때가 되었다.

단군의 고조선은 2천 년 넘게 존속했다고 보는 것이 통설이다. 47대의 단군이 지금 전하는데, 이는 고조선의 여러 임금들 중 그 업적이 세상 사람들에게 전해진 단군임금만을 추려 47대로 압축된 것이 아닌가 한다. 노래로 그렇게 전했을 것이다. 그렇지 않고서는 모든 단군이 그토록 오래 장수했다고 믿을 수 없다.

단군의 후손들은 2천 몇백 년 후의 먼 후세까지 계승하는 동안 때로는 단결하여 강성하였고, 때로는 흩어져 쇠약하기도 하였다. 대체로는 한족(漢族)을 주력으로 한 중국과는 평화 혹은 대립하여 밀고 밀리기를 되풀이하면서 계승해 왔던 것이다. 단군의 자손이란 말은 단군이 개국한 나라의 백성이라는 말이다. 수많은 한족(韓族)들이 다 혈통상 단군의 피를 받았다는 게 아니다. 단군 할아버지라는 호칭은 '대통령 할아버지'처럼 조상을 친근히 부르는 말일 뿐이다.

단군은 설화에서 말하는 곰의 아들도, 신도, 하느님도 아니며, 고조선을 개국한 우리의 실존 조상이라고 역사 첫머리에 찍어 댄 것이 정인보이다. 우리 역사의 출발점을 정인보는 정확히 본 것이다. 본인의 역사관도 이와 동일하다. 조선은 숭유억불정책을 폈지만 나의 세대까지도 단군을 변함없이 국조로 받들어 조선의 아이들이 천자문 다음으로 배우는 교과서 『동몽선습』에서 단군이 요임금과 같은 때 고조선을 건국했다고 가르쳤다. 이는 의문의 여지가 없이 조선족 대대로 수천 년간 전해지던 시대 상식이었다. 대한제국의 신식군대에서 군가로 부르던 "단기 내려 고강산에 우리나라 새롭도다" 하는 노래를 내가 아이 때 동요처럼 불렀다.

그런데 일연은 『삼국유사』에 『고기(古記)』를 인용하여 단군의 고조선이 환웅족, 곰 토템족, 호랑이 토템족의 삼부족 연맹에 의해 성립된 개국과정을 설명하면서 매우 신화적 설명을 첨가하여 한 덩어리로 혼합해 뒤섞어 놓았다. 이것이 『위서』의 고조선 개국 기사보다 더 자세하고 긴 설명이기 때문에 단군의 고조선 개국 전체가 마치 신화인 것처럼 외양을 갖게 된 것이다. "그러나 『고기』의 기록이 신화적이라고 해서 『위서』의 역사적 사실 기록이 달라지는 것은 아니다"라고 신용하는 썼다. 문제의 신화나 전설은 국가창건 이전 신시시대의 사상과 제도를 고조선이 이어받은 전통일 따름이다.

일연이 단군조선의 개국을 『삼국유사』에 기록하면서 『고기』와 함께 인용한 『위서』란 중국의 사서임에는 틀림없으나 오늘날 전하는 『위서』는 아니다. 정인보는 『조선사연구』에서 "그것은 탁발(拓拔)의 위(魏)시대 『위서』가 아니고 지금은 전해지지 않는 왕침(王枕)의 『위서』가 우리나라에 들어온 듯하다"라고 했다. 일연이 인용했던 『위서』에는 고대 조선을 예찬하는 기록이 상세했기에 송(宋)대에 이르러 중국에 유리하도록 내용을 윤색할 즈음 조선에 관한 기록도 삭제 변작한 결과라고 짐작된다. 최남선은 『삼국유사 해제』에서 "그 위서를 오늘날의 『위서』로만 한하여 보는 것은 정견(正見)이 아니다"라고 했다.

『삼국유사』보다 10여 년 뒤 1287년에 편찬된 이승휴의 『제왕운기』에는 "요동에 별천지가 있으니 중국과는 아주 구분되며, 삼면은 바다이고 북쪽은 대륙과 이어진 중방(中方) 천리 땅이 조선이다. 천하의 명승이고 평화로운 고장, 예의 바른 집으로서 중국인이 다른 미개국들과는 다른 문화국이라고 일컫는 나라이다."

"단군이 개국하여 조선의 국토를 차지하고 임금이 되었다. 시라(尸羅), 고례(高禮), 예와 맥은 모두 단군의 자손이다. 열국이 모이고 헤어지며 강성하고 쇠퇴하여 삼한이 이루어졌다. 주와 현이 산곡 간에 흩어져 각각 나라라 일컬으며 서로 침략하였다. 그중의 대국은 부여와 비류국이었고, 그 다음은 삼국과 남북 옥저와 예맥이었다. 그들 왕의 조상은 모두 단군의 계통이었음이 물론이다"라고 단군의 후예국들을 지적해 기록했다.

『삼국사기』의 편찬자 김부식은 사대주의적 입장에서 단군 고조선사를 의식적으로 피하여 단군과 상고사를 잘라 내고 신라·고구려·백제 삼국부터의 역사를 저술했다. 그래도 고구려 본기에 와서 "평양은 선인(仙人) 왕검의 옛 도성이다"라고 했는데 이는 위치에 대한 논란에 앞서 왕검의 고조선 건국이 움직일 수 없는 사실이었기 때문일 것이다. 그가 평양을 기자의 근거지로 보지 않았음도 주목된다.

이규보가 지은 『동명왕편(東明王篇)』에 "지난 계축년 4월 『구삼국사(舊三國史)』를 구해 「동명왕본기」를 읽었다. 그런데 김부식이 중찬한 국사에는 이 부분이 매우 약술되어 있다(越癸丑四月 得舊三國史, 見東明王本紀, 金公富軾 重撰國史 頗略其事)"라고 한 것으로 보아 김부식은 그 당시 건재했던 고대 역사책들을 통해 단군의 고조선 개국을 당연히 알았다. 그러나 중국과 충돌해 가며 우리 상고사의 정확한 연대와 지역을 알아내거나 우리가 중국보다 앞섰음을 말하고 요동 옛 땅을 회복하려는 의지가 없어 "고대 기록의 내용이 거칠다"는 등의 변명을 늘어놓고 발해 지역까지도 줄여 고대사를 흩뜨려 얼버무린 책임은 크다.

여기서 고대사를 상고하는 데 그 지명과 경계를 찾지 않고 간단히 넘어가도록 한 것은 독자의 머리를 혼란케 하지 아니하려는 생각에서이다. 태백산을 묘향산이라 하는 식으로 괄호로 표기된 지명 다수는 후세에 덧붙여진 것이기가 쉽다.

역사기록과는 별도로 노래를 통해서도 단군의 개국과 그 역사가 구전돼 내려왔다. 〈세년가(世年歌)〉가 그것이다. 10월 수릿달이면 하늘과 조상에 제사하는 제천이 소도에서 행해지고, 여기서 신지(臣智·神誌)라는 관명의 제관이 조상의 건국과 통치 업적, 후인들에게 가르칠 일들을 노래로 전했다.

소도 제천의식은 대개 삼한시대 혹은 삼국시대까지 계속된 것으로 보인다. 기록에 의하면 삼한과 백제 등 여러 나라에 각각 별읍이 있어 솟대를 세우고 제천을 행했다. 내가 자란 구월산 장련(長連)읍에도 '솟대백이'라는 넓은 벌이 있었다. 아사나루와 아사신당도 있었다. '솟대백이'라는 지명은 다른 여러 지방에도 있음이 확인된다. 고조선의 수두교는 요(遼)·금(金) 등 중국 각지에 널리 분포됐다.

우리 민족이 여러 차례 국난을 겪으면서도 단군 조상에게 제사하며 〈세년가〉를 불러온 사실은 『세종실록』과 유희령의 『표제음주동국사략』에도 나와 있다. 심수관 등 조선 도공들이 임진왜란 이후 가 있던 일본 가고시마의 미야마(美山)에서도 단군사당을 건축하고 일제강점기까지 해마다 단군 제사를 받들며 〈세년가〉를 불렀음이 확인됐다. 4321년 (1988) 이병도가 조선일보에 발표한 글도 단군을 재확인하는 자료이다.

"우리나라에서 예부터 단군을 국조로서 사당을 세우고 최고의 조상으로 제사를 받들어 왔는데, 그것이 끊어진 것은 일제강점 때부터였다. 지금까지도 여러 곳에 그 제단의 유적이 남아 있고 또 그 제사의 진설도와 〈세년가〉가 세전되어 오고 있다. 신화나 전설에 지나지 아니한다면 이처럼 역대 왕조에서 조정 의논에 의하여 받들지는 아니했을 것이다. 아무튼 실존 인간 단군과 영구한 역사를 이어 온 고조선에 관하여는 더 연구할지언정 신화로 단정할 수는 없다고 생각한다.”

단군 이래 시월 상달의 소도 행사나 부여의 영고, 고구려의 동맹(혹은 동명), 동예의 무천, 신라·고려 이래의 연등회나 팔관회 같은 국가적 대제전은 모두 같은 의미의 행사인 것이다. 구한말 이후 민족정신이 고취되며 시월에 행해지던 민족의 오랜 풍속을 정부수립과 함께 10월 3일 개천절로 살려 냈다. 이병도에 따르면, 개천은 바로 단군의 고조선 개국을 의미하는 것이다.

정인보가 지은 개천절 노래와 제헌절 노래는 『삼국유사』의 단군 고조선 개국을 노랫말로 옮긴 것이다.

국어학자 이희승은 4319년(서기 1986) 「개천절에 부친 글」에서 다음과 같이 썼다. 과거의 기술이지만 현재와도 유사점이 많고, 예용에 적합하므로 보존해 이용할 만하다.

“우리는 단군 어른이 나라를 세워 주신 은덕에 감사하며 그 자손으로서 국조 단군에 대한 숭모의 정은 마음속에서 우러나는 도의적 의무감과 인간적 정의에서 나오는 것입니다. 단군 이야기는 오래전부터 우리 겨레 사이에 뿌리박혀 온 것으로, 그분을 제쳐 놓고는 그 어디에서도 구심점을 찾을 수 없다는 것을 깊이 깨닫게 됩니다. 단군에 대한 진실은 3·1독립선언서에도 조선 개국 4252년이라고 기록하였는데, 이는 우리 건국정신의 기원이 단군의 개국에 있다는 것을 말합니다. 먼 옛날부터 우리 조상이 단군이라는 것에 확신을 가지고 반만년의 역사를 이어 온 것도 우리 민족의 확신과 신성한 합의에 의한 것입니다.…"

　이들 또한 〈세년가〉와 같은 취지의 글인 것이다.

고조선의 중심지 요동

　고조선의 중심부는 산동반도와 요동반도 사이의 바다 발해만의 북쪽 요동에 있었다. 고조선의 조선족들은 북경 근처의 난하로부터 흑룡강 그리고 한반도 대부분에 이르는 광대한 지역에 여러 국가를 세우고 존속했던 것이다.

　그러한 사실은 고구려와 발해 계통의 옛 기록들을 통해 알 수 있다. 『제왕운기』에 "요동에 별천지가 있으니 중국의 여러 왕조와는 뚜렷하게 구분되며, 반도가 북의 대륙과 연해 있는 중방 천리의 땅이 조선이다. 시라·고례·예와 맥은 모두 단군의 국민의 자손이다. 열국이 모이고 헤어지며, 강성하고 쇠퇴하여 삼한이 이루어졌다. 주와 현이 산곡 간에 흩어져 각각 나라라 일컬으며 서로 침략하였다. 그중의 대국은 부여와 비류국이었고, 그 다음은 삼국과 남북 옥저와 예맥이었다"라고 하였음은 단군조선의 나라들을 지적하면서 요동이 고대 조선의 활약 중심지였음을 분명히 보여준다.

　신채호는 「조선사연구초」에서 "『동국총목(東國總目)』이 단군강역, 즉 삼조선의 영역은 북으로는 흑룡강에 이르고 남으로는 조령에 이른다고 한 것이 대개 근리하다"라고 하였다. 고조선은 일본이나 종래의 일부 역사학계가 인식했던 것처럼 북한의 평양 대동강 유역에 위치했던 것이 아니다. 평양은 서울을 뜻하는 말로 그 지명은 여러 군데 있었다. 우리가 고대사 연구에서 가장 흔하게 실패하는 것이 이러한 지명의 혼동을 정확히 가려내지 못했기 때문이다. 지명은 민족을 따라 요동에서 한반도로, 일본으로 이동한 것이 많다.

요동이 고조선의 활약 중심지였음은 중국 『사기(史記)』의 조선 열전과 『전한서(前漢書)』 지리지, 『삼국유사』와 『삼국사기』 등에서도 찾아볼 수 있다. 윤내현은 다음과 같이 밝히고 있다.

"고조선이 발해만 북쪽에 있었음을 알게 하는 기록이 중국 문헌에 보인다. 사마천의 『사기』 조선 열전에 한무제가 위만조선을 치기 위해 육해군을 보냈는데 육군은 요동으로 가서 치고, 해군은 제(齊)를 출발하여 발해를 항해한 뒤 위만조선에 도착한 것으로 기록돼 있다. 이로써 원래 고조선의 속령이다가 위만조선의 영토가 된 요동이 발해의 북쪽임을 알 수 있다. 제는 지금의 산동이고, 그때의 발해는 지금의 발해와 같다. 그렇다면 그때의 요동이 어디인가 하는 위치가 문제인데 그 요동이 한반도가 아니므로, 위만조선이 발해 북쪽에 위치했으며 따라서 고조선도 발해 북쪽에 위치했음이 분명하다."

『삼국유사』는 한(漢)이 위만조선을 치러 온 『전한서』의 조선조 기록을 그대로 인용하였다. 그 내용은 위의 『사기』 조선 열전의 내용과 일치되는 것이다. 또 이암(李嵒)의 『단군세기』에 "단군이 태자 부루를 도산(塗山)의 회의에서 중국의 하우(夏虞 ; 우임금)와 만나게 하고 양국의 국경을 감정하여 유주와 영주 및 청주를 우리에게 속하게 하였다"라고 했는데, 그곳은 지금 중국의 하북성 일부와 산동성·요령성·길림성 및 그 동쪽이다. 이맥(李陌)의 『태백일사』에는 "단군임금 32년(서기전 2301)

에 험독(險瀆)·개평(蓋平)·갈산(碣山) 등 요중(遼中)의 12성을 쌓았다"라
는 기사가 있다. 북애도 『규원사화』에서 요심(遼瀋)과 유연(幽燕)의 땅
은 신시시대부터 이미 우리 한족이 농목하던 땅이었다고 하며, 우리 민
족이 고대에 활약한 지역은 요동을 중심으로 한 압록강 이북의 대륙이
었음을 명시하고 있다.

중국의 가장 오래된 지리책인 『산해경(山海經)』에도 고조선이 옛 요
동을 포함한 넓은 영토를 차지한, 선진 우수 민족국가였다고 여러 곳에
거듭 기록하고 있다. 『후한서』 군국지 유주조(幽州條)에 『사기』를 인용
하면서 "험독은 위만의 도읍으로서 요동에 속했다"라고 나와 있다.

그 후의 문헌자료인 『삼국지』 『위서』 『진서』 『송서』 『남제서』 『양서』
『주서』 『수서』 『남사』 『북사』 『구당서』 『당서』 『통전』 및 『통감』, 기타
중국의 여러 사료의 조선전·고구려전·백제전·신라전·한전·동이전·이
역전·변방 지리지·음악지·예악지 기타에도 고조선 내지 한족의 선진성
과 국력의 강대함을 말하는 동시에 그 강성한 시절의 강역이 광대하였
음을 알게 하는 기록이 허다하다.

문정창도 1976년 『백당사학논총』 2호에서 대만대학 서량지(徐亮之)의
『중국사전사화(中國史前史話)』와 홍콩대학 임혜상(林惠祥)의 『중국민
족사』 상권 「중국민족분류」 등의 연구를 인용하여 근래 중국 학자들도
고조선의 활동지역이 한반도·요동반도·산동반도·강소·안휘·하북·발
해만 연안·호북 동쪽까지 미쳤다고 하고 있다. 또한 강량부(姜亮夫) 저
『하은(夏殷)민족고』를 아울러 인용하여 은 및 주(周)시대에 조선족의 활
약한 지역이 현 중국 본토에 깊숙이 미쳤었고, 또 은의 지역은 본시 조
선 땅이었고, 진(秦)이 있기 전에 동이 조선족이 현 중국 본토에 정착했
음을 밝히고 있다 했다.

지금까지의 고찰로서 고대의 요동은 원래 고조선의 영토였으며, 그후 위만조선의 영역이 되었는데 그 위치는 북경 가까이 있는 지금의 난하 동북지역이었다는 사실이 분명해졌다. 여기서 한 가지 확인하여야 할 것이 있다. 요동의 위치가 유동적이며 일정하지 않다는 것이다. 요동이란 중국의 동쪽 끝을 말하는데 지금의 요동반도에만 한정된 것이 아니라 고대에는 북경 근처 난하유역이 요동이었다. 윤내현이 이에 관한 연구를 하고 이를 옛 요동으로 부른다.

　범장의 『북부여기』에 "동쪽 한계가 패수이고 그 패수는 지금의 난하이다"에서 동쪽이란 요동의 동쪽 끝을 말한다. 난하 하류지역에서 고조선과 중국의 경계는 갈석산이었다. 그러므로 난하부터 갈석산까지의 지역은 중국에 속하였고, 이 지역이 고대 중국의 요동이었다는 것이다. 다시 말하면, 고대의 요동은 대부분 고조선 위만조선에 속해 있었고, 그 서남부 일부가 중국 영토에 속해 있었던 것이다.

　고구려는 한때 요동지역을 차지했다. 그런데 현행 국사책에는 이 요동을 지금의 요동으로 인식하여 고구려 전성기의 강역을 요하까지로 잡고 있다. 그러나 고구려가 차지한 요동은 고대의 요동으로 난하 동북지역이었다. 따라서 고구려의 강역은 난하 유역까지 확대 인식되어야 하는 것이다. 고구려의 계승자로 자임한 한국의 북조(北朝) 발해국도 현 중국 동북지역의 대부분과 러시아의 연해주 전체를 그 영토에 포함하고 있었다.

　『규원사화』의 저자인 조선 숙종 때 사람 북애는 "압록강 바깥 사방 만리의 땅은 우리 선인들이 고생하여 경영하던 땅이니 어찌 본시 중국 한나라의 땅이랴. 어찌해서 우리 한인(韓人)들은 중국인의 위업은 믿으면서 자기 조상의 자랑할 만한 위업은 왜 살피지 못하는가" 하며 "중국의 헌원이 우리나라 치우(蚩尤)에게 도전해 오매 탁록의 땅에서 크게 싸웠다. 이때 중국인은 갑옷과 투구를 입을 줄 몰랐다. 헌원이 중국의 황제(黃帝)가 되었으나 치우의 손들이 유주와 청국에 살아 그 위력이 줄지 아니했다"라고 했다. 중국의 시조가 된 헌원과 탁록지전을 벌였던 치우는 사마천의 『사기』에 기록된 대로 동두철액(銅頭鐵額), 즉 쇠투구 철갑옷으로 무장했던 청동기시대 동이족의 대표적 군장으로 알려져 있다.

단군조선의 흥망

단군의 통치

단군조선은 서기전 2333년쯤부터 2천 년 넘게 존속하는 동안 추·맥·예·진번·임둔·발·직신(또는 숙신)·양이·양주·유·청구·고구려·고죽·옥저·시라·진(辰) 등 대부족 연맹체적 성격으로 형성돼 있었다.

고대의 양자강 회하지역에 조선인이 많은 제후국을 건설했는데 그중에는 서언(徐偃)이 세워 1천 년을 누리면서 중국의 36개 국(혹은 50여 국)의 조공을 받은 서(徐) 같은 나라가 있었으며, 불이지국 같은 정복국가도 있었다. 불이지국은 지금의 직예·산동·산서 등 여러 성을 정복하고 발해란 이름을 주기도 한 나라이다. 고죽국은 지금의 북경 주변 영평부에 있었다. 옛 이름이 부여(夫餘)인 하얼빈은 조선족이 최초로 개척한 평야(불)이다.

청천강 이남의 한반도 지역에는 후에 마한·진한·변한의 삼한이 있었다. 삼한은 각각 많은 제후국을 거느린 봉건제 국가였는데, 이들은 독립된 정치세력으로 고조선 왕국의 직접적 통치를 받지는 않았다. 그러나 청천강 이북 동부 만주지역에 위치한 진국(辰國)을 그들의 공통된 주인으로 받들어서 간접적으로는 고조선의 정치질서 속에 들어와 있었다.

종교적으로는 단군을 중심으로 한 고조선 동일 문화권에 속했다. 당시에 마한지역이었던 지금의 강화도에 단군 조상과 관련된 제천단이 있는 것은 이러한 사실을 알게 한다. 고대사회를 지배하는 중요한 원리가 종교였다는 점에서 삼한은 고조선의 정신적·종교적·문화적 질서에 지배되었다고 할 수 있다.

일찍이 고조선 개국 전 신시시대부터 한족(韓族)의 여러 부족국가가 있었다. 다수의 제후국들이 나누어 다스렸다는 것은 『고기(古記)』에 의한 『제왕운기』 『규원사화』 『단군세기』 『태백일사』 등 여러 고사(古史)에 구체적으로 기록되었고, 신채호도, 윤내현도, 신용하도 명확히 설명하고 있다. 제후국들의 수준을 낮추어 영역을 반도 내로 줄이고 그 건국연대를 절단한 것은 중국과의 사대관계와 일본 제국주의 식민사관의 조작이 낳은 결과이다.

고조선의 국가 구조는 소읍·대읍·왕검성으로 형성된 읍제국가, 즉 고대 봉건제 국가였을 것이다. 당시 읍의 거주인들은 혈연의 씨족 또는 부족 간의 관계를 뜻하는 것이다. 고조선의 통치는 군사력과 행정조직을 중심으로 한 정치력도 중요한 역할을 했으나 그것은 종교적 권위를 배경으로 하고 있었다. 고조선의 통치자는 종교적 최고권위자인 단군을 겸하고 있었으며 종교의식인 제천을 통해 연맹부족 간의 결합을 꾀하였다. 고조선의 임금은 정치적 종교적 권위를 모두 장악함으로써 신권통치가 가능하였던 것이다.

고조선은 이러한 국가구조와 통치조직을 가지고 동북아시아의 질서자로 군림하며 중국과는 여러 차례의 전쟁과 빈번한 교역 등 깊은 관계를 가져왔다. 고조선은 서기전 280년 연의 장수 진개(秦開)에 의하여 2천 리에 이르는 지역을 침략받았다고 한다. 그러나 윤내현은 이후 국경이 난하 부근 만번한으로 정해진 것으로 보아 고조선이 잃었던 2천 리 지역과 그 이상을 되찾았다고 했다. 이러한 사실은 고조선 왕국이 전국시대의 중국과 대등하거나 그보다 강한 군사력을 가진 강대한 국가였음을 말해 준다.

『규원사화』와 『단군세기』는 다 같이 고조선 47대 단군임금의 치세와 업적을 기록하고 있지만 그 연대와 내용에 차이가 난다. 이는 두 역사서가 각각 다른 자료를 바탕으로 하였기 때문이겠지만 워낙 오래전 일이니 전체가 정확하게 일치하기는 어려우리라 생각한다. 그러나 두 역사서 모두 귀중한 자료이다. 『단군세기』는 고려 말 학자 행촌 이암이 1393년 저술했다. 조선시대 때 고서를 좋아했던 평안북도의 선비 백관묵(白寬黙)·이형식(李亨拭) 진사의 소장도서로 전해졌다고 한다.

『규원사화』는 1795년 조선 숙종 원년에 북애가 저술했다. 요동에서 한반도로 밀려온 예맥의 옛터 가평에서 『진역유기(震域遺記)』라는 책을 얻고 중국 역사서 등 40여 종의 서적에서 취하여 쓴 것임을 밝히고 있다. 이명(李茗)이 저술한 『진역유기』는 발해인들이 고려 때 전한 역사서 『조대기(朝代記)』를 참조한 것이다. 이 책은 일찍이 조선 세조가 대궐의 장서로 구해 들일 것을 명령한 책이기도 하다.

단군의 치적은 두 책을 참고해 연구하여 보기 바란다. 2대 단군 부루의 존재는 지금도 한국인에게 깃들여 있다. 해마다 10월에 집집마다 새 곡식을 단지에 갈아 넣고 기리는 '부루단지'라는 것이 지금까지 전해지는데, 이는 물과 뭍을 정리한 부루 단군을 기리는 것이다. 중국의 하우가 대홍수를 만났을 때 천하제국이 모두 도산에서 만났는데 이때 태자 부루가 하우에게 치산치수법을 전해 주었다고 북애는 기록하고 있다. 『단군세기』에도 개조 67년에 그 같은 일이 있었음을 전하고 있다. 치우가 헌원과 대결한 이후 조선과 중국이 처음 만난 이것이 우리가 맺은 최초의 동맹이다.

『단군세기』와 『태백일사』에는 단군 가륵 때(서기전 2173) 반란을 일으킨 예읍의 추장 소시모리의 후손 샨(섬승노)이 왜로 도망가 천왕이라 칭하였다 하고, 단군 사벌 때인 서기전 723년에는 장수 언파불합이 규슈의 구마소를 평정했다고 나온다. 또 서기전 667년에는 섬승후 배폐명이 왜를 평정했다는 기록이 나오는데, 이는 일본의 고대사 『상기(上記)』의 기록으로 조선인의 선단이 규슈로 쳐들어와 내란을 일으키게 하고 임금을 내세웠다는 기록과 합치되는 것으로 볼 수 있다.

그밖에도 단군 통치 기록에는 은나라와의 군사적 알력, 제후국들의 부침, 반란의 평정, 단군과 여러 제후들의 모임, 역대 단군의 치적, 나라를 세운 일, 중요 관직의 임명, 결혼, 특별한 짐승과 약초 이야기 등등 국가 사직에 있었던 일들이 간략하게 기록되어 있고, 단군이 점점 통치력을 상실해 가는 과정이 전개된다.

고조선 말기에는 강력한 제후인 남후(南侯)가 마침내 여타 제후를 거느리게 되니 조정의 단군임금을 높이는 이가 드물게 되었다. 마지막 단군 고열가 때에는 국가재정을 충당하지 못했다. 고열가가 사퇴하고 아사달에 들어가 산신이 되어(죽었다는 말이다) 나라가 없어지고 말았다. 그 후 여러 제후가 무력으로 다투되 남후가 뛰어나서 여러 제후를 거느리고 국정을 다스리니 이에 열국이 되었다고 북애는 쓰고 있다.

기자와 위만조선

기자조선 왕조설에 관하여 유승국의 견해를 보완하는 것이 매우 적절하다고 생각한다. "만에 하나 기자가 조선에 온 것이 사실이라 가정할지라도 기자가 오기 전에 단군조선은 이미 선진국을 이루었으므로 그 연대로 보아서 기자가 조선에 왔을 때 비로소 조선에 윤리, 도덕적 사상, 법규범과 문화가 전해졌다고는 할 수 없다. 즉 고조선은 일찍이 이치가 깊고 오묘한 도리와 규범의 고유한 문화를 가지고 있었다. 중국 주나라의 인문주의는 동방 및 은의 종교 문화와 서로 다르지만 영향을 받았고, 중국 문화와 공자의 사상이 요순에서 비롯된 것과, 공자가 본래 지연적으로 동방과 깊은 관련이 있는 것이 확실하다. 더구나 순(舜)이 우리 한족(韓族)임이 분명하며 중국은 조선 선진문화의 영향을 받았다. 따라서 유교에서 군자의 인간상과 충효사상도 그 영향을 받았을 것이라고 보아야 한다"라는 것이다. 유승국은 이미 중국 『산해경』에 조선이 군자의 나라라고 일컬어지고 있음을 지적하고 있다.

기자가 은말 주초의 실존인물이라는 것과 그때 은의 유민과 동이의 일부가 동으로 이동한 것은 인정해야 한다. 기자는 은(상; 은과 상(商)은 같은 나라이다) 멸망 시 주(周)의 왕과 왕래하다가 중국에서 살기 어렵게 되자 단기 1211년(서기전 1122) 그 집단이 조선 변방으로 피해 와 살게 된 것이라고 추정된다. 그러나 그렇다고 해서 기자가 반드시 조선에 정치적 망명을 했다는 결론이 나오는 것은 아니다. 중국의 기자가 조선 국왕이 된 사실이 없다. 중국에 대한 사대관계에서 벗어난 한말(韓末)부터는 비합리적인 기자왕조설을 버리고 중국인 기자왕조의 존재를 전적으로 부인하는 것이 통설이 되었다.

단기 2138년(서기전 195) 연나라에서 고조선으로 망명해 온 위만이 처음에는 조선의 은혜를 받으면서 자리 잡더니 조선 등 여러 나라가 한(漢)나라에 왕래하며 교역하는 길을 막지 아니하고 한나라의 국경도 방비하는 군사적 조건으로 한나라의 후원을 받았다.

"연은 본래 동이족의 주거지여서 조선족이 많이 살고 있었다는 점을 참고할 만하다"라고 천관우는 『한국상고사의 쟁점』에서 김철준의 설명을 인용해 쓰고 있다. 위만을 신임하여 변방을 수비하는 일을 주었던 고조선 말기의 준(準)은 위만의 속임수에 빠져서 제후국 왕의 자리를 빼앗기고 동족들이 사는 한반도로 가서 한왕(韓王)이라 일컬어지다가 후손도 없이 죽었다고 한다.

위만은 단군왕조가 쇠퇴하여 통치 기능을 다하지 못하는 열국의 시대에 한편으로는 조선의 영역을 침범하여 빼앗았다. 세력이 커지자 한나라와 전쟁을 벌인 결과, 위만조선의 여러 정승을 매수한 무제에게 패하여 단기 2255년(서기전 108), 80년 만에 멸망했다.

위만조선의 일부분, 즉 중국 북경과 근접한 고조선 서쪽 변방의 한 귀퉁이 작은 지역에 한때 한사군이 설치되었다. 그러나 부여를 위시하여 삼한 등 조선의 열국이 고조선 영역의 대부분을 그대로 차지하고 있었고, 단기 2646년(서기 313)에는 마지막 남은 요동의 낙랑군을 고구려가 회복했다.

고조선의 열국시대

고조선은 그 말기에 위만조선과 한무제와의 두 차례 전쟁으로 세력이 약화되고 통치력을 상실하게 되었다. 서기전 2세기 말부터 서기전 1세기 초 사이에 원래 고조선 왕국을 구성하고 있었던 부여, 고구려, 예맥, 옥저, 낙랑(한사군의 낙랑군과는 다른 한반도 내 최리왕의 낙랑국), 마한, 진한, 변한 등 여러 제후국들이 독립된 정치세력이 되고 열국시대를 이루었다. 그 가운데 부여, 고구려, 예맥, 옥저 등은 지금의 난하로부터 요하사이에 위치하던 나라로서 부여국 왕처럼 단군이라고 부르게 된 경우도 있었다. 또 북경 부근에 위치한 한사군 중의 낙랑군과 한반도 평양 지역 최리(崔理)의 낙랑국처럼 요하 서쪽과 요하 동쪽에 낙랑이라는 같은 지명의 군(郡)과 국(國)이 동시에 존재한 경우도 있었다.

중국에서 서주(西周)왕국이 통치 능력을 상실하자 열국시대인 춘추전국시대가 출현했는데 이와 동일한 현상이 한국사에서도 고조선 왕실의 통치 능력 상실과 함께 나타난 것이라고 윤내현은 썼다.

위만과 무제의 침략을 받아 지금의 요하 서부 지역에 있던 고조선 제후국 거주민들이 요하 동부 지역으로 이동하면서 그 일부는 한반도의 삼한으로, 다른 일부는 중국 흑룡강성을 거쳐 지금의 시베리아까지 이르렀다. 바로 이 시기에 한반도 거주민들이 바다를 건너 왜국으로 많이 이주해서 일본의 농경문화 발전에 크게 기여했다.

고조선이 무너진 것과 함께 일어난 거주민의 이동 결과로 한반도와 동부 만주 지역에 열국의 정치적 재편성이 이루어졌다. 맨 처음 패권자로 등장한 나라는 부여였다. 그러나 후에 고구려 세력이 성장하여 군림하게 되었다. 윤내현은 고조선 왕실은 서기 3세기 초까지 작은 세력으로 명맥을 유지하였다고 한다.

삼한의 정치질서에도 변화가 일어났다. 고조선의 제후국이던 시라(尸羅)와 진국(辰國)의 일부 주민들이 남쪽으로 이동하여 토착민들과 섞여 살게 되면서 진한 지역에 신라를 건국했다. 고구려 왕족의 일부는 남하하여 마한 지역에 백제를 건국했다. 그후 패권자가 열국의 정치질서를 통제하지 못하게 되었는데, 그것은 고조선 왕실로부터 비교적 멀리 떨어져 있던 신라가 패권자에 의한 정치질서를 거부하고 단기 2276년(서기전 57)에 독립국임을 선언한 것으로부터 시작되었다. 이어서 고구려가 단기 2296년(서기전 37)에, 백제가 단기 2315년(서기전 18)에 독립국임을 선언함으로써 명분상으로나마 고조선 왕실을 받들던 시대는 종말을 고하게 되고 삼국시대가 출현했다. 이로써 고대의 봉건 정치질서가 실질적으로 끝나고 각국은 중앙집권적 국가로 변하게 되었다.

그러나 삼국은 물론 후일의 발해까지도 모두 고조선의 후속 세력이었음은 물론이다. 부여에서 생겨난 고구려와 백제가 단군나라의 후손임은 『삼국유사』에 분명히 밝혀져 있다. 신라도 진한계와 시라계에 속하며, 『삼국사기』에 기록된 것처럼 본래 단군조선의 유민들이 와서 여섯 촌을 이룬 자들로 세워졌다고 하니, 모두 같은 말을 쓰는 같은 고조선의 후손임은 의심할 여지가 없다. 이시영에 이어 신용하도 고조선이 한나라로 지속 발전했기 때문에 삼국과 가야가 건국했을 때도 자연스럽게 통역 없이 의사소통할 수 있는 하나의 언어로 통일되었다고 주장했다.

열국이 통일의 길로 가게 된 데는 두 가지 중요한 요소가 작용했다. 첫째는 같은 정치질서와 종교, 문화권에 있었던 조선민족이라는 의식이었고, 둘째는 철기가 일반화한 이후 일어난 '영토는 넓을수록 이익이 된다'는 경제관념이었다.

고조선은 곧 고대 한(韓)민족에 의해 설립되고 역대 단군들이 통치한 단군조선을 말한다. 기자나 위만의 나라는 단군의 고조선이 아니다. 사대주의에 치우친 역사가들이 조선 후기의 단군을 훗날 기자라는 제후와 접목시키고 마치 기자라는 변경의 제후 관리가 고조선 후기 왕조가 된 것처럼 잘못 전하여, 국사의 큰 줄기를 어지럽히는 잘못을 저질렀던 것이다. 위만조선이란 변방에 위치하여 고조선에 종속된 하나의 제후국에 불과한 것이다. 고조선은 중국에서 밀려온 망명집단세력인 위만조선과는 그 국가의 성격과 강역의 범위와 그 존속한 시대의 장단과 맥이 아주 다른 것이다.

고조선은 위만이 멸망한 뒤에도 존속되어 2천여 년 이상 이어진 단군의 조선으로 끝나고 그 이후 부여, 고구려, 삼한 등 열국에서 고구려, 백제, 신라의 삼국 및 가야 정립시대와 발해와 통일신라의 남북조시대, 그리고 후삼국시대를 거쳐서 중세 고려에 의한 통일시대, 그 뒤 근세조선 및 현대로 이어진 것이다.

동이족과 공자

중국 고전에 나오는 소위 구이(九夷)라는 것은 대체로 조선족을 의미하는데, 지금의 북경 근처 중국 본토 내에까지 선주한 조선족들이 중국에 공헌한 바가 매우 컸다.

우리가 중국보다 앞서 요동에 자리 잡은 주인이었던 것은 사실이다. 우리는 요동 넓은 영토를 세력권에 두고 있던 족속이었으며, 동아시아에 제일 먼저 문화를 건설한 조선족, 즉 동이족(東夷族)으로 하·은(상)·주 이전 중국의 초기 문화보다 앞선 문명을 지녔는데 요새 사람들은 이를 오래전에 잊은 나머지 믿지 않으려 한다.

중국 역사의 복희·신농은 수작일 뿐이고, 요순부터는 동이 족속인 것 같다. 중국의 왕으로 자연과 홍수를 다스릴 줄 알았던 순임금은 동이족 산동사람으로 우리나라 사람이 확실하다. 공자는 『서경(書經; 尙書)』에 "순임금은 중국에는 전에 없던 신명(神明)에 제천보본하는 예식을 마련하였다"라고 기술하였고, 맹자도 "순임금은 동이(조선) 사람이다"라고 썼다.

그런데 요임금도 동이족이란 해석이 많다. 자세히 조사해 보면 요임금도 순과 같은 산동 출신으로 둘이 한동네 사람이다. 중국이 자기 힘으로 홍수를 다스리지 못하니 요임금은 자기 아들을 제쳐 놓고 딸을 둘씩이나 주어 가며 치수(治水)에 능한 동이족 순을 데려다 치수하고 왕위를 계승시켰다. 나는 순임금이 동이족이란 사실 하나만으로도 동이가 앞선 문화를 가졌다는 것을 알 수 있다고 생각한다. 중국보다 앞선 동이들은 치수법과 청동기와 활을 주무기로 가졌던 당시의 중심세력으로, 은나라(상나라라고도 한다)는 동이족이 배후에서 조종하는 나라였다.

최동이 바로 본 게 많다. 그는 중국 문화의 선두 은나라가 중국 아닌 한(韓)족이라고 밝혔다. 중국인들도 은나라는 외족(外族)이라고 했고(그러면 동이족이다), 서양학자도 은나라는 한(漢)족 아닌 외족이라 보았다. 중국에서 제일 먼저 깬 은나라가 동이 족속이라는 것을 나는 중요시한다. 학자에 따라 이를 중요시 않기도 하지만 나는 "은나라가 우리나라 동이족이다. 한(漢)족과는 딴판이다. 중국과 우리가 문화가 아주 다르며 초기의 중국 문화를 우리가 선도했다"라고 본다.

어떠한 경우에도 문화 전파가 있게 마련이다. 중국의 하·은·주 이전에는 중국 한족(漢族)의 문화보다 우리 한족(韓族)의 문화권이 선재(先在)해서 동부 한족(韓族)의 문화가 그 우월성을 가지고 서부인 중국으로 진출하였다. 그 후 공자가 은·주의 문화를 집대성하여 이룬 유교를 한인(韓人)이 받아들이면서 한자 등 여러 가지 문명이 중국에서 들어오게 되었다. 그러므로 서부족과 동부족을 비교 조사하고 사상의 상호영향과 회합 가능성을 상고하여야 한다. 양자가 서로 영향을 받았지만 각각 그 독자적 전통을 형성해 왔다고 보아야 한다.

공맹(孔孟)이 말하는 인의(仁義)사상의 원천이 요순이고, 그 순이 동이의 사람이고 한국이 공자의 이상인 군자의 나라이고(『논어』 자한편 외), 공자도 사상적으로나 지연적으로 동방 한족(韓族)과 깊은 관련이 있었다. 유승국 또한 이 같은 견해를 밝히면서 중국『산해경』에 조선이 군자의 나라로 일컬어지고 있음을 지적하고 있다.

우리나라 고대사는 고구려의 『유기』를 비롯해『구삼국사』,『고기』,『단군기』,『조대기』,『진역유기』 등 일찍이 구비돼 있던 사서들이 모두 망실된 나머지¹ 불공정 불확실한 것이나마 그 대부분을 중국인의 고사에서 찾아내어야 할 기구한 실정에 처해 있다. 그러나 중국인의 역사기록에 사용된 용어 중에는 오해하기 쉬운 것이 몇 가지 있으므로 먼저 그것을 밝혀 두어야겠다.

첫째, 중국인은 스스로 중화를 자처하고 그 사방의 타족은 이(夷)·만(蠻)·호(胡) 혹은 융적이라 하며 오랑캐로 통칭했다. 그중 동방의 조선족은 다른 3방의 제족과 구별하여 높이 평가하고 중시하여 처음에는 인방(人方) 혹은 동인(東人)이라고 하다가 후에는 동이라고 불렀다. 그것은 우리가 만든 표현이 아니며 듣기 좋은 말은 아니지만 이는 동방의 큰 활을 쓰는 큰 종족이라는 것을 의미하기도 하고 만물이 생성하는 바탕(言仁而好生, 萬物地而出)임을 의미하기도 하는 것이다. 한문 옥편과 중국『사원(辭源)』에도 "이(夷)는 대야(大也)·열야(悅也)·동방야(東方也)"라고

주 1. 사서(史書)에 인용된 것으로 현재 없어진 역사서가 허다하다. 이규보의 『동명왕편(東明王篇)』에 인용된 『구삼국사(舊三國史)』, 일연의 『삼국유사』에 인용된 『고기(古記)』와 『단군기(檀君記)』, 현존의 『위서(魏書)』와는 다른 『위서』, 이승휴의『제왕운기』에 인용된 『국사(國史)』 『본기(本紀)』 『수이전(殊異傳)』 『단군본기(檀君本記)』 『동명기(東明紀)』 『구삼국사』, 김부식의 『삼국사기』에 인용된 고구려 사서 『유기(留記)』 백 권 및 7세기에 편수한 『신집(新集)』 5권, 최치원이 지은 「난랑비 서(序)」에 인용된 『선사(仙史)』, 북애의 『규원사화』에 인용된 이명의 『진역유기(震域遺記)』 등이 있다. 또한 이시영은 저서『감시만어』에서 『신지비사(神誌秘詞)』 『대변설(大辯說)』 『조대기(朝代記)』 『주남일사기(周南逸士記)』 『지공기(誌公記)』 『표훈천사(表訓天詞)』 『삼성밀기(三聖密記)』 『도증기(道證記)』 『동천록(動天錄)』 『지화록(地革錄)』 『서운관비기(書雲觀秘記)』 『삼성기(三聖記)』 등 다수의 고전이 자취를 감추었다고 기록했다.

해설하고 있다. 중국은 당시의 동이 조선을 "군자불사지국(君子不死之國), 대국(大國)"이라고 예찬하고 있으며, "한족(韓族)은 유순·근후하고 부인이 정신한 나라"라고 하였다.

둘째, 타국이 중국에 조알·조공하였다는 기록이 많은데 그것은 예방, 문화교류, 공적 무역, 관광 등의 목적으로 왕래한 것을 의미하는 경우가 대부분이다. 중국 또한 조선 등 주변국에 수천 년간 조공을 바쳐왔다.

셋째, 중국인이 타국인을 어느 나라의 왕이나 장군으로 봉하였다는 기록이 많다. 그것도 어떤 나라가 이미 건국되었거나 어떤 사람이 왕위를 계승하였거나 지위 혹은 권력을 이미 차지하여 기정사실이 된 뒤에 통고를 받고는 그것을 일방적으로 자기네가 '봉하여 내려주기나 한 것처럼' 정책적으로 표현한 것이 대부분이다.

이와 같이 용어의 형식과 사실상의 의미가 상이하게 되어 있는 것도 중국인들의 상투적이고 과장된 표현에 불과한 것이다. 고려 김부식의 『삼국사기』도 그 시대 정황과 또 중국 고사를 자료로 한 때문에 그와 같이 되어 버렸다.

고조선은 중국 요순시대와 은·주 시대에 중국 본토의 일부 지역과 만주, 한반도의 전역에서 활약하였다. 요순시대에는 양국이 서로 친하게 지낼 수 있었으나 주 때부터는 조선이 주력이 된 한(韓)족과 주(周)가 주력이 된 한(漢)족 간에 여러 백 년 동안 대립 충돌을 계속했다.

은이 주에게 망한 것은 우리 민족 동이가 중국에 말려들어 간 시초가 된 셈이다. 주가 패권을 잡으면서 중국 천하를 통일했던 동이족 나라 은의 역사를 한(漢)족 위주로 뒤집어야 되는데 중국인들이 거짓말을 안 할 수 없게 된바 이때 공자가 그 역할을 담당했다. 주나라 말기에 공자가 쓴 역사서 『춘추(春秋)』는 은나라와 동이족을 밀어내고 중국의 정통이

동이 아닌 한(漢)족의 주나라임을 알리려고 날조한 것이다.

고조선족이 타족들과는 달라서 무기와 치수 등에 선진족임이 명백한데도 공자는 주가 최중요한 주력이라고 역설하여 역사를 조작하면서도 중국 통일이 안 되고 자기의 도(道)가 중국에서 행해지지 않으니까 "구이(九夷; 조선)로 갈까 보다"라고 했다. 제자들이 "고루하면 어쩌겠느냐"라고 하니까 "조선은 군자불사지국"이라고 받아, 조선을 고루한 곳이라고 하는 말에 반대했다.

그러면서도 공자는 『춘추』를 써서 "동이족은 선주(先住)도 주력도 아니다, 주가 중심세력이다"라며 우리 동방이 군자네 나라임은 인정하면서도 그 활약했던 바를 감추어 역사를 중국 한(漢)족 본위로 치켜세우고 동이를 제친 것이다. 그러나 우리는 순이 우리나라 사람이고 활 만드는 법을 중국이 오랫동안 우리에게서 배우려 했던 만큼 우리가 선진기술과 활의 기술로 무력에서 앞서 있었음은 물론 우리가 세계의 중심이었음을 잊지 않고 있어 주나라를 중심으로 한 공자와 충돌한다. 『춘추』 필법의 공자는 역사의 개조자이다. 역사란 바른 내용의 경우가 얼마 안 된다. 중국은 세계의 중심을 한(漢)족에 있다 하고 우리까지 오랑캐라 하면서도 "사실은 예맥(조선족) 떼거리가 많아서 걱정이다"라고 했다.

공자의 『춘추』가 역사를 중국 본위로 뒤집은 것은 확실하다. 우린 그때 밀려났을 뿐이며, 그러는 중에 한자를 받아들여 부지중 사대주의에 빠지고 한문에 유식한 사람들은 대부분 공자의 말을 추종해 그가 당연하다 하면 우리도 당연하게 알아야 할 것으로 여기게 되었다.

중국이 우리를 멸칭으로 부르던 오랑캐 이(夷)란 글자는 기분 좋은 것이 아니다. 그러나 이가 큰 활을 쓰며 투구를 쓰는 선진자를 의미하는 만큼 동이라 해도 섭섭할 것은 없다. 이(夷)는 큰 활 이자로 토를 달아 읽어야 한다. 우리는 우리를 중심으로 여기던 자부심이 있어, 후일 스스로 소중화니 소국이니 하면서 중국 세력 아래 오금을 못 펴고 대국이라고 사대하면서도 속으로는 오뚝해서 큰 나라란 근본을 잊지 않았다. 넓은 요동에서 중심됐던 때가 많았던 자부심은 우리의 근원이 되어 우리는 현재까지도 중국인을 되놈, 오랑캐 호라 부르고 호떡·호콩·호복이란 말을 써 차별했다. '되(胡)'란 멸칭이 우리가 말하는 진짜 오랑캐이다. 일본에 대해서도 왜국이란 명칭이 일반적이리만큼 멸시했고 왜구·왜떡 그렇게 불렀다.

우리가 중국 한문을 배워 중국 중심으로 사고가 종속된 나머지 사대주의가 됐지만 우리는 종래 대국과 되놈 두 가지 말을 그대로 쓰면서 나라를 살려 오고 있는 것이다. 우리 조상은 조선민족 공통된 말과 글과 민족성을 지켜 왔을 뿐 아니라 많은 어려운 환경에서도 조선족의 문화를 살려 왔다. 또한 우리 조상 중 다수가 바다를 건너 일본으로 가서 야요이(彌生)문화부터 일본국 건설에 큰 몫을 해낸 것은 실로 큰 공적이라고 아니할 수 없다.

우리 민족이 바다를 건너가 일본을 정벌한 것은 그 경로를 흐리면서라도 사실을 시인한 에가미 나미오의 실례가 있다. 일본에는 지금도 심수관처럼 옥산(玉山)신궁을 지키면서 단군개조를 받들기에 열정을 다한 경우까지 있다. 미술사학자 존 코벨은 우리의 장점을 알아본다. 사대주의 하는 척하면서도 저희 나라 말과 글을 가지고 문화를 지켜 온 한민족의 자존심과 역량을 높이 평가한 사람이다.

공자왈 하던 사람들이 많다. 오랫동안 우리나라의 멀쩡한 자들까지 중국은 천자고 우리는 소중화라며 자작 오랑캐라고 사대하고 살았다. 그러나 공자가 우리와 무슨 상관인가. 한(韓)의 동이가 소중화되는 것을 영광으로 알았으니 얼마나 미친 짓인가. 우리의 가장 오랜 관찬 사서로 남아 귀중한 『삼국사기』는 저자 김부식이 뻔히 알면서도 중국을 거스르는 일이 두려워 요동의 단군 고조선사를 다루지 못한 책이 되었다.

과거엔 떨어졌어도 똑똑했던 북애자 하나가 겨우 생겨 공자를 비판하는 글이 그로부터 나오기 시작한다. 그의 『규원사화』는 『조대기』를 인용한 이명의 저서 『진역유기』를 저본으로 한 책이다. 그것은 발해인들이 감추어 전한, 고구려 이래 선가(仙家)의 잔맥을 이은 것으로, 승려 학자들이 남겨 놓은 것보다 훨씬 우수하고 유교 선비들이 구구하게 떠드는 것보다 사기가 만장하다고 보았다.

북애는 "공자 시절에는 주나라가 이미 쇠퇴하고 여러 외족의 침입이 그치지 아니한데다 이때 우리 한족(韓族)의 위엄이 중국에까지 떨쳤다. 이 때문에 공자가 외족을 물리치고 주나라를 높이기 위해 『춘추』를 쓴 것이다. 공자가 중국에 났기에 주나라를 중심 삼았지 한국에 났더라면 여기를 중심 삼았겠다. 우리가 왜 그곳을 중화라 하고 우릴 소중화라 하는지 비루하다"라고 했다. 북애는 실로 주체의식이 강하고, 확고한 역사관을 가진 선각자이다. 그의 정열은 읽는 이를 깨우쳐 주고 있다.

기자조선의 허구

단기 1211년(서기전 1122) 은나라가 주나라에 멸망했다. 이때 은나라 사람 기자(箕子)가 "왕조 궁터에 잡초가 무성타" 한탄하며 무리 다수를 데리고 고조선으로 망명해 왔다. 그 이후 조선에서 기자의 소식은 없다. 은나라는 중국의 한 파이지만 종족상으론 우리와 같은 동이족이 주축이 된 나라다.

그런데 뜬금없이 1천 년 후 요동에 기준(箕準)이란 후손이 나타나고 기자조선이 있었던 것처럼 말하게 됐다. 그러나 기자는 있었어도 기자가 왕이 된 기자조선이 있었다는 증거가 없다. 기자가 왕조를 계승했다면 1천 년 동안 어디서 뭘 했는지 흔적이 있어야 할 텐데 그런 게 아무것도 없다. 기자가 우리나라에 온 것은 사실이나 평안북도 평양에 와서 도읍하고 1천 년을 내려왔다는 것은 당치도 않은 우스운 말이다.

최동이 바로 보고 기자조선은 말이 안 된다고 했다. 기자가 은에서 낙심천만하여 도망하였는데 우리나라에 와서 왕조를 만들었다거나 천년 후 요동의 준에게 기(箕)란 자(字)를 붙여 그 후손이라 한 것은 말이 안 되는 소리다. 학자에 따라서는 아예 기자동래설을 부인하기도 하지만 기자와 그 무리가 조선 지역에 들어와 산 것은 사실로 보인다. 중국인이 이를 이용해 조선을 중국의 속국인양 해보려 주왕이 기자를 후일 조선 왕에 봉했다고 역사에 적었지만 왕은커녕 변방의 관리조차 한 적이 없다. 저희 나라 임금도 단념하고 온 사람이다. 그 패거리 백이, 숙제는 고사리도 안 먹고 굶어 죽었는데 기자가 여기 와서 단군 밀어내고 임금 될 리 없는 것이다.

최남선은 저서 『고사통(故事通)』에서 이 시기는 태양의 아들, 단군임금을 뜻하는 말인 긔아지(해의 아기란 뜻)조선이었는데 후일 기자(箕子)조선으로 와전됐다고 했다. 최동은 "태양의 아들, 속칭 해아기 시대란 말이 음변하여 기자(奇子) 자(字)가 되었고, 이것이 후일 기자(箕子)와 혼동된 것"이라 했다. 이병도는 한(韓)조선으로 불렀고, 김정배는 예맥조선이라 했다.

그러나 고조선은 단군에서 시작해 단군 47대로 끝나는 것이며, 그중간에 긔아지니 기자(奇子)니 기자(箕子)조선이니 하는 게 끼어들 여지가 없다는 것이 내 생각이다. 단군 47대가 물러난 뒤 단군 직계손 아닌 준을 기자손이라 하려고 괜히 기자의 기(箕) 성(姓)을 붙여 혼란을 초래했다. 기자 후손이라며 기비, 기부, 기준이라고 하는 것조차 일정치 않다. 유승국도 기자(箕子)조선은 없다고 부인했다.

기자가 고조선 어느 지역으로 왔는지도 똑똑치 않은데 중국 역사에 한 줄 나왔다고 단기 3435년 고려 숙종 때(서기 1102) 기자묘를 평양에 만들었다. 뭘 갖다 묻고 그랬는지 모르지만 사대당들은 중국이래야 제일이니까 책략을 써서 평양에 무덤 만들고 비석 세우고 그가 왕했다고 시늉한 것이다. "기자가 와서 일깨워줬다"면 중국이 좋아하니 그렇게 해서 기자조선이 있었다고 했을 뿐이다.

더 우스운 것은 기자가 중국 문화를 전해 우리를 깨워 주었다는 것이다. 사실은 그 반대다. 그 당시는 우리 동이가 먼저 깼던 족속이었다. 요임금이 동이라는 설이 있으며, 요임금이 자기 아들 다 제쳐 놓고 데려온 동이족 순임금이 중국에 치산치수와 나라 다스리는 것을 다 가르쳤다. 우리가 도리어 배울 게 없는 것이다.

기자가 왔다는 것을 이용해서 조선인들이 사대하니 중국에서는 자기네도 모르는 일이 있구나 하고 좋아서 살피러 와서 되물어 기자조선이 있었는지를 확인하려 했다. 그러나 고려에서 기자조선에 대한 아무 근거도 대지 못해 중국 사신은 헛물만 켜고 돌아갔다. 고려에서 대답 못했다고 중국사에 나오는 것이 그 증거다.

중국에서 우리나라 역사를 위조한 것은 문서상으로 확연하다. "기자가 단군을 쳐들어오고 1천 년이 지난 뒤 준이란 단군임금에게 기자(箕子)를 달아 붙여 기자손이라"라고 한 데서부터 역사를 뒤집은 것이다. 일본이 역사 위조한 것 못지않게 중국도 역사를 위조했음에도 우리가 앞장서서 중국에 사대하는 것을 광영으로 알아, 없는 기자조선을 만들어냈다. 중국한테 요행하게도 우리가 기자손임을 영광으로 아는 사대주의를 틈타 주나라가 역사를 통일해야 한다는 전제 아래 왜곡된 것이다. 예나 지금이나 중국 학자들은 기자조선 왕조설을 사실로 굳히려 한다. 그러나 우리 학자들은 그것을 사실이라고 인정하지 않는다. 평양에 기자묘가 있을 게 무엇인가. 사대주의는 참 더러운 것이다.

개기종야^(예맥인이 너무 많다) - 한사군

고조선의 서쪽 변경 난하 유역 요서지방에 자리했던 위만이 서기전 108년 한나라에 망하고 그 자리에 낙랑·임둔·진번 3군이, 다음해 현도군이 설치되었다. 25년 뒤인 서기전 82년 임둔·진번 2군이 폐지되고 현도군이 축소되었다. 이 지역에서 우리 민족의 저항운동이 시작된 것으로 313년 고구려가 마지막 남아 있던 낙랑군을 멸하고 제 부족을 통일하게 되었다.

그런데 중국 측이 말하는 한사군 내막을 조사해 보면 껍데기만 있지 내용은 없다. 중국 측에서 말하는 한사군에 대한 지배 야욕은 실현된 적이 없다는 것이 최근의 내 결정적 의견이다. 몇 년 전에는 오판했다가 근자에 정정한 경위를 분명히 여기 기록하면 다음과 같다.

첫 번째 증거는 한사군을 폐지하고 합했다는 기록이다. 4군이 있었던 것을 전할 정도로 한(漢)이 강력했던 것은 사실이다. 그러나 중국인들은 4군 설치 당시의 지역도 대지 못했을뿐더러 얼마 안 가 합군하고 포기한 기록과 함께 마침내는 예맥인의 수가 많아 어쩔 수 없다는 말을 남겼다. 즉 4군은 있었지만 그동안 어설피 인식된 것처럼 그렇게 넓은 지역에 걸쳐 있었던 것도 아니며 명실공히 조선을 지배한 것도 아니다. 4군은 서로 합하고 폐지한 유명무실한 것으로 조선인이 실제 지배권자로서의 법적 지위를 갖고 있었다. 『삼국지(三國志)』에 보면 '예맥인의 수가 하도 많아서 어찌할 수 없다(개기종야; 皆其種也)'고 나와 있다. 종래의 한사군 반도설은 국내 학자들이 아무 논증 없이 중국과 일본의 일방적 주장만을 받아들이던 때에 나온 것이다.

우선 낙랑국과 낙랑군은 아주 다르다. 4군의 하나인 낙랑군은 난하 유역 만리장성 밖의 조그만 구역이라는 것을 염두에 두어야 한다. 평양 부근의 낙랑국은 『삼국사기』에 나오는 최리(崔理)의 왕국으로 세간에 호동왕자와 낙랑공주의 연애로 잘 알려진 나라이다. 같은 지명이 여러 개 있는 데서 오는 혼동을 구별하지 못한 탓이다.

중국과 일본인들이 평양 부근의 낙랑군에서 발굴한 고물의 지명과 연대를 맞춰 보면 중국의 한(漢)나라가 몰려서 쫓겨 다닐 때였음을 알 수 있다. 고구려에 잡혀 온 중국인 포로들이 많았다. 유물은 이들의 흔적일 수도 있다. 그런데 확실치도 않은 낙랑 고적을 빌미로 낙랑국이 다 중국 것이라면서 일본인들이 한사군 반도설을 끄집어냈다. 그간 우리는 한 번도 그러한 주장의 배경을 스스로 연구하지 않고 일본이 조작해 놓은 대로 멋모르고 따라갔던 것이다.

한사군이 반도 안에 없었다고 바로 생각한 정인보의 『조선사연구』는 국사의 좋은 재료이다. 정인보는 평양에서 나왔다고 일인들이 말하는, 한나라의 낙랑 유물이라는 봉니의 위조설과 점제현신사비의 정체를 명쾌하게 파헤쳐 한사군이 평양 지역에 있었다는 일본의 주장을 정면 부인했다. 그 용도나 재질상 당연히 부스러지게 마련인 봉니가 어떤 과정으로 발굴되었는지는 알 수 없다. "일인들이 발굴한 70여 개의 봉니는 유독 한자리에 모여 있었으며, 낙랑의 명(名)을 나타내는 군명과 관직명이 어긋나 믿을 수 없는 데도 역사 조작의 재주꾼인 일본인들이 당시 상황에 맞춰 조작해 낸 것이 분명하다"라고 정인보는 밝혔다. 관인은 후인들이 속여서 팔기 위해 많이 위조한 데 대한 경계가 일찍이 역사기록에 있는데 낙랑명 봉니의 위조는 한사군의 존재에 관한 것인 만큼 더욱 교묘하다. 점제현신사비란 것도 그 출처가 사뭇 수상쩍은 것임을 갈파했다. 한사군의 역사는 왜곡이다.

그동안 한사군을 있는 것으로 전제한 것은 애초엔 그런 소리가 없다가 4군 설치 후 2백년이 지나 중국인들이 역사에 한사군이 있었다고 기록한 데서 시작됐다. 그러나 중국이 한사군을 감당하거나 제대로 권력을 행사한 적이 없다. 일본인들이 한국을 강점하면서 정책적으로 제일 먼저 일본인들만의 참여로 낙랑국을 발굴하여 봉니와 같이 조작된 유물로 우리가 일찍이 한사군의 지배를 받았다고 뒤집어씌운 것처럼, 중국인들도 과거 자신들이 한사군이란 것을 통해 조선에 지배적인 영향력을 행사한 듯이 과장하려고 만들어 놓은 것이다. 가짜 한사군을 만들어 놓고 사대주의 하게 하려 했던 것이다.

즉 한사군이 있었다는 것은 그런 사실이 있었더라면 하는 그들의 야심 표현에 불과하다. 실은 소부분의 지역을 그나마 더러는 포기하고 더러는 합치하여서 자기네의 영토로 해보려고 애쓴 것에 불과하다. 우리 종족이 너무나 많고 유세해서 중국이 그 희망을 단념했던 것이 분명하다. 최동도 『조선상고민족사』에서 "한사군은 한반도에 없었다"라고 했다.

"4군은 반드시 위우거(위만의 아들)의 통치 본거지와 그 인접지에 국한되었을 것임에도 불구하고 4군의 설치가 반도 내에서 발생한 것으로 착각한 학자가 다수이었다. 그것은 과거 조선 학자의 다수가 중국의 허위 아니면 과장된 사적이라도 충실하게 신봉하여 중국에 대한 우선적 선입감에 지배되었으며 당시의 국제정세를 검토하지 아니하고 오직 중국 문화와 그 사적을 절대 신용한 것이었다. 그 근거가 되는 사적은 한서(漢書)와 한서지리지(漢書地理誌)였다. 그것은 4군 설치 후 약 2백년이 지난 서기 1백 년 경의 저술이었다. 그것은 상전이 벽해될 수 있는 막대한 변화를 일으킬 수 있는 기간이었다.

만일 조선의 옛터가 조선 반도 내에 국한되었다면 그 근본조건이 우선 당시 한(漢)의 세력이 조선반도를 석권할 파죽의 대군으로 침입해야 했을 것이다. 그것은 한(漢)이 압록강 대안지까지를 점령한 후에야 가능했을 것이다. 그것은 또 위만왕조가 만주와 조선왕조를 일괄하여 통치하며, 인심을 수습하여 조선인 전체의 지지를 얻었어야 될 것인데 사실은 그 반대로 위만왕조는 예맥족이라는 조선인의 사면초가로 고립화했으며 조선반도와는 왕래가 두절되었을 뿐더러 조선인이 위만조선에서 계속 이탈하고 있었다." 계속해서 한(漢)이 낙랑군을 포기한 데 대한 최동의 견해는 다음과 같다.

"낙랑군은 조선의 옛터이며 그 주민 대부분이 예인이라는 당시의 조선인이었다. 고로 한(漢)인이 통치하기 곤란했고 겸하여 예맥족을 대표하는 고구려가 그 동북방에서 신흥국가로 대두하여 동족끼리의 연락 내통도 있었을 것이다. 한(漢)은 임둔·진번의 2군을 우선 포기하고 낙랑군 역시 분해하여 퇴각했다. 흉노와 돌궐이 강한 때여서 한(漢)나라는 외역인 낙랑군 통치에 적극적일 수 없었으며 무제 이후로는 내치만으로도 번망한 것이었다.

후한 광무제는 낙랑군의 유명무실한 현실을 청산코자 했다. 서기 30년 낙랑군 동부도위의 관직을 폐하고 영동(嶺東) 7현을 완전히 포기한 것이다. 당시 그 지방은 주민의 전부가 조선인이었으며 그 두목인 거사를 후(侯)로 봉하였는데 법권자(法權者)로 한 듯하다. 개기종야(皆其種也)라고 하는 어투는 다소 분개한 흥미 있는 어투이다."(自單單 (干干) 大嶺以西, 屬 樂浪. 自嶺以東 7縣 都尉主之. 皆以穢爲民. 後, 省都尉. 封其渠師, 爲侯. 今不耐穢, 皆其種也. 『三國志』, 최동, 『조선상고민족사』 pp. 420-421, pp. 546-548)

최동이 썼듯이 한사군을 포기한 증거가 중국 역사에서 확실히 잡혔다. '개기종야(皆其種也: 예맥인이 너무 많다)'란 말이 그것이다. 이는 중국이 낙랑군을 포기하면서 약 올라 한 소리인데 그 말엔 두 가지 뜻이 있다. '수가 하도 많다'는 것과 분개하여 '왜 이렇게 떼거리가 많으냐, 감당 못하겠다.' 즉 '사군을 정하긴 했지만 동이 예맥족 수가 많기도 하고 힘이 너무 강해서 말을 안 들어 어떻게 해먹을 수가 없다'고 실토하는 역사기록인 것이다.

저항운동이 있었음이 짐작된다고 최동은 썼다. 한사군 중 가장 중심인 낙랑군을 포기한 것과 마찬가지로 여타 군도 포기한 것이 입증된 것이다. 어쨌건 자유롭게 내버린 것으로 미루어 보면 한사군을 둔 것만은 사실이다. 그러나 한사군 지역주민의 대다수가 조선 동이인 예맥인들로 실력이 대단해서 중국이 제 뜻을 실현하지 못하게 되자, 이상하고 격분한 어투를 남겼는데 그것이 바로 '개기종야'라는 것이다. 한반도 내의 낙랑국이나 대방은 한 번도 한인(漢人)들이 자리 잡지 못한 곳이다.

이로써 보면, 중국인의 한사군이란 무실한 무론(誣論)에 불과하다는 정인보의 결론이 과언이 아니다. 중국인의 허세에서 생겨난 것이라고 판정을 내릴 만도 하다. 한사군은 합군 혹은 포기상태였다는 정인보 선생의 말도 이해할 수 있다.

3장

고대 한국과 일본

일본 기록의 한국인 조상을 찾아

일본 대궐의 가야(신라)와 백제인 조상

한일 고대사를 연구하면서 엄청난 양의 독서를 했는데 가장 중요한 발견 중 하나가 『연희식(延喜式; 엔기시키)』라는 10세기 일본 법령집에서 일본 대궐 안에 모셔진 조상신 가운데 백제인 조상을 뜻하는 한신(韓神) 2좌와 신라인 조상을 뜻하는 원신(園神) 1좌가 있음을 찾아낸 것이다. 다음에 기록된 대로이다.

> 일본 대궐에 조상신 3분이 모셔져 있다(宮內省坐 神三座)
> 원신은 가락국 포함 신라 조상신을 말한다(園神)
> 한신 2좌는 백제 조상신 2인을 말한다(韓神 二座)
> (일본 『국사대계』 권 13, 282쪽, 『延喜式』 卷九 神祇九 神名 上)

역대 제왕들을 모시는 종묘제례가 우리의 중요한 조상 공경 행사인데 일본인의 제례는 어떠한가 하여 읽게 된 이 책은 일본 전역의 신사, 즉 사당에 모셔진 조상 위패를 조사해 어느 계통인지를 가려 기록해 놓은 것이다. 여기 기록된 한신과 원신 3좌의 위상은 일본서 가장 높이 모시는 이세신궁 천조대신(아마테라스 오미카미)에 뒤이어 궁내성에 모셔진 36좌의 일본 조상신 가운데 앞자리에 위치한다. 일본왕이 있는 일본 대궐 안에 가야·신라에서 간 조상이 있고 백제에서 간 조상이 있어 사당을 모셔놓고 거기에 제사 지낸다는 뜻이다.

더할 수 없는 증거를 확보한 것이다. 일본 왕가의 혈통이 어디서 비롯됐는가를 보여주는 움직일 수 없는 사실인 것이다. 원신(園神)은 소노가미라고 한다. 사·시·스·세·소로 시작하는 지명은 대개 신라계통을 뜻한다. 원신은 즉 신라(가야 포함)의 신이란 뜻이다. 한신(韓神)은 가라카미라고 읽는다. 백제 조상신을 말한다. 더 확실한 증거를 찾아 다른 자전을 참고해 보니 이들을 두고 역시 신라이고 백제라는 풀이가 돼 있다.

『연희식』은 분량이 방대하다. 일본 대궐제례의 모든 내용과 절차가 소상히 적혀 있는데 '유세차 모년 모월…' 로 시작하는 제문도 우리와 똑같은 형식이며, 과일·생선 등 제물도 비슷하다. 우리의 종묘제례가 얼마나 세세한 사항까지 다 설명하고 있는가를 생각하면 상상이 될 것이다.

일본인들이 꼼짝 못하게 됐다. 역사 위조를 그렇게 열심히 하면서도 『연희식』만큼은 순수 일본인 역사 기록이라고 생각해 손대지 않았던 듯하다. 국내 사학계에서도 이에 대한 아무 언급이 없는 것으로 보아 나 이전에 아무도 이 책을 읽지 않았다고 생각한다. 알아보려고 하는 사람도 없는 것 같다. 그러나 여러 참고서적을 찾아보니 이들의 사당은 이미 2백 년 전에 헐리고 이들에 대한 제사도 없어졌다. 계속 제사를 지냈다가는 한국에서 온 조상이 계셨던 사실이 다 드러날 터이니까, 한국인 조상이 없는 척하려는 일본인들에게 이들의 존재는 거북한 것으로 여겨질 터이니까 없앴던 것이다.

712년에 편찬된 『고사기』에도 한신·원신으로 추정되는 신이 나온다. 859년 일본의 가요를 선집한 『고전 신악가(神樂歌)』에도 한신과 원신을 왕실에서 제사지내며 부르는 축가가 들어 있어 '우리 한신의 한(韓)을 불러 모으노라'고 노래한다. 제례는 어떤 제도보다 보수적인 것으로 10세기 초의 법령집에서 이렇게 분명히 3좌의 신라·백제 조상신이 기록된 것을 확인한 것은 어려운 작업 하나를 해낸 것이다. 우리의 조상을 확실히 찾아냈다. 기쁜 일이 아닐 수 없다.

소머리

환웅이 군대 3천을 데리고 처음 정착한 곳이 요동의 송화강(松花江)가인데 흰 소를 제물로 바치며 제사지낸 연원이 있어 송화를 소머리라는 뜻의 소밀, 속말로 불렀다. 이 소머리라는 것이 민족이동과 함께 강원도 춘천과 경주의 소시머리와 일본 각처에 소머리대왕(牛頭大王) 사당과 절, 성씨로 전래됐다.

제3대 단군 가륵 때, 반란을 일으켜 소머리에서 사형을 당한 자가 있었는데 그의 후손 샨(섬승노)이라는 자가 바다 건너 일본으로 건너가서 국왕으로 칭해졌다고 한다. 그런데 제36대 단군 매륵 때에 샨, 즉 배폐명을 왜에 보내 왜를 모두 쳐서 평정했다고 『단군세기』와 『태백일사』에 기록되어 있다.

소머리가 언제 일본으로 갔는지 모르겠다. 『신대기일서(神代紀一書)』라는 일본 고대사에는 스사노오노 미고도가 소머리(소시머리)에 거처하다가 일본 이즈모(出雲) 히노가와(簸川)의 조토(鳥土)에 이르렀다고 한다. 한국 땅의 소머리가 민족이동에 따라 지명을 옮긴 것과 관련지어 볼 때, 소시머리는 일본인들의 본래의 고향을 뜻하는 것임을 알 수 있다.

일본 도처의 한국계 인물을 주신으로 받들어 제사를 지내는 신사 중에 오사카 히라가타에 있는 백제왕신사에서 '우두천왕(牛頭天王)'과 '백제국왕(百濟國王)'이라는 명칭 두 개가 나란히 편액에 적혀 있는 것을 보았다.

일본 역사학자들에 의하면 일본의 오래된 절 중에도 소머리절(牛頭寺)이 있었다. 도쿄 변두리 무사시노의 지하철 정거장 이름이 하치오지, 즉 8왕자이다. 이 지명은 10세기 초 연희(延喜) 연간에 화엄보살이라는 명승이 수행 중에 소머리대왕의 여덟 왕자를 꿈에 보고 우두산사라는 절을 세워 소머리대왕을 모신 것에서 연유한다고 한다. 이것으로 소머리라는 것이 사당(신사)뿐만이 아니라 불교 절에도 있었음을 알 수 있다. 그 절은 성이 함락된 뒤에 소간지(종관사; 宗關寺)란 이름으로 바뀌었다.

소머리대왕과 그 왕자들에게서 연원한 지명과 절 이름으로 미루어 그 지방에도 우리 땅에서 건너간 개척자의 후손들이 있었던 것으로 짐작된다.

『일본서기』와 『고사기』에서는 외래의 천신이 일본 이즈모와 쓰쿠시(筑紫) 두 군데 내려와서 원주국신을 정복, 지배한 것으로 되어 있다. 이즈모에 내려온 것은 스사노오노미코토와 그 수종자들이고 쓰쿠시에 내려온 것은 니니기노미코토와 그 수종자들이었다고 한다. 외래 민족이 일본열도에 원주한 국신, 왜인을 두 곳에서 정복하거나 회유하여 지배했다는 것을 보여주고 있다.

일본에는 우두(牛頭)라는 성씨도 전한다. 연원을 물으면 "모른다. 우리 조상 때부터 내려온 성씨가 우두일 뿐이다"라고 말한다. 우리나라 강원도 춘천에 소머리 무덤이 있다. 일본인들이 조상 찾아온다고 이곳을 방문한다. 6·25기념비를 크게 세워 놓은 자리다. 연구해야 할 과제다.

동조와 백제, 발해와 일본

『일본서기』에 의하면 일본 땅에 백제의 동조(東朝; 미카도, 동녘 땅의 조정)가 있었다. 이는 중대한 사실이다. 일본에 가 있던 고구려의 승려 도현(道顯)이 지은 『일본세기(日本世記)』라는 책에 한반도에 있던 백제국의 본조(本朝)가 왜 땅에 있는 동조(東朝)에 사자를 보내어 동조에 있던 백제의 태자와 구원병을 돌려보내 달라고 요청했다는 기록이 있어서 『일본서기』가 이를 인용하고 있다(『일본서기』 26권 齊明 7년 여름 4월 조). 일본에 백제의 왕실이 가 있었던 것이다.

『속일본기』 권 제23편에는 일본의 백제계 일왕인 준닌(淳仁)왕 때 신라를 칠 준비를 하던 기록이 나온다. 정벌군은 통역이 40명, 해군 몇만 명, 육군 몇만 명 등으로 정밀히 구성했다. 주아이(仲哀)왕과 신공왕후의 혼을 모신 가시히노미야(香椎廟)에서 군대를 조련하고 양성했다. 그런데 거사를 앞두고 정벌을 반대한 정적들에게 준닌왕이 폐위당해 죽었다.

여기까지는 일본사에 나와 있는 대로이며 이병도 박사도 일본이 신라를 치러 가려 했다는 것을 알았다. 그러나 어떤 절차를 밟아 일본이 신라를 치려했는지는 파악하지 못한 채였다. 대가연하는 어떤 사학자는 이 기록이 어디에 있는지조차도 모르고 있었다. 나로서는 이 기록의 앞뒤를 더 찾아 이들이 신라를 치러 갈 용기가 어디서 났는지 더 알아내고 싶었다.

여러 책을 읽어 일본과 발해가 피차에 왕래하며 형제국으로 지냈다는 사실에 주목하게 됐다. 『연희식』에서 발해국의 사신이 일본의 후쿠라(福良津) 항구에 닿아 환영식을 받고 사당에 올라 가지고 온 물건을 놓고 제사를 먼저 지내고 곧이어 미카도 궁전으로 달려갔다고 기록돼 있

다. 그 후쿠라 항구는 지금 이름 없는 포구가 되었으나 발해 사신들이
도착해 묵었던 유적이 나온다. 그렇게 사신이 오간 결과가 발해-일본이
동맹해 신라를 치려다 결국 중단한 것이었다.

백제는 왜로 가서 일본이 되었지만 발해의 존재는 내외 역사가 증명
하고 발해의 2대 국왕 무왕은 일본으로 보낸 국서에 "부여의 유습을 이
어받은 고구려의 왕"이라고 자임하였다. 일본이 발해를 형님국으로 섬
겨 두 나라가 형제의를 맺었다. 백제를 수복하고 싶어 하는 일본과 고구
려를 수복하고 싶어 하는 발해가 "우리의 고토를 찾으러 가자" 하며 힘
을 합하기로 한 것이었다. 그렇게 해서 고구려, 백제를 도로 살리려 했
다. 이들은 만주에서 군사를 합쳐서 신라를 칠 예정이었다.

그러나 전쟁을 반대하는 파벌이 나서 준닌왕을 폐위했다. 고려 때 김
부식이 북벌론을 반대했던 것처럼, 이들도 군사양성과 발해와의 관계가
무엇을 뜻하는지를 알아챈 것이다. 어느 역사에나 전쟁을 두고 두 갈래
세력으로 나뉘기 마련이다. 전쟁반대파가 득세해 왕을 정권에서 밀어
냈다. 일본 내의 뿌리 깊은 권력 파벌도 함께 볼 수 있는 조항이다. 준닌
일왕이 죽고 이어서 우리의 북조(北朝) 발해도 망해 일은 성사되지 못됐
다. 발해 유민의 주력은 '고구려의 후신'으로 자처한 고려로 돌아갔다.
이들의 계획대로 다시 고구려와 백제가 되살아났다면 한국 역사는 또
달라졌을 것이다.

『일본서기』를 읽다 보면 속편이 있고 속편의 속편이 계속 이어지고
있음을 알게 된다. 책이 책을 소개한다. 그걸 찾아다녔기 때문에 나는
많은 책을 읽었다. 지금 내가 말하는 것 같은 책을 가진 사람이 얼마나
있는지 모르겠다.

신사에 남은 한국인 조상들

　1985년과 1988년 정신문화연구원(현 한국학중앙연구원) 해외소재 한국학자료 조사원의 자격으로 규슈와 도쿄, 오사카, 이즈모에서 주요 사당(신사)을 답사했다. 그 옛날 일본으로 간 한국인들의 자취로서 일본의 신사는 거의 전부 한국인 조상이나 유공자들을 모시는 사당이다. 수없이 남아 있는 한인의 신사 중에서도 도쿄 교외 무사시노의 고려신사처럼 후손이 확실하게 이어져 그 권위를 잃지 않고 버텨 온 곳이 있는가 하면 파괴되어 유적은 여러 군데로 해체되고 풀숲 돌비석 하나에 간신히 이도(伊都)나 가야(伽倻)라는 이름으로 한국의 흔적을 남기고 있는 것도 있었다.

후쿠오카현 고조산 고조신사
　최초로 탐사한 곳이 규슈 후쿠오카현의 고조산(高祖山) 및 고조(高祖) 신사이다. 주로 신사를 목표 삼아 찾아간 것은 일본의 신궁이나 신사라는 것은 한국 신라에서 건너간 사당인 것이고, 또 일본의 국가와 사회에 실익을 준 실존인물 혹은 집단의 상징인 대표의 공적을 추모하는 조상숭배를 목적으로 하는 것이어서, 그것이 고대 양국의 관계를 아는 첩경이라고 보기 때문이다. 그중에서도 고조신사가 있는 고조산이 옛날 일본 국가형성의 발상지라는 암시를 일본 옛 기록에서 강하게 받았기 때문이다.

나의 소견으로 천신이 강림했다는 곳 고천수(高千穗; 다카치호: 북규슈 미야자키 현의 큰 산)는 후쿠오카현의 고조산이나 시마네 현의 이즈모(出雲) 두 곳이다. 이번 답사에는 고조산을 세밀하게 탐관하고 이즈모는 대강 알아보는 데 그치기로 했다. 왜냐하면 이즈모의 한(韓)신사는 문헌상으로나 현존 유적에 의하여 족히 알 수 있어서 시급하지 아니하지만, 고천수가 어디인지는 분명히 밝혀지지 아니했고 고조신사는 거의 폐사되어 가고 있는 형편에 또 일반이 잘 모르고 있었기 때문이다.

규슈 후쿠오카에 서기 3세기 이도국(伊都國)이 있었다. 일본에서는 야마다이국(邪馬臺國)이라고 부른다. 그 옛날 가야인들이 배 타고 가서 건설한 것으로 한국 무녀가 왜 여왕 히미코(卑彌呼)가 되어[정리자 주: 김해 김씨 족보에는 이 시기에 왜로 건너간 수로왕의 딸 묘견(妙見) 공주라는 조상 이야기가 기록으로 전하고 있어 흥미를 끈다] 규슈의 수십 부족을 통일했다. 그녀는 종래 일본말을 몰랐다. 백성들을 직접 만나지도 않았고 그 동생이 대리했다. 히미코의 다음 대 종녀(宗女)도 여왕이었다. 이도국 여왕은 바로 한국에서 건너간 조선 무녀였던 것이다. 여왕 2대가 통치한 뒤 그 나라는 없어졌다. 일본에서는 규슈의 이 여왕을 천조대신 아마테라스 오미카미로 생각하기도 한다.

후쿠오카 근처 이도국을 아는 사람은 현지에도 없었다. 온갖 지도를 펴놓고 들여다보니 한문은 이도(伊都)라는 지명과 달라도 발음이 같은 이도(糸, 사)반도라는 지명이 있었다. 그리 가면 이도국의 흔적을 찾을 수 있으리란 예감이 들었다. 지형적으로도 바닷가에 면하고 높은 산을

위, 후쿠오카 고조산 고조신사 앞에 펼쳐진 다카치호 평야. ⓒ 최태영
아래, 규슈 후쿠오카 이도국이 있는 고조산 고조신사. ⓒ 최태영

후쿠오카 태재부 터. ⓒ 최태영

지고 앞에는 큰 벌이 펼쳐진 곳이었다.

　후쿠오카에서 안내를 맡아 준 신문기자 고토오 모토히데(後藤元秀), 하마사키 마코토(浜崎誠) 두 명망가와 함께 오래 헤맨 끝에 목적하는 곳을 찾았다. 사도반도(糸島半島), 이토(怡土), 이도(伊都), 고조산(高祖山) 등 여러 가지 고적 지명의 표본을 발견했다. 그때는 안내를 해준 이들도 신이 나서 올라갈 수 있는 데까지 차를 몰자고 했다. 가보니 고조(高祖, 고소)신사라는 오래된 한국 신사가 있었다. 그 뒤쪽 산속으로 들어가니 귤밭 숲속에 "한국과 관련이 깊은 이도(伊都) 옛터"라고 쓴 돌말뚝과 안내판이 있고 성(城)터도 있었다. 아무도 없는, 거의 폐사가 된 신사와 고적지를 돌아보았다. 배후의 주산(主山), 그 밑의 고분과 산성터, 그 아래의 신사, 그리고 고조신사 앞에는 역시 한국인의 특징을 담은 넓은 벌-

위, 귤밭이 들어선 이도국 터. ⓒ 최태영
아래, 후쿠오카 이도반도 이도국을 안내하는 팻말. ⓒ 최태영

큰 냇물과 탁 트인 황금빛 넓은 논벌 다카치호 평야가 펼쳐져 있었다. '여기가 바로 천신족이 하강했다는 고천수'라는 것을 대번에 느낄 수 있었다. 이도(伊都)라는 이름은 이도(糸)라는 동음이의어로 감춰져 있었던 것이다. 이곳은 여왕국이었다.

고조산에서 돌아오는 길에 하카다(博多) 인형공예공장을 관람했는데, 그 공장의 사이 추우지(西致優司) 씨는 "규슈인의 얼굴이 얼마나 한국인을 닮았는지를 주목해 보라"라고 했다.

다음날은 태재부(太宰府)의 문화재전문위원이 고적과 명승의 연구자료인 출판물을 구해다 주고, 태재부와 다른 여러 곳으로 안내해 주었다. 태재부 인쇄물에는 한국의 경주와 부여의 산성 및 출토물에 관한 선명한 사진들이 많이 들어 있는 것만 보아도 양국의 고대문화 간에 매우 깊은 관계가 있었음을 알 수 있었다.

태재부에서 첫째로 주목되는 것은 그 지세와 배치가 고조신사와 같다는 점이었다. 유명한 태재부에서 가까운 곳에 태재부 소속인 관음사(觀音寺)와 천만궁(天滿宮)신사가 있는데, 그 출토품과 보물과 불상이 백제를 연상하게 하는 것이 많았다. 어떤 불상 앞에는 돌에 조각된 고려견(고려견-맥견; 陌犬) 두 마리가 있다. 특히 천만궁이 학문의 신 관원도진(管原道眞; 왕인의 후손)을 주신으로 받드는 신사라는 것만 보아도 역시 한국과 깊은 관계가 있다는 것이 분명하다. 그러고 보면 태재부도 다시 생각해 볼 필요가 있다.

한국의 가야와 일본의 규슈와의 관계에 대하여 일본 학자들의 견해를 듣는 것이 필요하다고 생각한다. 향토사가인 류우 마사오(笠政雄) 씨는 그의 '가라고(韓良考)'에서 고대 조선의 가야국에 대하여 설명하고 나서 말하기를 "일본의 사(糸; 이도)반도를 보면, 화명초(和名抄; 일본 중세 서적)에 오늘의 북기(北崎; 唐泊 근방)의 땅을 옛날 한량(韓良; 가라鄕)이라고 한 것 외에도 계영(鷄永; 게에)향이 있고 그보다 옛날 나라시대 만엽집에 나오는 가야산(可也山)이 있다. 이제 그것이 가라계통의 지명이라는 것은 누구나 생각하게 될 것이다. 조선의 옛 국명(國名) 가야가 가라로 혼동전와(混同轉化)된 것을 보았으니, 일본에서 가야가 '게에' 또는 '게야'로 전와하는 것은 설명을 필요로 하지 않는다. 만약에 대륙을 향해 내뻗은 후쿠오카현의 시마(志摩)반도가 그렇게 불리고 있다면, 이 땅은 옛 조선민족의 점거지이거나 그 식민지는 아니었을까"라고 말하고 있다(김달수, 『고대 일본과 조선문화』, p. 168).

고조산에 관한 내가 아는 고대 기록은 『고사기』『일본서기』『고어습유(古語拾遺)』 정도이다. 나처럼 일본 건국신화에 생소한 독자들을 위하여 여기서 일본 왕가의 조상으로 일컬어지는 니니기에 대하여 간략 설명하겠다.

일본 고서들에 의하면 천지개벽 후에 부부신, 그리고 대팔주(大八洲; 일본의 미칭)국과 산천초목이 생기고, 그 다음에 아마테라스 오미가미 해신(천조대신)이 생기고, 나중에 스사노오신이 생겼다[『고사기』에는 수좌지남명(須佐之男命), 『일본서기』에는 소잔오존(素戔嗚尊)].

스사노오가 누나인 아마테라스 해신에 반항하는 죄를 범하여 추방된다. 스사노오는 천상으로부터 이즈모의 파천(簸川)에 하강하였다. 국신(國神)의 딸을 취하여 대기귀신(大己貴神; 대물주신·대국주신·대국혼신)을 낳고, 근국(根國)으로 간다. 대기귀신이 천하를 경영하며 창생의 질병을 치료하여 모두에게 은혜를 입힌다.

그런데 이시가와 준(石川淳) 저 『신역(新譯) 고사기』 62쪽에는 "소잔오존의 아들 대국주신이 후에 바다를 건너 상세국(常世國)으로 갔다. 이즈모의 바다 건너편이라면 상세국은 한국 땅(韓土)이라고 보게 된다. 일설에는 소잔오존도 신라로 건너간 일이 있다'라고 하고 있다.

한편 아마테라스는 아들 천인수이(正勝五勝勝速日天忍須耳; 간단히 천인수이로 약칭함; 天祖吾勝尊; 황손·천손이라고 호칭)를 양육하게 된다. 아마테라스와 그 사돈 고황산령신(高皇産靈神)은 천인수이로 하여금 풍위원(豊葦原) 중국(中國; 일본의 미칭)의 주인이 되게 하려고 대기귀신 및 그의 아들을 은피(隱避)시킨다. 그리하여 스사노오의 아들 대기귀신은 '스사노오와 그 자손을 위하여 신궁을 조성하고 끊임없이 봉제사할 것'을 조건으로 하여 나라를 다스리는 권리를 아마테라스의 아들에게 양보한다.

아마테라스가 "세상이 평정되었으니 하강하여 치국하라"라고 명하매, 천인수이는 "그동안 여러 아들을 낳았는데 그중 하나인 니니기[『고사기』에는 이이예명(邇邇芸命), 『일본서기』에는 경경저존(瓊瓊杵尊)]를 내려보내고 싶다"라고 하였다. 그리하여 손자 니니기가 거울과 검, 옥의 삼보를 가지고 천상의 거처 고천원(高天原)을 떠나서 축자(筑紫) 일향(日向)의 고천수봉(高千穗峯; 구시후루타게; 고사기에는 久士布流多氣, 일본서기에는 환촉봉(槵觸峰). 한국의 가야 김수로왕이 내려온 구지봉도 일본어로 구시후루타게라고 읽는다]에 내려왔다. "이 땅은 한국을 향해 있어 입사(笠沙)의 앞에 바로 통하며 아침저녁으로 해가 비치는 나라이다. 그런 고로 이 땅은 매우 길한 땅이다"라고 하였다는 것이다.

니니기의 강림 기사에 그의 고국이 남한임을 암시한 것으로 보아 그도 역시 한국계 집단의 상징적 대표자로 숭배받는 자임을 알 수 있다.

삼성당 발행 『도해 백과사전』에 스사노오의 아들 오십맹신 항목은

『일본서기』의 내용을 알기 쉽게 설명하여 "오십맹신(五十猛神)은 스사노오의 아들로서 여러 종류의 나무를 가지고 신라국 중시무리(曾尸茂梨; 소시모리)에 강림하여 그것을 신라에 심고 그 종자를 남겨 가지고 축자에 도래하여 파종한 유공자로 기이국(紀伊國)의 신(神)이 되었다"라고 설명하고 있다. 이로 보아 그들이 신라계 집단의 상징적 대표자로 숭배받는 자임을 알 수 있다.

또 천일창(아메노 히보코; 『고사기』에는 천지일모(天之日矛), 『일본서기』에는 천일창(天日槍), 『고어습유』에는 해회창(海檜槍)이라고 하였으나 그 발음은 모두 같고, 또 모두가 신라의 왕자라고 하고 있다)은 천신강림 이전 더 오랜 옛날에 한반도 남부 지방으로부터 집단을 거느리고 도일하여 대국주신과 파마(播磨)에서 영토를 다투다가 마침내 단마국(但馬國)에 정착하여 거기에서 번창했다고 하고 있다.

그도 역시 평범한 인물이 아니고 검과 거울, 옥으로 태양신을 제사하며 조상신의 묘로 신궁신사에 제사하는 신라, 가야계의 도래인 집단의 상징적 대표라고 본다. 그가 조상의 신롱(神籠), 즉 신사의 원형을 일본에 가져갔음이 『일본서기』 수인(垂仁) 3년조에 기록되어 있다.

하야시 야다츠 사부로오(林屋辰三郎) 저 『고대의 단마 – 천일창과 신무 東征 전설』에 의하면 "천일창 전설 중에 신무천황 동정의 여러 가지 요소가 응축되어 있다. 천일창 집단이 몇 대 만에 이룬 기내(畿內) 진출이 신무 동정 전설에 반영되어 있다"라 하고 있다.

「축전국 풍토기(逸文)」에 "나는 고구려 의려(意呂; 오로)산에 천강한 일모(日桙; 천일창)의 말예(末裔) '오십적수(五十迹手)이다'라고 하는 것이 있다. 이 오십적수는 『일본서기』에 나오는 이도(伊覩)의 현주(縣主),

즉 중국 『위지(魏志)』 「왜인전」에 나오는 이도국왕(伊都國王)이다. 후쿠오카현 이도시마(糸島)군 교육위원회 편 『사도군사(糸島郡史)』에 "천일창은 먼저 신라 왕래의 요진(要津)인 이도(伊覩)를 차지하고 거기에 주거하여 오십적수의 조상이 되고, 다시 단마로 옮겨서 단마가의 조상이 된 것이리라"라는 말이 있다고 한다(김달수 저, 『고대 일본과 조선문화』 일본어판, 제169쪽).

김달수 씨는 동 저서의 171쪽에서 다카가와 세이다로오(瀧川政太郎)의 저서를 인용하면서 "고조신사는 이도국왕이 봉제사한 천일창 혹은 비각허증(比売許曾; 히메도소)의 신사일지 모른다"라고 하였다. 또 다나카 스구루(田中卓) 박사의 「일본국가의 성립」이라는 논문에는 "대화(大和)에 침입을 기도한 씨족은 『위지』 「왜인전」의 이도현주(伊覩縣主), 즉 오십적수의 자손인 북규슈의 유력한 호족이었을 수 있는 일"이라고 하고 있다는 것이다.

고조산록의 고조신사를 제일 먼저 찾아간 이유의 장황한 위의 설명은 일본사에 생소한 분들에게는 일본 고대사 서설의 요약 대용이 되었으면 하는 생각에서이다.

다음의 설명 일부도 그런 것이 되기를 바란다.

일본의 대표적 신궁은 아마테라스를 받드는 이세신궁이지만, 그 신궁도 천일창을 봉제사한 것이라고 한다. 그 다음으로 대표적인 것은 교토의 복견 도하대사(伏見 稻荷大社; 후시미 이나리)를 총본산으로 하는 도하신사들과 대분현(大分縣) 우좌(宇佐)의 팔번(八幡; 하치만)신궁을 총본산으로 하는 팔번신사들이라 할 수 있는데, 그 양자가 모두 도래인 秦(하타) 씨족이 그 조신이다. 팔번이란 많은 하타 씨족이란 뜻이라고 한다.

주의할 것은 대표적인 도래인 세력집단 중 일부인 진(秦; 하타)씨와 한(漢; 아야)씨의 내력이다. 일본 『고사기』와 『일본서기』에 의하면, 秦·漢 양 씨족은 응신조, 웅략조, 그중에도 웅략 즉 왜왕 무(武) 때에 도일한 집단이라고 보는 것이 일본 학자들의 통설이다. 그중에 중국계 사람이 섞여 있다고 보는 것이 통설이지만, 실제로 진씨는 5세기쯤 도일하여 산배(山背; 지금의 교토)를 중심으로 흠명조와 성덕태자 시대에 크게 활약한 변진(弁秦), 즉 신라·가야 호족들의 대규모 집단이다.

한씨는 실제로 5세기 후반쯤 안라(安羅; 安那, 가야를 말함)와도 관계 있는 백제계의 금래재기(今來才伎; 최신 기술자)를 관리하기도 한, 백제계 이주민 대집단이다. 후에 이들 진씨, 한씨와 제3의 도래인이라는 왕인(王仁; 와니)의 후손 서문(西文; 가와지노 후미) 씨 집단이 서로 섞였는데(즉 신, 구 양 집단이 섞였는데), 소아(蘇我; 소가) 씨가 형성되어 한(漢)씨계의 사람들을 그 지배하에 끌어들이게 된 내력은 매우 유명하다. 한(漢)씨는 일찍부터 조정의 요로와 결부한 점에서 진(秦)씨와는 그 성격을 달리했다.

대화조정의 사적 발전에 있어 5세기 말 이래 계속 도일한 한(韓)계 사람들이 집단 형태를 취한 것은 위에서 본 진(秦)·한(漢)·서문(西文) 제씨 외에도 오사카 남부의 유명한 도자기(須惠) 공인들도 각지에 존재했다. 『삼국사기』에서 보는 것처럼 한반도 3국이 서로 싸우던 전란기에 전쟁터가 된 고향을 떠나 정치적 망명을 한 수장 급의 호족 진씨·한씨와, 재기(고급 최신기술자) 기능공들이 대규모 집단 또는 소규모의 농민·수공업자 집단의 수장들 인솔 아래 도일함에 따라, 5세기 후반의 소위 금래의 재기들을 주축이 된 조직이 일본 사회를 근저로부터 변화시킨 것이 사실이다. 그들을 마치 기술노예처럼 보는 것은 큰 오견이다.

924년에 편집한 당시의 의식 작법에 관한 법률서인 『연희식』에는 궁내성 좌신 3좌, 즉 신라계 증부리신(曾富利神; 園神)인 국신(國神)과 백제신인 한신(韓神) 2좌가 있었다고 한다. 상대(上代)에 궁내성 안에 봉제사되던 그들에 대한 제사는 한신사의 제사가 중세 이후에 쇠퇴해서 폐지되었다고 한다.

그러고 보면 대다수의 신사·신궁의 주신이 한국계 혹은 도래인계의 신인 것이다.

이즈모신사와 한신신사, 가야신사

그런데 옛날의 신은 인간이었던 것이다. 그중에도 시마네(島根)현 이즈모(出雲)에 가 보면 지금도 '보물이 있는 나라, 철문화가 발달된 나라'인 한국인의 도일해 온 자취를 규슈에서와 마찬가지로 쉽게 알 수 있다고 한다.

1988년 일본에 있는 한국학 자료 제2차 수집에는 이즈모신사와 그 주변의 알려지지 않았던 한인들을 받드는 신사를 답사했다. 1985년 1차 답사에서 만난 역사 교사 사다케 가츠오(佐竹勝夫) 씨로부터 자료를 건네받는 도움이 있었다.

그 옛날 한일 간의 해협에는 육지가 지금보다 많았고 바다의 조수는 부산에서 저절로 이즈모 해안으로 흐른다. 일본에서 가장 오래된 이즈모 사당의 청동기둥에는 '스사노오노 미코토 제사하는 신사'라고 씌어 있다.

일본의 10대 수수께끼가 있다. 일본 왕실의 조상신 격인 천조대신(아마테라스 오미카미)을 받드는 이세신궁보다 천조대신의 동생이라고 알려진 스사노오노의 이즈모신사가 더 오래되고 더 먼저 생겼다는 것이 그중 하나다. 스사노오노는 한국 사람이다. 일본으로 건너간 그를 기리는 사당인 것이다. 일제 때 가고시마의 옥산궁신사에서도 단군을 모시는 것이 금지되자 신라인인 스사노오노를 같이 제사 지냄으로써 단군을 구했다.

김달수 씨는 "스사노오는 지금 전국 8천 개쯤의 신사에서 봉제사되지만 일본의 저명한 학자들도 이즈모에 가서 보면 그 일본 신사의 원형이 모두가 인간이었다는 느낌을 강하게 받는다"라고 한다. 지금까지도 이시미(石見)에는 스사노오를 제사하는 한도(韓島; 가라시마)신사가 있고, 근처에는 한신신라(韓神新羅)신사란 것이 남아 있다고 한다.

8번이나 이즈모에 가서 조사한 일본 교토대학의 우에다 마사아키(上田正昭) 교수는 "이즈모의 고대문화는 여러 각도에서 고찰되어 왔지만, 한과의 관계를 진면 정면으로 받아들인 것은 적은 편이 아닌가 한다" 하고, "일본 전국에 약 11만가량의 신사가 있지만, 이즈모에서는 인간을 느낀다" 하고 있다.

우에다 교수는 여러 고대 문헌이 보여주는 바를 열거하고 있다. 그리고 보통 다른 곳보다 일찍이 신도(神道)와 불교가 분리된 관계로 깊은 관련이 있는 그 전승이 후대에 점차 소거되었으나, 한(韓) 신사들이 많이 있었다는 것을 밝히고 있다. 그는 "발해국 사자가 이즈모에 왕래한 사실을 주목하고 있다. 나는 이것을 일본에 도래한 고구려족과 고구려의 후계자인 발해 간의 관계라고 생각한다" 했다.

역시 이즈모에 8차나 가서 조사한 바 있는 도에이샤(同志社)대학의 모리 고이치(森浩一) 교수는 "조선 고분에서 최근 많은 곡옥이 출토되어 종래의 일본인이 곡옥에 대해 가지고 있던 상식이 변했다"라고 말한다. 다니가와 대츠조우(谷川徹三) 씨는 교토에서 열린 〈한국미술 5천년〉전을 보면서 '이로 인해 곡옥도 기존의 사실이 뒤집혀졌다(저자 주: 곡옥이 일본에서 발생했다는 일본 측의 주장이 허구로 드러났다는 말)'고 김달수 씨에게 말했다고 한다.

이즈모에서도 안래(安來)로부터 송강(宋江) 근방에 집중한 고총이 주목된다. 안래라는 지명부터가 주목거리이다. 평안히 왔단 의미인 것이다.

30차나 이즈모에 가서 조사한 와세다대학의 미즈노 히로시(水野祐) 교수는 "이즈모의 고대사는 단순한 지방사, 향토사로뿐만 아니라 일본 고대사의 구조를 어느 정도 결론짓는 전반적인 과제에 관계되는, 매우 중대한 의의를 가지는 것이라고 생각한다"라고 말한다. 수야 씨는 "스사노오를 주신으로 하는 신화와 문헌에 나타난 바에 의하면, 이즈모와

시마네현 오다(大田)에 있는 한신신라신사(韓神新羅神社). 현대에 와서 신사 이름을 오다신사로 개명하고, 옛 이름 한신신라신사의 현판은 구석진 곳에 치워져 있다. ⓒ 최태영

가라시마(韓島)신사가 있는 이시미의 자와노(宅野) 포구. 한인들은 조선에서 건너가 포구에 정착하면 조상을 모시는 사당부터 세웠다. ⓒ 최태영

신라의 밀접한 관계가 부인될 수 없음은 대화가 백제와 밀접한 관계에 있는 것과 대척된다"라고 말했다. 그는 남방문화와의 중층적인 문화구성을 힘주어 설명하고 있다.

조선에서 조류를 타고 배가 바로 와 닿는 포구라면 이즈모신사와 같은 사당이 또 있을 것이라 생각했다. 시마네현 마쓰에(松江)에서 좀 떨어진 오다(大田)에 한신신라신사(韓神新羅神社)가 있다고 했다. 이즈모에 가까운 곳으로 이즈모신사와 함께 일본에서 가장 오래된 사당이다. 그 신사가 어디 있는지 찾기가 쉽지 않았다. 정거장에 가서 제일 나이 많은 운전기사를 찾았다.

"큰 바다로 통하는 항구, 배가 와 닿는 좋은 자리에 신사가 있소?"

"이름은 모르지만 '오다'라는 곳에 신사가 옛날부터 하나 있지요."

위, 일본 시마네현 마쓰에(松江) 부근의 가야신사는 가야(伽耶)의 이름을 '加夜'로 감추었다. ⓒ 최태영

아래, 닭 조각상이 있는 교소(許曾)신사. ⓒ 최태영

규슈 가고시마 시에는 고대 한국인이 건설한 튼튼한 돌다리 고려교가 아직도 건재한다.
ⓒ 최태영

　과연 포구가 내려다보이는 언덕 위에 큰 신사가 있었다. 앞에는 큰 벌−들판이 있었다. 틀림없다. 한국인들은 그 옛날 배를 타고 여기로 와서 논벌이 큰 곳에 터를 잡고(한국인이 가면 논벌이 크다) 한신신라 조상을 모시는 사당부터 세운 것이다.

　돌 도리이가 있는 신사에는 궁사가 보이지 않았다. 혼자 들어가 살펴보았다. '오다(大田)신사'라고 현판을 써 붙인 신사 한 구석에 '한신신라신사(韓神新羅神社)'라고 쓰인 옛날 현판이 있었다. 정말 애써 찾은 것이다. 신통했다. 사진 찍었다. 옛 이름은 감춰 두고 '오다신사'라는 새 이름으로 개명한 것이었다.

　역시 마쓰에에 있었던 또 다른 가야신사는 오래전 해체되어 조상신들은 다섯 군데로 분산됐다. 이 사실은 1985년 오사카 백제사 터에서 만난 일본인 사다케 선생이 도서관에서 자료를 뒤져 가르쳐준 것이었다. 1988

년 흩어져 남아 있는 3-4개 신사를 찾아가 보았다. 마쓰에에서 더 들어
간 곳에 본래 이름 가야(伽倻)신사를 가야(加夜)로 바꾸어 돌에 새겨 놓
은 곳이 유일하게 옛 사실을 말해 주는 표적이었다. 나머지는 너무 이름
이 달라져 있어 한국 신사였다는 근거라곤 도서관의 기록뿐 남아 있는
유물이 없었다.

마쓰에 근처에 교소(許曾)신사가 있었다. 이곳에 닭 조각이 두 개 있
다고 운전사가 가르쳐 주었다. 신라의 계림을 상징하는 것이란 짐작이
갔다. 가 보니 과연 박혁거세를 모신 신사로 층층대 양편에 닭 조각이
마주보고 있었다.

일본인들도 자기 조상유적을 그렇게까지 깡그리 없애 버리지는 못했
지만 한국인 조상의 흔적은 빠른 속도로 사라지고 있다. 신사만 그런 것
도 아니었다. 한국을 가리키는 모든 지명도 사라지는 중이다. 규슈 가고
시마의 고려교를 건너면 바로 한국인 촌이 된다. 고대 한국인들이 튼튼
한 고려다리를 놓았던 것이다. 근처에 고려 우체국이 있는데 1985년 우
체국 이름에서 고려 자를 지웠다. 나이 많은 운전사가 유일하게 이를 기
억하고 있었다.

왕인의 공적 - 오사카와 교토의 전(傳) 왕인묘

『고사기』『일본서기』와 『고어습유』에 언급된 응신(應神)조에 의거하
여 응신왕과 박사 왕인에 대해 약술하려 한다. 근래에 실재한 최고(最
古)의 왕은 응신이라고 추측되어 왔다. 제2차 세계대전 후인 1948년 에
가미 나미오(江上波夫) 도쿄대 명예교수는 천황가의 만세일계(萬世一
系) 설에 대척되는 기마민족 정복설을 발표했다. 3세기 말 퉁구스족(부
여족을 말한다)의 고구려가 한반도로 남하하고, 그와 동계(同系)의 백제
왕국이 출현한 것을 주목한다. 그들이 미구에 4세기 초에 일본 규슈에

상륙하여 4세기 말부터 5세기 초에 걸쳐서 근기(近畿)지방을 정복하고 강대한 왕권을 확립했다고 보고, 이 왕가가 천황씨였다고 설명하는 것이다.

이 설의 매력은 강해지고 있다. 에가미 교수는 숭신(崇神)이 3세기 말에서 4세기 초에 규슈를 정복하고, 응신이 5세기에 기내로 옮겨서 강대국을 건설했다고 한다. 그는 또 숭신을 임나 출신인 진왕(辰王)이라고 한다. 신공왕후가 "신라에서 수태하여 일본 규슈에 가서 응신을 해산했다"라는 『고사기』·『일본서기』의 응신 탄생 기록과 한편으로는 삼한을 정벌했다고 하면서 다른 한편으로 신공을 니니기의 후손이라 하는 것으로 보아, 그것은 응신이 규슈의 호족 출신, 혹은 기마민족계의 인물이라는 것을 시사한다는 것이다.(水野祐, 「出雲의 신라문화」, 『일본 내의 조선문화』 98호, p. 17)

세상이 다 아는 것처럼 예전의 일본의 국정 초등학교 교과서에는 황탄하게도 '신공의 삼한 정벌'이라는 항목에서 삼한(삼국)을 정벌하고 개선하여, 고구려 백제까지도 일본에 복종했다고 해왔다. 그런데 한편으로는, 그 후 『일본서기』 추고 원년 4월조에 헌법을 제정한 성덕태자가 불교를 고구려승 혜자(慧慈)에게서 수학하고, 유교의 경전을 박사 각가(覺哥)에게서 학습하고, 3년 5월조에는 혜자가 태자의 스승이 되고, 백제승 혜총(慧總)에게 학습했다고 하였다.

또 『고사기』『일본서기』와 『고어습유』는 응신 15년조에 '백제왕이 아직기(阿直伎)를 일본에 보냈는데 응신이 그에게 청해서 백제에서 박사 왕인[『고사기』에는 화니길사(和邇吉師)라고 함. 발음은 같다]이 논어 10권과 천자문(천자에는 2종이 있는데 하나는 그 후에 저작한 것이고 하나는 그 전에 저작한 것이라고 한다. 왕인이 일본에 가져간 것은 그 전의 것임)을 가지고 도일하여 일본에 문자와 학문을 가르쳤다고 기록했다.

응신 16년 2월조에는 왕인이 서수(書首)들의 시조가 되었고, 또 기직(機織)이며 단야(鍛冶) 등의 직인들도 속속 도일해서 일본의 국세가 해외에까지 알려지고 나라가 열리게 되었다고 하고, 『고어습유』에는 박사 왕인의 공적은 포상(褒賞)할 만한 일인데 그 사당은 있으나 아직 봉폐(奉幣)하지 못했음을 탄식하고 있다.

1988년 오사카에 도착하는 길로 으레 해온 순서대로 참고지도 등을 구해 가지고 조사에 나섰다. 그런데 답사 예정한 목표를 찾아내기가 오사카 히라가타(枚方)시처럼 힘든 곳이 없었다. 오래 헤매다가 백제왕신사와 백제사지(百濟寺址)를 먼저 찾아냈다. 의자왕의 후손을 받드는 백제왕신사에도 우두천왕(牛頭天王)이라는 현판이 주목을 끌었다. 백제왕신사를 답사 후 왕인의 유적을 찾아 나섰는데, 의외로 왕인묘는 멀리 외진 곳에 있어서 쉽게 찾을 수가 없었다.

해는 졌고 찾을 방법이 없어 옛날 규모를 찾아볼 수 없는 백제특별사적지 넓은 빈터 안내판 옆에 앉아 고심하는데, 우연히 밤까지 그곳에 같이 앉아 있던 일본인 역사교사 사다케 씨에게 문의하니 매우 친절하게 설명해 주고, 자기 집으로 데리고가서 왕인묘가 기재된 옛날 지도를 상자 속에서 꺼내 주면서 "오사카의 왕인묘는 가짜이고[전(傳) 왕인묘] 진짜는 다른 데 있다"라고 했다. 좌죽 씨는 고등학교 교직에 오래 있다가 정년퇴임한 분이었다. 그에게서 백제왕신사와 왕인묘의 내력을 자세히 들었다. 나중에는 시마네 현 마쓰에에 있는 고대 한인을 모시는 신사가 어떻게 분산되었는지 자료를 보내주어 답사에 큰 도움이 되었다. 그리고 내가 구한 다른 지도에서는 오사카 시내에도 고려교라는 지명이 있는 것을 발견했다.

다음 날 '전(傳) 왕인묘'를 애써 찾아가 보니, 마침 무덤 흙을 파내고 묘를 수리하는 중이었다. 전날 밤 만난 좌죽 선생은 우리에게 '전(傳)'자가 붙어 있는 점을 유의하라고 말했었다. '전 왕인묘'라고 일컫는 그 묘의 규모가 너무 초라하고 비문이나 묘지명도 없는 점으로 보아 좌죽 씨의 말대로 그것이 왕인의 묘가 아니라고 생각되었다.

왕인의 후손으로 마지막 아들이었던 아도 씨는 오사카에서 살다가 1980년대에 병으로 작고했다. 왕인의 목상은 그때까지 잘 보관되어 왔는데 아도 씨 사망 후 어디론가 사라졌다. 이제 와서 찾을 길이 없다. 백제사 터의 사다케 씨는 내놓고 "아도 씨가 혈통을 지키기 위해 한국 여성과 결혼했어야 했는데 그렇게 못했다"라고 했다. 한국이 일본 식민지가 되면서 한국인들의 정체성이 무너져 내리면서 순수 한국인 혈통에 금이 가기 시작했던 것이다. '전 왕인묘'를 찾아본 뒤 교토에서 왕인 박사의 종가를 찾아 고 아도 히로구미(阿刀弘文) 씨의 딸을 만나 왕인의 내력과 아도 씨가 모아 둔 참고자료라도 얻어 보려고 했다. 따님을 찾아가 "혹시 부친이 남기신 글 같은 게 있으면 보여주십사"라고 했더니 "우리 아버지 그런 것 한 적이 없습니다"라고 냉랭한 태도로 말했다. 그럴 것을 전혀 생각지 못한 것은 아니었으나, 막상 당하고 보니 매우 실망하지 아니할 수 없었다.

그때 가고시마의 심수관이나 고려신사의 고마 스미오 같은 특별한 분들을 내가 살아 있는 동안에라도 한국에 초청하여 직접으로 그들의 강의를 듣도록 하는 것이 의미 있는 일임을 다시금 느꼈다. 그와 동시에 아도 히로구미 씨는 한국의 우리에게 청하고 싶어 하는 일이 많아서 나를 일찍 만났더라면 퍽 반가워했을 터인데, 그만 수년 전에 작고한 것을 매우 애석해 하지 않을 수 없었다.

고구려인의 무사시노 고려신사

고구려인의 무사시노

도쿄 부근 무사시노(武藏野)는 1천 수백 년 전 고구려·백제가 망하면서 한인들이 도일하여 개척한 곳으로, 지금도 고구려 보장왕의 왕자 약광을 모신 유명한 고마신사(고려신사)와 고려산 성천원 승악사(聖天院勝樂寺)가 있다. 고려향으로 일컬어지는 이곳의 내력은, 약광의 59대손인 고마신사의 궁사 고마 스미오(高麗澄雄) 편저 『고려신사와 고려향』(1931) 및 필자와 고마 씨와의 장시일에 걸친 회담 요지에 의하면 다음과 같다. 위 책에 실린 나카야마(中山久間) 박사의 서문에는 다음과 같은 구절들이 있다.

"무사시의 고려군과 신라군, 갑비(甲斐)의 거마군(巨摩郡), 섭진(攝津)의 백제군같이 한국 고대의 국명(國名)을 취해 산천과 원야의 이름으로 한 것이 적지 아니하다. 그중에서도 무사시의 고려(고마)군은 현재 수도 도쿄에 가까운 곳이므로 그 느끼는 바가 특별하다.

고구려·백제 2국이 망하매 유민 상하가 일본에 이주 망명했다. 일본 조정은 703년에 고구려 왕자 약광에게 왕성(王姓)을 주고 716년까지 7지방에 산재해 살던 고구려인 1,799인을 무사시노에 이주시켜 고구려군을 신설했다. 이들은 이곳에서 개간 척식사업에 종사하여 현대 번영의 터전을 만들었다.

그런데 1180년을 지내고서 1896년에 이르러 고구려군이 사이타마(埼玉) 현 이루마(入間)군에 병합되어 군명으로서의 고려는 없어졌다. 그러나 고려라는 지명과 신사, 사찰의 이름들이 허다하고 역사상 고려성(高麗姓)씨의 저명한 인물이 많이 나와서 일본국민 생활에 큰 편리를 가져왔다. 고구려는 백제·신라와 함께 일본문화의 정신과 물질 양면에 많은 공헌을 하였음은 많은 말을 필요로 하지 않는다.

동방문화국, 강강(强岡)하기로 사방에 알려졌던 웅방 고구려가 나당 연합군의 내구로 망국의 비운을 당하매, 그 왕족과 신하들이 일본에 망명해 온 것은 종래의 양국 관계로 보아서[저자 주: 고구려가 일본에 문화를

고려신사를 찾은 최태영(왼쪽), 고마 스미오 궁사, 최원철 ⓒ 최태영

전해 주고 사신이 왕래했으며 고구려 멸망 수년 전에 왕자 약광이 사신으로 일본에 간 일이 있었음을 의미하는 것인 듯] 극히 자연스러운 일이라고 하겠다. 망명집단이 처음에는 각지에 흩어졌으나 일본 조정은 그들을 무사시노에 집단으로 이주시켜 황야를 개척토록 함이 좋을 것이라고 생각하였다. 그 통솔자 약광이 왕성(王姓)과 종오위(從5位)의 작을 받고 신설된 고려군의 대령(大領; 郡長)으로 임명된 것은 당연한 결과였다. 그로부터 1천2백여 년 동안 그들이 세운 공덕은 볼 만한 것이다."

이러한 사실은 『속일본기』 문무천황 대보3년 4월조와 원정천황 영구2년 5월조 등에 기록되어 있다. 그리고 위 책의 본문에는 다음과 같은 구절들이 있다.

"한일 간의 교섭은 먼 옛날 신화시대로 거슬러 올라가 시작되었지만, 그것은 그만두고라도 수인(垂仁)천황 때 신라왕자 천일창(天日槍)의 내일(來日)을 위시하여 깊은 교섭이 계속되었음은 역사가 상세히 보여주는 바이다. 일본 역사상 고구려인에 관한 최초 기록은 『일본서기』의 '한인지(韓人池)' 항목이다. 즉 응신천황 7년 9월에 고구려인·백제인·임나인이 도래했는데 그들로 하여금 못을 만들게 하고 그것을 한인지라고 이름했다."

그 후로 사신 왕래가 잇달아 고구려와 고구려인의 이름이 일본 역사의 여러 곳에 기재되었다. 당시의 고구려는 송화강의 상류 부여 땅에서 일어나 광개토대왕 때 그 국세가 가장 떨쳤다. 선진국 고구려가 일본국의 문화에 크게 공헌한 것은 당연한 일이어서 산업, 무기, 공예, 불교문화, 문학 및 유학 기타 모든 지식을 일본에 전했으므로, 고려라는 명칭이 각 방면에 남아 있다.

고구려가 망하자 망명집단이 처음에는 가나가와현 오이소(大磯; 어서 오시오라는 한국의 방언에 유래한다) 포구에 상륙하여 주거를 경영했지만 일본정부 정책에 따라 주력부대가 무사시노로 옮겨가게 되었는데, 일부는 오이소에 그대로 눌러 살았다. 두 곳으로 옮겨 다니면서 삼국의 도래인을 합작시켜 황무지를 개척해 간 약광의 통솔력은 비범하였고, 집단의 신고도 대단하였을 것이다.

고구려가 망한 지 어언 40년, 약광도 늙어 백발노인이 되어 고국 회복의 희망이 없어졌을 때, 일본 조정의 우대와 군민들의 존경 속에 무사시노 지금의 고마신사 있는 곳에서 지내다가 세상을 떠났다.

이에 오이소와 무사시노 두 곳의 사람들이 유능한 통솔자 약광의 공덕과 인격을 추모하여 그를 고려명신(高麗明神 혹은 大明神이라고도 한다)으로 받드는 사당과 절을 세워 명복을 빌게 되었다. 그것이 지금 오이소의 고라이(高來)신사와 고려산 고려사(高麗寺), 그리고 무사시노의 고마(고려)신사와 고려산 성천원 승악사이다.

오이소의 고려산은 천연기념물로 지정한 수목이 울창한 명소이다. 고려산의 남쪽에는 왕성산(王城山)이 있고, 왕성산의 북동쪽에는 부구(釜口) 고분군이 있다. 오이소에 있는 현재의 고라이(高來; 高麗)신사 본당이 옛날에는 고려사 절의 본당이었다. 그리고 원래는 고마(高麗)신사이던 이름을 일본 정책에 따라서 고라이(高來)신사로 바꾸었다. 지금 고려사는 고라이신사 한구석의 관음당 한 채만으로 그 명맥을 유지하고 있지만, 그 옛날 바다에서 가져온 천수관음상을 모시고 있으므로 자랑거리가 된다는 것이다.

무사시노의 고마신사와 연접한 성천원 승악사는 승려 승악(勝樂)이 고구려에서 가져온 관희천(聖天)을 안치한 고찰로서 그 말사가 54개나 되고 약광을 봉사하는 영묘가 40여 사에 달하게 되었다. 이 절에는 순

한국식으로 필사한 「대반야바라밀다경」과 탑이 있고, 고마신사에는 1천 수백 년 내려오는 약광의 후손 59대의 족보와 사자가면 탈 등이 보존되어 있다.

1985년 사이타마(埼玉) 현의 고려(고구려)신사와 고구려 망명집단이 양마(養馬)와 기마훈련을 하던 동경 외곽 네리마(練馬) 지하철역 부근을 가 보기로 했다. 10월 1일 아침 철도편으로 한노(飯能)역에 닿아 그곳에서 택시로 무사시노의 고려신사로 향했다. 고려라는 이름이 붙은 군, 촌, 역, 산, 강, 절, 신사 등과 대기, 고래, 고간(高間), 구(駒), 무장 등의 지명은 말할 것도 없고, 한노는 그 발음이 우리말의 한(韓)과 일본말의 '-의'라는 의미의 '노'라는 토가 합쳐진 것임을 쉽게 해득할 수 있다. 그 지명부터가 한인들의 집단 거주지이었음을 증명해 주었다. 고마신사 부근 고려역 광장에는 지금도 키가 큰 장승이 서 있었다.

가나가와 현 오이소(大磯)에 있던 고려산 고라이신사(高來, 고려라고 드러내고 쓰지 못해 택한 위장된 표현)가 백제계 일왕에 의해 도쿄 근처 무사시노(武藏野)로 쫓겨 간 뒤에는 이름을 제대로 찾아 고려신사가 되었다. 고려신사의 현 59대 궁사 고마 스미오(高麗澄雄) 씨와는 일찍 편지 내왕 후 친해져서 많은 도움을 받았다. 내가 미리 부탁한 족보 두루마리와 연혁사 책과 함께, 한국에 사자춤이 있다는 최치원의 기록을 말하니 이곳 고려신사에 고구려 때 전했다는 사자춤의 실물 탈과 춤추는 사진을 보여주었다. 서로 많은 얘기를 했다.

궁사 고마 스미오 씨는 제1대 도래인인 고구려 왕자 약광(若光)의 계승자이다. 그들은 천 수백 년 동안 성을 바꾸거나 약광 주신을 변개하지 않고 오늘에 이르렀다. 그들이 겪은 고난도 이루 말할 수 없다.

고려신사에서 보관해 온 약광 이래 고구려 후손 59대의 족보. ⓒ 최태영

　고려징웅 씨는 고려 씨의 족보를 보여주면서 그 내력을 말했다. 대대로 이어져 오던 족보는 1259년 불이나 소실했다가 여러 성씨로 갈린 후손들이 모여 다시 복원한 뒤 이제껏 잘 보관해 오고 있다고 했다. 그는 가계도를 우리말대로 '족보'라고 불렀다. 그 족보에 의하면 고마이(高麗, 高麗井, 駒井), 이(井), 아라(新), 아라이(新井), 오카가미(丘登, 岡登, 岡上), 와다(和田), 요시가와(吉川), 오노(大野), 가토오(加藤), 후쿠이즈미(福川), 구다니(小谷野), 아베(阿部), 가네야마(金山), 가네코(金子), 나카야마(中山), 무도오(武藤), 간다(神田), 시바키(芝木), 혼조(本所) 등은 고구려계의 성씨이다. 여기서는 상고할 겨를이 없지만 전 일본의 성씨를 『신찬성씨록(新撰姓氏錄)』과 『성씨어원고』 등에 의하여 따져 보면 한계(韓系)에 속하는 것이 너무도 많은 데 필자는 새삼 놀랐다. 그런 지명들과 성씨에 대한 고찰은 후일 다른 기회로 미루어 둔다.

　고구려 왕자 약광은 실물 크기의 목상으로 모셔져 있고 일반 공개가 금지되어 있다. 특별히 약광 조상에게 참배할 수 있었다. 고마 씨는 내게 "일본식으로 할 필요가 없으십니다"라고 했다. "조국을 떠나 일본에

위, 고구려인의 거주지 무사
시노의 풍경. 아래, 고구려
멸망 후 일본으로 망명한
약광을 조상신으로 모신 고
마(고구려: 고려)신사의 성천
원.

와서 고생하다 돌아가신 조상들이올시다. 이곳의 후손들이 잘되게 돌봐 달라"라고 정성을 다해 묵도하였다.

약광의 59대 후손인 고려징웅 씨는 강점 이후 일본 여성과 결혼하여 순전한 한국인 혈통은 끝났다. 그러나 장자만은 고려(高麗) 성을 갖는 다. 지금은 원래 모시던 약광(若光, 일본서 쟈코라고 발음한다) 조상 외에 일본 정부의 법으로 일본신인 오진(應神)일왕, 스사노오노 미코토 등을 같이 모시고 있으며, 고려신사를 고마신사라고도 한다.

고려신사에는 하루에 수만 명이 참배하기도 하는데 "내각의 대신으로 내정되면 와서 참배하는 이는 모두 한국계"라고 했다. 유난히 지혜를 갈망하는 소원 글귀를 적은 것들이 많았다. 대부분 사법고시를 지원하는 젊은이들의 기원을 담은 것이기도 했다.

고려징웅 씨나 심수관 씨나 이제는 한국인이 아니고 일본인이지만 일본에 붙어서 살아온 것이 아니고 일본이라는 나라를 세우고 발전시켜온 주동자들의 후손이라는 긍지를 가지고 일해 오고 있다.

경내를 자세하게 살펴본 뒤 고려천변을 끼고 멀리 떨어져 있는 시가지로 가서 점심을 같이하며 오래 이야기했다. 우리가 들어간 방의 좌우 두 방을 미리 예약해 일부러 비워 놓고 우리는 가운데 방에서 이야기했다. 이야기가 남들에게 새 나가는 것을 방지하기 위한 조치였다. 고려징웅 궁사는 강연회나 공적 장소에서는 할 수 없는 이야기를 이런 기회에 주고받을 수 있지 않느냐고 했다. 우리는 격의 없는 토론과 정다운 이야기로 시간이 가는 줄도 몰랐다. 고려 씨는 이미 서면으로 승낙한 바이지만 다시 대면하여 한국에 와서 강연할 것을 쾌히 승낙했다. 11월 1일 정신문화연구원에서 교수들을 위한 강연회를 열되 강연 내용을 '고구려 향(鄕)의 연혁'이라는 광범한 주제 안에서 그의 자유재량대로 하기로 했다. 고려역 광장에 우뚝 서 있는 장승 앞에서 작별 촬영을 했다. 고려징 웅은 우리가 탄 열차가 보이지 않을 때까지 서 있었다.

고려신사 부근에는 고구려의 흔적이 그대로 있다. 고려신사에서 조금 더 가 조후(調布)라는 곳에 고구려 불상을 모신 신다이지(深大寺)가 지 금도 있고 이 절의 전통으로 내려오는 메밀국수가 유명하다. 일본의 메 밀국수가 고구려인들로부터 유래됐음을 환히 짐작케 한다. 조포는 현재 도쿄 교외에서 옛 원형을 가장 많이 보존하고 있는 지역이다. 또 고려신 사에서 도쿄로 가는 길목에 네리마(練馬)라는 지하철역이 있다. 고구려 망명집단이 말을 키우고 고려신사를 본부로 군사조련을 하던 연마장으 로 넓은 평지가 펼쳐져 있다. 도쿄까지 다 갔다가 다시 돌아와서 이곳을 보았다.

오이소 선제(船祭)

끝으로 오이소의 선제에 대해 말하겠다. 약광이 고구려 멸망 후 조국 을 떠나 8개의 돛을 단 배를 타고 맨 처음 가나가와현 오이소에 상륙했 다. 오이소라는 지명은 '어서 오이소'란 한국 남방의 말에서 유래한 것 이다. 그때의 광경이 오이소의 고래신사(高來신사=고려신사)에서 매년 지내는 선제로 재현된다. 이때 부르는 축가가 있다. 오이소 선제보존위 원회에서 발행한 인쇄물과 고려신사에서 발행한 '고려신사와 고려향의 연혁' 중 일치되는 부분 일부를 의역해 보면 다음과 같다. 즉, 고구려 대 명신(大明神) 권현환(權現丸)의 유래를 설명한 내용이다.

망명해 온 약광은 일행과 타고 온 배의 돛대 위에 올라서서 모여든 현 지 사람들에게 "나는 고구려 왕자인데 나라가 멸망하여 고구려에 있지 못해서 일본에 뜻을 두고 왔다. 너희들이 귀의하면 대기 항구의 수호지

고구려 유민들이 군사조련을 하던 곳 네리마(練馬)의 지하철역 이름이 연마이다. ⓒ 최태영

가 되어 자손이 창성하도록 수호하리라"라고 했다. 어선이 나타나 약광의 배를 끌어다가 포구에 비끄러맸다. 그런데 그날 바람이 불어 매어 둔 배가 육지로 올라왔다. "권현(權現)을 태운 배를 권현환이라고 한다"라는 것이다. 1799명의 사람들이 모여 고구려촌을 이루었다. 오늘날 오이소의 주민들은 이 배를 기념물로 만들어 바퀴 4개를 달아 육지에서 끌고 다니며 연년이 그 배에서 약광을 모셔 오는 행사를 축제로 거행한다.

(1985, 1988년 「일본 소재 한국학 연구자료 조사보고서」, 1986년 불교신문 「일본에 전한 한국불교」)

가야와 임나

　삼국이 정립되던 시기에 변한 지역에서 일어났다가 중앙집권 국가로 완성되기 전 삼국의 압력을 받아 신라에 병합된 가야국이 있었다. 가야를 두고 일본인들이 임나일본부란 것이 그곳에 있었다고 우기면서 우리 역사를 뒤집어 놓으려는 획책을 하고 있으나 그 실상은 일본인들이 주장하는 것과 완전히 상반된 것이기에 간략하게 기술하겠다.

　가야(伽倻 혹은 加羅)는 신라보다 약 1백 년 늦게 낙동강 중하류에서 고조선의 제후국 한(韓)의 지배를 받던 변한지역에 세워진 6개 부족국가들이다. 6가야 중에서 지금의 김해지방에 위치한 금관가야(金官伽倻)가 맹주국이 되어 안으로 결속을 굳게 하였다. 그들은 김해 구지봉(龜旨峰)에 나타난 김수로왕을 추대해 시조로 받들었다. 금관가야 밑에 아라가야, 성산가야, 고령가야, 소가야, 대가야를 합해 6가야가 된 것이다.

　그런데 6가야는 서쪽으로부터 백제의 압력과 동쪽으로부터 신라의 압력을 받아 어려운 상태에 있었다. 이에 쇠(鐵)와 농산물이 풍부한 가야국에 자주 와서 교역을 하던 왜국에 진출, 그곳에 임나라는 작은 분국을 만들고 그들과 연맹하여 신라와 백제에 대항했다. 임나는 우리나라가 왜 땅에 건설한 식민지인 것이다.

왜와 가야에 시달리던 신라는 고구려에 구원을 청했다. 광개토대왕의 군대가 399년에 가야를 치고 바다를 건너가서 왜를 함락하였다. 그 후 고구려의 세력이 팽창하며 532년 장수왕이 남침해 오자 가야, 신라, 백제는 연합할 수밖에 없었다. 그러나 후에 정세가 변하여 532년 신라가 금관가야를 병합하고 백제도 가야의 영토를 쳐서 빼앗았다. 세력이 약해진 가야는 겨우 명맥을 유지하다가 백제의 도움을 받으면서 신라를 공격했으나 562년 고령의 대가야마저 신라에 병합됨으로써 6가야가 아주 멸망하였다. 신라의 명장 김유신은 신라에 항복한 금관가야의 마지막 왕의 자손이다. 금관가야가 신라에 내항한 것은 주민들이 모두 왜로 이주하고 왕실만이 남아 있어 사실상 국가가 붕괴되었기 때문이다.

가야는 건국되기 전부터 많은 이주민이 왜 열도에 건너가서 일본 문화에 많은 영향을 주었고, 건국 후에는 백제와 더불어 많은 사람이 건너가 분국을 세웠으며 활발한 문화 전수를 행하여 일본에 가야라는 지명까지 수없이 많이 생기게 되었다. 어찌하여 지금까지도 일본 땅에 가야라는 이름이 그렇게 많은지는 이로써 설명이 되는 것이다. 그 당시 왜의 문화 수준은 구석기시대인 야요이 시대에 머물러 있었고 중앙집권화된 통치 행정 능력이 없었음은 물론이다.

일본 고대사를 간략하게 서술하면 이렇다. 서기 3세기에 조선 무녀여왕 2대가 통치한 이도국(伊都國, 야마다이고쿠; 邪馬臺國)이 규슈에 있었다. 390년 왜에서 태어난 가야인 응신(오진, 신공왕후의 아들)이 나라를 세워 왜라 하고 비로소 뚜렷한 실존 인물인 왜왕 1대가 되었다. 백제가 망할 때 의자왕의 누나 왜국의 사이메이(齊明) 여왕이 백제로부터 원군 지원 요청을 받았으나 도중에 죽고 백제가 멸망한 후 의자왕의 아들

부여풍이 사이메이의 뒤를 이어 천지일왕이 되고 670년 당의 승인을 얻어 이때부터 일본이라는 국호를 갖게 됐다.

일본이라는 명칭은 구다라를 다시 한역(漢譯)한 것인데 구다라는 원래 백제를 부르던 말로 구다라의 구는 태(太), 다라는 태양, 나라라는 뜻이다. 백제는 일본에게 바로 '큰 태양' 같은 나라로 여겨졌다. 구다라를 본떠 국호를 일본이라고 한 사실 자체가 증거이다. 법륭사의 유명한 불상 구다라관음을 왜 구다라라고 하느냐고 일본인들이 내게 물었다. "그야 물론 백제 사람이 만들었으니까 구다라이다"라고 답했다. 중국인들은 왜국이 국호를 일본으로 하려는다는 요청을 듣고 "난장이 같은 것들이 나라 이름을 일본으로 하겠단다"라고 기록했다. 야마토(大和)는 신라 진덕여왕대 연호 태화(太和)에서 따온 것이며, 명치(明治)는 고구려 문자왕(文咨王)대의 연호이다.

그런데 하물며 일본이라는 나라 이름도 생기기 전인 4세기부터 6세기 사이에 소위 임나일본부라는 것을 한국에 설치하고 가야를 지배했다느니 신라, 백제, 고구려까지 정복했다는 주장은 실상 거론될 가치조차 없는 일이라 아니할 수 없다.

가야론에서 주의할 점은 일인들은 가야가 신라에 병합된 때문에 흔히 가야와 신라를 같은 나라(가야=신라)로 잘못 알고 있다는 것이다. 그들은 가야를 임나(미마나)라고 부르며 옛적에 가야인이 왜국 규슈 등에 만든 가야의 식민지 미마나(임나)와 혼동하고 있어서 우리의 생각과 180도 다르다. 그런 잘못된 생각으로 가야를 미마나로 잘못 부르는 것 때문에, 일본 측에서는 그들이 떠나간 고향이 미마나 일본부란 것이 설치되었던 곳이라고 생각한 것이다. 일찍이 가야국의 유력한 주력 분자들이 왜의 땅으로 건너가서 일본국 건설에 참여했다. 이들은 가야가 이미 망해 신라에 병합되었음에도 불구하고 그들이 떠나온 한반도 안의 일을 잊지 못하고 과거에 살았던 구역을 엉뚱하게 다시 차지해야 한다는 꿈을 버리지 못했기 때문에, 옛 고국을 회복하는 일을 소위 임나일본부의 지배라고 착각하였던 것이다.

킨메이(欽明)일왕은 571년 대담하게 신라에 사신을 보내 가야(일본이 임나라고 부르는)를 멸한 이유를 묻고, "신라를 쳐부수고 임나를 다시 세우라"라고 유언했다(『일본서기』권19, 흠명기). 그리고 일본 사서에는 가야국이 완전히 멸망하여 신라에 병합된 후에도 조공이니 공조니 하는 것을 서기 600년까지도 받았다고 기록하고 있다. 일본인들이 임나 지배의 꿈을 완전히 버리고 아주 단념한 것은 일본군이 나당연합군에게 패망한 덴지일왕 이후였다고 한다.

한국과 일본이 상당수 같은 조상을 둔 가까운 종족이라는 것은 맞다. 그러나 어디까지나 우리가 본체이며 일본은 거기서 역사적 우연에 의해 떨어져 나간 종족으로 역사의 깊이가 다르다. 또한 정신도 완전히 다르다. 그들 조상의 주 발상지는 바로 한국이고 국가 성립과 인적 자원과 문화와 문물제도에 있어서 세계사에 유례가 없이 우리나라의 전적인 도움을 받아 일본은 점차 발전했다. 그렇긴 해도 현재의 일본이 한국이 아닌 것처럼 현재의 일본은 독자적인 문화를 가진 나라다. 우리는 과거 수천 년 동안 일본을 은혜와 위엄으로 대해 왔다. 그럼에도 일본은 과거 자신들이 유민이 되어 한반도에서 쫓겨나 새로이 일본 땅에 정착하지 않을 수 없었던 데 대한 원한을 골수에 품고 있는 민족이다. 특히 메이지 유신 이래 일본의 대한(對韓) 침략사관과 역사왜곡은 너무나도 비사실적이며 역설이며 그 정도가 대담한 데 놀라고 경계하지 않을 수 없다. 강점 전후하여 그들이 한국에 끼친 해악은 일일이 말할 수 없거니와 옛날 임나일본부설의 꿈속에서 오래도록 깨어나지 못했던 것처럼, 8·15 해방 이후 한국에서 쫓겨 가면서 적산가옥 담벼락마다 "10년 후, 20년 후 다시 보자"라고 써놓았다. 어떤 자들은 더 긴말을 늘어놓았다. 한술 더 떠 아직도 '조선총독부 식민지 정치'의 달콤한 꿈을 꾸면서 계속 망설을 서슴지 않는 것이 아닌지 의심스러울 때가 많다.

1999년 일본에 기미가요 국가와 일장기가 공식 부활되었다. 일본 국회는 만세일계가 어떻고 임금을 위해 죽는 게 어떻고 하는 기미가요의 임금이란 일왕 개인이 아니고 왕을 받드는 국민 그 자체를 뜻하는 것이라고 해명하고 법안을 가결시켰다. 민주주의 헌법을 가진 나라에 그런 임금이 어디 있나. 일본의 공식 법령은 주권이 국민 아닌 임금에게 있다는 것을 결의한 셈이다. 이런 우익의 득세는 군국주의를 불러오고 필연코 '일본 임금을 위해 물에 가면 물에 묻히고 산에 가면 산에 묻히리'란 노래를 하게 될 것이다. 그 다음은 침략 전쟁으로 이어질 것이다.

다카모토의 가야 지명과 고목신(高木神)

　다카모토 마사토시(高本政俊)는 내가 발견한 사람이다. 1992년 내가 받아 본 일본 책 중에 그의 책이 있었다. 『사적(史的) 루트의 여행: 가락국과 임나국의 뿌리를 찾아가는 여행 — 고대사의 수수께끼 아노우(穴生) 성씨』라는 제목으로 가야의 뿌리를 찾아 쓴 것인데(1991년 10월 발행) 첫줄부터 재미있고 역사에 관한 내용이 많았다. 나도 역사연구에 들어가 있던 때였으므로 그에게 한국에 와서 강연할 수 있겠느냐 편지를 했다. 그날로 승낙한다는 답장이 왔다. 1993년 4월 서울, 인천, 부산에서 강연을 했다. 인천 강연 때 강영훈 국무총리도 들으러 왔을 정도였다. 그는 한국에 와서도 다른 관광은 않고 자기 조상의 고향이라며 친구와 동행해서 아라가야 함안을 세밀히 조사하고 갔다.

　그는 1928년 후쿠오카현 기타규슈(北九州)에서 출생, 대동(大東)문화대학을 졸업했다. '선인의 족적을 걷는 회' 간사, 일본기행문학회장, 『삼국사기』 연구회원, 주식회사 산마루 임원, 현재 도쿄 조후(調布)시에 살고 있다. 학자나 정치가라면 바른 소리를 못할 터인데 회사 중역이란 점이 일을 재미있게 했다. 다카모토 씨는 머리가 아주 좋고 사람이 아주 좋은 한국계 후손이다. 아쉬운 것은 그가 애초에 나 같은 사람이나 역사

일본으로 이주한 한국인 조상들의 성씨를 추적한 다카모토 마사토시의 책. ⓒ 최태영

를 아는 우리나라 사람 지도를 받았으면 더 체계적이고 의미가 깊어졌으리란 점이다. 그는 한국 사서라고는 『삼국사기』밖에 몰라 내가 환웅 천왕이라고 하면 깜짝 놀라 일본 천황을 잘못 쓴 줄 알지만 일본 내 가야의 지명과 고목신(高木神), 즉 고마노카미를 찾아낸 것은 다카모토 씨로, 우리나라 역사를 연구하는 일본인 중 가장 특이한 사람이다.

그 책은 "선조들은 어떤 사람이었을까, 어디서 왔을까" 하는 의문을 전제로 출발한다. 815년 일본에서 당시의 높은 벼슬아치들 명단을 적은 책 『신찬성씨록(新撰姓氏錄)』을 보면 3분의 1이 외래인, 이주 선인(先人)이다. 그의 부계 성은 다카모토(高本), 모계 성은 아나우(穴生), 처가의 성은 아라카와(荒川)이다. 다카모토는 자신들의 성씨가 고대 한반도에서 온 이주 선인과 관련되어 있음을 알아낸다.

십수 년 전 이른 봄 그는 고려신사를 방문했다. 고려신사가 있는 도쿄 교외 고려향에 그의 회사 공장이 있어 잘 알았다. 안내책자에는 한국의 수많은 저명인사들이 고려신사를 방문했다고 쓰여 있었다. 언덕에 앉아 읽다가 나카야마 시로(中山四郞) 박사가 쓴 서문에서 다카모토는 큰 충격을 받는다. 고(구)려신사의 고구려인들이 지녀 온 고마(高麗) 성은 1250년 이미 19개나 되는 성씨로 나뉘었다고 한다. 그의 조상은 무사시노(武藏國)에 이주한 고려 씨와는 별파인데 근세조선 왕의 서족으로 일본에 귀화한 구마모토(熊本)의 명유(名儒)였으며, 고구려의 고(高)와 일본의 본(本)을 취하여 다카모토(高本)라 칭했다는 것이다.

"그때 내 눈에서 비늘이 떨어지는 것 같았다"라고 다카모토는 쓰고 있다.

어머니의 성 아나우도 진성(珍姓)이고 보면 무언가 있음직하구나 여겨 그는 이를 더 추적해 나간다. 그 결과 외가의 성은 아라가야를 말하는 아노우(穴生) 씨임을 알았다. 처가의 성은 아라카와(荒川)이다. 즉 안나(安那), 안량(安良), 황(荒) 자가 들어가는 성은 모두 가야(加耶)의 동족임을 알게 됐다. 그렇게 해서 가야 혈통을 보존해 왔던 것이다.

"일본 내에 아직도 가야를 뜻하는 말과 가야의 혈통을 지닌 후손이 무수히 있으며 그들의 조상인 고대 이주 선인의 흔적이 그토록 많은데 놀랐다. 가야를 말하는 아나는 한일 고대사의 타임캡슐이다"라고 말한다.

오카야마(岡山)현의 옛 이름이 가야인 것처럼 그는 일본 내에 있는 가야 관련 지명을 수백 개나 찾아내었다. 일본에 모기장이란 뜻의 가야(蚊屋)라는 동네가 있다. 가=蚊(모기의 뜻), 야=屋(집이란 뜻)'라고 일본어로 쓴다. 가야 후손이 가야란 이름을 자기네만 알 수 있도록 이름을 감추어 지녀 온 것이다. 신명(神名), 신사와 절 이름, 인명, 지명, 생활용어 가운데 あら(아라), かや(가야), がら(가라), あな(아나), あら(아라), あや(아야), だら(다라; 多良) 등등에 깃들여 있는 가야의 존재를 다카모토는 이 책에서 약 4백 개나 밝혀내고 있다. 가야만 보더라도 可也, 蚊屋, 加夜로 변형되어 쓰인다.

임나(미마나)가 일본 내에 있었던 지명이란 것도 그의 책에서 수없이 밝혀진다. 다카모토는 임나란 한국인들이 일본에 와서 일본을 지배하기 위해 만든 것이며, 임나라는 지명은 일본 내에서 얼마든지 찾아낼 수 있다고 썼다.

그는 임나일본부설이 일본의 망상이라는 자신의 확신을 제시한다. 369년 혹은 391년에 시작되어 568년에 멸망했다는 약 198년간이라는 시기는 백제 세력이 매우 강한 때여서 한반도에 왜의 식민지 같은 것이 있을 수 없다는 것이다. 역으로 한반도에서 일본으로 한반도의 우수한 고대문화가 우수한 인재와 함께 유입되었음이 부정할 수 없는 사실이요, 그 증거가 무수하게 많다는 것을 그는 발견한다.

"일본을 건국한 고대 왕조의 주역은 누구냐"는 것이 다카모토가 두 번째 던지는 질문이다. 이 과정에서 그가 찾아낸 것 중 아마테라스 오미카미(천조대신)의 사돈 이름도 있다. 『일본서기』에 일본 왕가 계보의 첫 조상인 니니기가 170만 년 전 하늘에서 내려왔다고 쓰여 있다. 일본 신화에 등장하는 신들의 계보는 이사나기(伊邪那岐命)와 이사나미(伊邪那美)에서 시작하며 아마테라스 오미카미와 다카미무쓰비노미코토(高木神 혹은 高皇産靈神이라고도 한다)의 손(孫)인 니니기는 아마테라스 오미카미의 아들과 다카미무쓰비노미코토(고황산령신)의 딸이 결합하여 그로부터 출생했다. 니니기는 거울, 곡옥, 검의 삼종 신기(神器)를 가지고 다카마가하라(高天原)으로부터 히므가(日向)의 다카치호(高千穗)봉에 내려왔다는 강림 신화를 지니고 있다.

전쟁 전의 일본인들은 이를 신칙(神勅)이라고 하여 아마테라스 오미카미를 태양 신화의 최고신으로 우러르고 일본은 만세일계의 자손이 통치해 오는 신국이라고 믿었다. 전후 40여 년이 지난 오늘날에도 다수의 일본인은 그렇게 믿고 있다. 그러나 『고사기』 『일본서기』를 잘 보면 니니기에게 일본 땅으로 갈 것을 명한 것은 그 외조부인 고황산령신(다카미무쓰비노미코토)임을 알 수 있다.

천조대신의 사돈은 어떤 인물인가가 종래 내 숙제였는데 다카모토가 그 문제를 해결했다. 이런 고급비밀을 아는 것은 기회가 닿아야 된다. 그 사돈은 고황산령신, 또는 고목신(高木神)으로 이름 중에 고령 두 글자가 나온다. 즉 고령(高靈) 가야인이다. 천조대신의 남자 사돈이 한국인임을 알아냈던 것이다. 천조대신은 히미코(卑彌呼) 여왕이라고도 생각된다.

고황산령신(高木神 또는 高皇産靈神), 즉 다카미무쓰비노미코토는 낙동강 상류의 가야 출신이리라. 고황산령신의 이름에 나오는 고령은 가야의 중심지 고령에 통하고 있어 고령을 본으로 하고 있음을 알 수 있다. 고목신(高木神)을 고마노카미라고 읽는데 즉 곰을 말하는 것이며 단군신화에 나오는 곰에서 온 것이라 한다. 그렇게 되면 고목신(高木神)도 조선계의 신이었다는 것이 되리라. 옛날 기와지붕이 생기기 전, '상가야(上伽倻)에서 와 지붕 없는 집에서 살았'고 해서 '히고나 기사타케 우가야 후키 아헤즈노 미코토(彦波瀲武鸕鶿草葺不合尊; 언파염무노자초즙불합존)'라는 신도 있다. 한국에서 간 사람이 분명한 것이다.

또 천손 니니기가 하늘로부터 내려온 규슈 다카치호(高千穗)의 봉우리는 고대에 아라다(新田)산이라고 불렸다. 여기의 신(新)은 가야를 말하는 아라(安羅)이다. 달리 구시후루타게(久土布流多氣)라고도 불렸다. 후루는 도(都)이므로 구시후루도 신의 도(都), 신성한 곳이라는 의미가 된다. 한반도 김해의 김수로왕이 나타났던 지명인 구지(龜旨, 일본말로 구시후루라고 발음함)에서 온 신성한 곳이라는 뜻이다. 이로써 니니기의 뿌리는 고대 조선이었음을 알 수 있고, 다카마가하라(高天原)가 어디에 있었는가는 명백하다. 그 고천원에서 강림, 즉 바다를 건너 규슈로 갈 것을 명령한 고마노카미, 즉 고목신은 남한 가야의 신이었다는 것이 다카모토가 쓴 내용이다.

『일본서기』는 니니기가 170만 년 전 사람이라고 연대를 속였다. 이로써 스스로 거짓말을 하는 나라라는 것도 증명되었지만 고령가야인은 죽어서도 그 자손에게 일본으로 가라는 명령을 내리고 일본 왕가 혈통의 계보를 이룬다.

또 하나의 의문은 태양신인 아마테라스 오미카미와 곰 토템 사상인 고목신이 어떻게, 어째서 손을 맺게 됐을까 하는 것이다. 그 비밀은 일본 고대사관의 근저인 『고사기』와 『일본서기』의 내용에 있다. 『고사기』는 712년에, 『일본서기』는 고사기보다 상세한 것으로 720년 완성됐다. 두 사서는 당시 정치권력을 잡은 측에 좋도록 만들어진 것임을 오늘날에도 부인할 수 없다. 조선을 부인함으로써 일본 왕실 혈통의 뿌리를 감추고 진실을 숨긴 것이다. 뿌리를 부인하기 위해 조선을 애써 무시하려는 그릇된 역사관은 전전(戰前) 교육에 반영되었고 그 체제를 유지할 대의명분과 권위를 과시할 필요 때문에 끝내는 대한(對韓) 침략사관으로 변질되어 오늘날에도 한일 문제의 큰 장애로 남아 있다.

다카모토는 일요일마다 한 번도 거르지 않고 역사탐방에 나서며 한국사 연구를 계속하고 있다. 내게 큰 도움이 되어 고대사 관련 희귀한 책들은 다카모토 씨를 통해 구해 볼 수 있었다.

「후지미야시타문서」와 『신황기』

일본 고대사 전적으로 『고사기』나 『일본서기』와는 다른 『수진전(秀眞傳)』『상기(上記, 高千穗高天原朝史)』「후지미야시타문서(富士宮下文書, 신황기, 富士高天原朝史)」『다케우치(竹內文書, 北陸飛彈朝史)』와 『구카미문서(九鬼文書, 出雲高天原朝史)』가 있다. 이들은 널리 공개되지 않았던 비서(秘書)들이며 흠결된 부분이 있어서 여럿을 종합해 읽어야 대체를 알 수 있다.

일본 역사의 상반부는 바로 한국 역사다. 근래에 와서 미와 구니미쓰(三輪邦光), 아고 기요히코(吾鄕淸彦), 가시마 노보루(鹿島昇), 요시다 하치로우(吉田八郞), 마쓰모토 젠노스케(松本善之助) 같은 일본 학자들이 이들 문서를 연구했다. 그 내용은 일본 왕조의 발생이 일본열도에서 자생한 것이 아니고 대륙인 한국에서 건너갔다, 즉 단군 이래의 한국이 일본 왕조의 발상지이고 실크로드라는 것이다. 일본에서는 이를 상(上)가야 왕조사라고 지칭하며 한국의 고대사와 일본 역사의 접점을 찾는 중요 자료로 한국의 『환단고기』가 덧붙여진다.

나는 젊은 시절 중국 대륙에 가서 고적을 듣고 보아 고대 한인(韓人)의 주된 활약 무대가 지금의 중국 대륙이라는 것은 확인했지만, 일본 왕

189

「후지미야시타문서」의 답방을 주선한 재일한국인 이병창(왼쪽), 『신황기(神皇紀)』 저자의 아들 미와, 최태영(오른쪽). 책상 위에 놓인 책이 『신황기』다. ⓒ 최태영

조의 발상지가 한국이요, 한국이 그들의 실크로드라는 것은 일본에 가서 한국사 연구자료를 찾아다니다 얻은 지식이다. 우연찮게 이들의 연구를 접해 권력사에 불과한 『고사기』나 『일본서기』와는 다른 여러 가지 역사서가 일본 땅에 있다는 것, 『수진전』처럼 특수한 고대문자로 기록된 역사서가 있음을 알게 되었다. 그런데 이들 역사서의 발상이 단군조선사이고 또 한일 두 나라의 역사가 연접되어 있기 때문에 적어도 『환단고기』, 「후지미야시타문서(신황기)」『상기』「다케우치문서」『수진전』같은 다섯 가지의 비서와 30종의 일본 고대문자를 우리도 알아둘 필요가 있다. 여기서는 이들을 극히 간단하게 소개하겠다.

1988년 비서 중의 하나인 「후지미야시타문서」를 직접 보게 되었다.

이것은 나에게나 한국 사학계를 위해서나 매우 중요한 사건이었다.

1988년 4월, 일본 도쿄대학에 연구실을 가지고 오랜 연구 생활을 하고 있는 이병창 박사로부터 "일본의 연구자들이 이상한 이야기를 하는데, 한번 와서 실지로 만나 보고 현지답사를 하면 어떻겠냐" 하는 기별이 왔다. 이병창은 나의 오랜 친구인 영문학자 김주현 박사의 친구이기도 하다. 의사인 아들 최원철과 동행하여 곧장 동경으로 갔다. 이 박사가 "지금 한국에서 최태영이 왔는데 보여주어도 아무 탈이 없고 꼭 보아야 할 사람이다"라고 「후지미야시타문서」 연구자의 아들 미와 구니미쓰(三輪邦光) 씨에게 말했다. 그는 도쿄제국대학을 졸업하고 건축사무소를 경

1988년 4월, 일본 야마나시현 미야시타 씨 댁 비밀창고의 『후지미야시타문서』 확인차 방문한 사람들. 왼쪽부터 최태영, 나카구라, 미와, 미야시타 ⓒ 최태영

영하는데, 한국의 이병철을 숭앙하는 인연이 있고 이병창 박사와도 오래 사귀어 왔다. 이 박사 연구실에서 만난 그에게 나는 "대충 들었다. 귀물이다. 보겠다"라고 했다.

미와 부자는 모두 이병창 박사와 친분이 대단했기에 그의 청을 받아들여 내게 그 문서를 볼 수 있게 해준 것이다. 「후지미야시타문서」를 1200여 년간 소장해 온 미야시타(宮下) 가문의 당주 미야시타 씨와 후지 도서관 직원으로 「후지미야시타문서」의 연구와 발간에 협력하고 있는 나카구라(中倉) 씨에게도 성공적으로 연락이 됐다.

"멀리 한국에서 찾아온 손님을 안내하고 설명하도록 준비해 달라" 하고 미와가 부탁했다.

4월 15일 아침, 고색창연한 전차를 타고 후지산 기슭 야마나시현 요시다(吉田)시까지 갔다. 역에 나카구라가 마중 나왔다. 일행 5인이 후지산 밑 큰 강에 가로놓인 다리를 건너 미야시타 댁에 들어가니 정원에 꽃이 만발하고 경치가 매우 좋았다. 주인이 준비해 놓은 과분한 점심을 먹으면서 그 문서에 관한 이야기를 자세히 들었다.

이야기를 듣고 나서 집 옆의 대밭으로 갔다. 대밭 지하에 수상한 지하 통로가 있었다. 회(灰)로 만든 작은 건물 속의 철문을 열고 보니, 금고 안 자그마한 나무 서랍 속에 「후지미야시타문서」 두루마리들이 여러 개 차곡차곡 쌓여 있었다. 놀라지 않을 수 없었다. "이렇게 해서 보존했구나"라는 생각이 들었다. 몇 해 전 고려신사를 답사했을 때 본 약광, 고려 씨네 59대 족보와 역사도 나무상자에 보관된 두루마리였는데, 거기엔 첫머리가 없었다. 벌레가 먹었는지 알 수 없지만 아마도 그 첫머리는 언젠가 일부러 없앤 것 같았다.

「후지미야시타문서」는 미야시타 가문의 보물이다. 미야시타 집안에

1988년 4월, 미야시타 가문이 소장해 온 일본의 비서 「후지미야시타문서」를 확인하는 최태영(오른쪽). 문서보관함의 윗단에는 돌이 모셔져 있다. ⓒ 최태영

서는 대대로 "이 기록을 보는 자는 눈이 먼다"라는 말로 공개를 절대 금기시 하면서 미야시타 주택의 외양간 지하에 대대로 숨겨두었다가 최근에 다시 나무함을 짜고 보존해 온 것이다. 좀 먹은 것도 없이 첫머리부터 잘 보관되어 있었다. 고이 간직돼 있는 그 두루마리들을 꺼내 읽고 사진을 찍었다. 미와가 부탁하기에 그에게도 사진을 보냈다.

『후지미야시타문서(신황기)』는 일본 궁궐에서는 알 수 없었던 책이다. 당주가 1890년경 1200여 년간의 침묵을 깨고 미와 요시히로(三輪義凞; 미와 구니미스의 부친)에게 공개했다. 『미야시타문서』의 최초 연구자인 그는 메이지대학 법과를 나와 공증인을 하고 있었는데, 이 기록을 접하고는 경천동지하는 느낌을 갖고 공증인 직업도 내팽개치고 30년간 이 문서를 연구해서 1921년 『신황기(神皇紀)』로 출판했다.

이 문서는 백제계 한국인으로 7세기 일본의 실제 통치권자였던 소가 우마코(蘇我馬子)가 썼다고 하는데 그 사실을 숨기기 위하여 표면적으로는 중국인 서복(徐福)이 쓴 것으로 알려졌다. 소가 가문의 마지막 주자 소가 이루카(蘇娥入鹿)가 어떻게 정적들에게 살해되고 그 가문의 시대가 막 내렸던가를 생각하면 이런 위장이 이해된다.

『후지미야시타문서(신황기)』는 내용이 그다지 신적(神的)인 것이 없고 매우 합리적이며 대륙 한국의 일과 일본열도에서의 일을 구분하여 서술했다. 바로 백제인이 일본에 와서 일본인들을 깨우쳐 문화를 전하고 이어서 일왕이 되었다는 내용을 쓴 것이다. 몇 대부터 몇 대까지가 백제인이 즉위한 일왕인지 편년이 분명한 경계를 이루고 있으며 처음부터 끝까지 시대가 분명하다. 이에 비해 『상기』는 막연한 기록이어서 단군의 손의 73대 손이 진무(神武) 일왕이 됐다고 하고 있다.

당시 일본 신문은 『고사기』 『일본서기』를 뒤집는 진짜 역사서 『후지미야시타문서(신황기)』가 나왔다고 대서특필하였다. 조선 총독이었던 사이토 당시 내무대신이 이 책을 보고 감동하여 '후지문고' 고문이 되었는데 일본 국수주의파들이 크게 반발했다. 연구는 더 지속되지 못하고 1200년을 내려온 문서를 복원한 『신황기』는 군부에 의해 거짓 역사(僞書)로 몰렸다. 전후인 1980년에 와서 이 책은 다시 가시마, 아고, 나카구라 등의 노력으로 재간되었다. 미와 구니미쓰는 『역사와 현대』 1980년 여름호에 「『신황기』의 복간에 임하여」라는 글에서 이 문서를 연구한 부친과 『신황기』의 내력을 소상히 기술하고 있어 요약 소개한다.

아버지 미와 요시히로는 연구심과 정신을 이 한 가지 일에 집중했다. 처음 이 옛 문서를 읽었을 때 경천동지의 느낌이었다고 한다. 아버지는 그때 여러 천년을 거슬러 올라가는 상가야 왕조(한국과 일본의 상고사)의 존재를 알게 된 것이다. 『미야시타문서』에 비하면 『고사기』나 『일본서기』는 허구일 뿐 사서라고 할 수도 없는 것이다. 이제까지 사람 눈에 뜨이지 아니했던 이 비서(秘書)는, 아버지와 미야시타 가문과의 사이를 밀착시켰다. 미야시타 집의 외양간에서 아버지는 그 문서의 해독을 시작한 것이다.

이리하여 아버지의 평생 사업은 정해졌다. 이 문서를 정리하여 세계에 자랑할 일본의 국사를 써서 남기고, 세상에 묻지 아니하면 안 된다는 결심은 순수한 애국적 지성(至誠)에 의한 것이다. 그 후 30년에 걸치는 연구 결과 1921년 『신황기』라는 이름의 책이 되어 세상에 나왔다. 아버지는 유지와 연구가들을 모아서 1922년 재단법인 후지문고를 창립하여 이사장이 되고 당시의 내무장관 사이토(齋藤實)가 수석고문이 되었다(이사 미야시타 등 6인, 고문 9인).

이 책에는 일본 국토에 이주하기 이전의 통치자들(신황) 이름을 기재하고, 뒤에 신황이 일본 땅에 온 후의 역사는 신황과 그 황후며 친족의 이름까지 기록하고, 그때 다스린 내용과 지명일람도, 지도까지 첨부한 것이다. 아버지는 그때까지 신비적으로 전해진 『고사기』나 『일본서기』에 의한 일본 역사를 사실(史實)로 하여 기술하고 가공의 신화에 역사적 근거를 준 것이다.

이야말로 사학의 원년(元年)이요, 빛나는 상가야 왕조사의 정당한 복권이었다. 국사를 과학으로 배우고 일본 민족으로서 자부심을 가지면 『신황기』를 부인할 아무 이유가 없을 것이다. 출판에 즈음하여 옛 글자와 어려운 글자의 인쇄가 극히 곤란했으나 한자라도 오자, 오문이 없도록 발간을 급히 서둘지 않고 신중을 기하여 엄밀히 원고를 교정했다.

『고사기』 『일본서기』보다 약 1백 년이나 먼저 쓰였고, 후에 야마다이국(邪馬臺國) 논쟁을 일으킨 『위지(魏志)』 「왜인전(倭人傳)」보다도 50년 일찍 써진 『신황기』는 『고사기』보다 앞선 비신화적이고 비허구적인 역사가 나타났다고 해서, 당시 전국의 신문 잡지가 일제히 논설을 쓰고 절찬하였음은 당연한 일이었다.

그러나 『신황기』의 발간은 『고사기』 『일본서기』를 일본사의 바이블로 맹신하고 이것에 의하여 국민을 속이고 사학을 가장하고 있던 학노(學奴)들을 극도로 자극한 것이 되었다. 『고사기』 『일본서기』에 기생하는 교직과 신직의 학노들은 실직하게 될까 봐 맹렬한 반론을 일으켜 "『신황기』는 일본 국사를 파괴하는 위서"라고 몰고 이 책을 말살하지 않고는 견딜 수 없게 되었다.

당시의 군부는 허구의 신국(神國)사상을 만들어 무모한 침략전쟁으로 일본 국민을 이끌어 가고 있었다. 군인들은 『신황기』 역사책에 나와 있듯 일본 왕가가 조선에서 이주했다는 사실을 좋아하지 아니했다. 인정하려 들 능력도 없었다. 이 때문에 군부는 학노들을 지지한 것으로 짐작되지만 이 당시 군의 명령은 사람의 일생을 지배하는 것이어서 아버지는 침략전쟁에 눌려 죽었다고 해도 과언이 아니다. 『신황기』에 위서라는 낙인을 찍는 것은 진리에 대한 테러이지만, 학노와 군은 그런 일을 실행했다.

재단법인 후지문고도 탄압되어 활동정지 명령을 받고, 동지들은 수십 년에 걸친 연구결과를 서고에 잠재워 두고 묵묵히 헤어졌다. 그리고 대지진이 서류를 불태웠다. 진실의 등불은 이렇게 꺼져 버렸다. 아버지는 그가 연구한 사서가 장사(葬死)되는 것을 지켜보았던 것이다. 『신황기』에 반대하는 난폭자들은 수천 년을 지켜 온 조국의 파멸을 향하여 전쟁으로 달려갔다. 아버지 한 사람으로는 이 대세를 막을 수 없었다.

나는 이제 아버지의 『신황기』를 다시 출간하여 아버지가 발견한 진실을 세상에 호소하려 하고 있다. 과거 일본 민족의 파멸은 위사(僞史)에 의하여 생겼으므로 일본 민족이 살아남기 위해서는 거짓 역사를 버리고 진실을 교훈으로 하며 미래를 구하지 아니하면 안 된다고 생각한 때문이다.

상가야 왕조사인 『신황기』의 복간에 임하여 어려웠던 시기에도 『신황기』를 몸에 간직해 온 친족과 현 내의 유지와 미야시타 가의 당주 이하 여러분과 아버지 별세 후 30년에 걸쳐 그 연구를 계속한 분들의 협력에 감사를 표한다.

1980년 3월 28일
미와 구니미쓰

한국 사학계에서는 나의 『후지미야시타문서』 답사를 진지하게 받아들이는 것이 아니었다.

서울에 돌아와 내가 『미야시타문서』를 보았다고 발표하니까 국내 한 사학자가 댓바람에 미야시타 씨에게 쫓아가 다짜고짜 자기에게도 보여 달라고 했다가 "그런 것 없다"고 거절당했다. 일본 학자들조차 이 문서를 직접 본 경우가 드물며 나는 이병창 박사의 주선이 없었더라면 이를 알지도 못했을 것이다. 그러자 국내 사학자들은 내가 있지도 않은 이야기를 꾸며 냈다고 몰았다. 아들 미와 구니미쓰와 『신황기』 현대문 발간에 애쓴 나카구라 시계루(中倉茂)를 초청해 『미야시타문서』 탐사보고회를 가지기로 했는데 국내 사학계의 방해를 받아 무산됐다. 반면 일본에서는 기존의 『고사기』나 『일본서기』와는 다른 이 고대사 자료를 연구하고 많은 자료를 제시했다. 1999년 2월 들어서야 『후지미야시타문서』 답사기가 학술원통신지를 통해 간략하게 첫 공식 보고되었다. 송곳 끝이 들어간 것이다. (『대한민국학술원통신』, 1992. 2)

『상기』와 「다케우치문서」, 『수진전』

　　『상기(上記; 우엣후미)』와 「다케우치문서(竹內文書)」는 똑같은 내용의 표리와도 같다. 『상기』는 일본 궁내성 문고이고, 「다케우치문서」는 다케우치 고마로(竹內巨磨) 개인소장 문고로 전해져 왔다. 『상기』는 『고사기』가 몇 대를 압축한 것을 여러 대로 펼쳐서 설명한 것으로, 『고사기』 계통에 속한다고 할 수 있다. 단군의 손이 일본에 건너와 그 73대 손이 신무 일왕이 되었다는 내용이다. 요시다의 설명은 다음과 같다.

　　"『상기』에 의하여 계산하면 일본의 진무(신무)천황은 니니기 이래 상가야 왕조의 제73대이다. 진무의 조부가 제70대, 진무의 아버지가 제71대의 황태자 좌야지명(佐野之命)이다. 72대는 진무의 형으로 갇힌 몸으로 즉위하여 전사하였고, 73대 진무가 왜를 개국하여 일본 제1대 천황이 된 것이다."

　　이 말은 진무가 단군의 후손으로 일본에 온 사람의 73대 손이란 설명이다.

　　1920년대 나를 아껴 주던 메이지대학의 스승 사사가와 박사는 당시 일본 대궐에 있는 고서를 모두 본 학자였다. 그 당시 상세한 말은 안했어도 사사가와 박사는 "네가 하는 한문과 옛글 그게 바른 것이다"라고 했다. 직접적인 지적은 아니라 해도 의미심장한 암시를 던지는 말이었

198

고, 나는 확신을 얻었다. 『상기』를 본 사람이 쓴 책을 내가 가지고 보았다.

가시마가 말하는 「다케우치문서」는 이러하다.

"실크로드 역사로 말하자면, 그것은 일본 국내의 역사는 아니다. 「다케우치문서」는 단군 국가를 기술하고 있다. 그것이 일본열도의 역사를 기록한 것으로 보는 것은 무리다. 다만 거기서 왔다거나, 그곳을 통과해서 왔다는 것은 부인할 수 없다. 주민 이동의 결과 망명지이자 분국인 이곳으로 이동한 것이 된다."

단군조선에서 일본으로 간 사람들이 단군조선의 역사와 그 이전의 실크로드 역사를 일본의 일로 기술했다고 보는 것이다. 『미야시타문서』의 경우는 대륙 시대임을 분명히 밝히고 있다. 그러므로 이들은 일본열도의 역사가 아니라 일본 민족의 역사라고 생각하면 좋다. 다케우치 고마로 씨가 소장하고 있는 「다케우치문서」 또한 위서라고 해서 탄압을 받았음은 물론이다.

『수진전(秀眞傳)』은 우수한 진짜 전기 역사라는 뜻이다. 상가야 왕조사의 뿌리는 『수진전』에 근거한다. 『일본서기』의 원전이라고 한다. 마쓰모토가 근년에 도쿄의 골동상에서 『수진전』 원전의 일부를 발견했다. 소장자의 친척 한 사람이 일부를 빼내 골동상에 내놓아 알려지게 된 것이다. 근본을 찾아 들어가니 아차 한발 늦어 후손들이 그동안 잘 간수해 오다가 "조상들이 물려준 책 더럽히면 안 되니 불을 놓자"라고 해서 상당 부분을 태워 버린 직후였다.

1980년 각 방면의 연구자가 7인이 넘게 모여 『수진전』의 여러 문제를 토론한 월간 『역사와 현대』 여름호 좌담회 내용을 빌어 『수진전』을 설명하겠다.

『수진전』은 「천」 「지」 「인」의 세 권으로 되어 있다. 처음의 두 권은 오모노누시 쿠시미카타마(즐옹옥명; 櫛甕玉命)이, 역사적 문서 부분은 오타 타네코(大田田根子)가 편했다. 예부터 역사서를 만드는 것은 대체로 정권이나 왕조가 변한 때이다. 신의 체계와 왕의 체계를 하나로 짜낸 왕권의 권리증서 같은 사서로서, 오늘날의 사학이 상정하는 사서와는 거리가 먼 것이다.

일본에서는 계도(系圖) 위조가 주제가 된다. 오타 타네코는 왕조가 바뀌며 난이 일어나자 신구 양정권이 다 만족하도록 사서를 만들어서 한 계통의 왕조가 존재한 것처럼 만들었다. 내란을 평화적으로 수습하기 위해 타협하여 역사를 위조한 것이다. 『수진전』의 형성연대는 오모노누시 쿠시미카타마가 야요이 시대쯤 만든 것을 그 후 미와(三輪秀聰)이 적당히 선집해 「인(人)」의 권으로 만들었다고 보고 있다.

『수진전』의 주요 주제 또한 "일본 역사가 아닌 한반도와 실크로드의 역사이고, 그 역사를 일본사로 차용했다"라는 것이 가시마의 말이다. 이에 대해 아고는 "모든 것이 이입된 것은 아니며 순수한 일본 것도 있었다"라면서 이는 중요한 것이기 때문에 원문을 정밀히 점검해야 할 것이라고 했다. 수정된 부분이 있다고 인정하기는 아직 이르다는 것이다.

그렇다면 『수진전』은 『일본서기』의 제기 구사(帝紀 舊辭)와는 어떤 관계에 있는가. 마쓰모토는 다음과 같이 말한다.

"『수진전』이 바로 『고사기』 『일본서기』의 제기 구사는 아니다. 훨씬 더 전에 『수진전』은 한문으로 번역돼 있었다. 그 시기는 한자가 일본에 들어온 오진천황 때쯤일 것이다. 그때 활동하던 귀화인(바다 건너온 한국인)들은 일본 내의 여러 가지 옛 것들을 바르게 이해할 수가 없었다. 또한 그 당시의 귀족 자체가 귀화인들과 같은 사고를 하는 자들이었으므로 일본의 고대 전통을 충실하게 남기지 않았다. 그래서 『수진전』이 한문 번역된 오진천황대 제1기에는 벌써 그 내용이 10분의 1쯤으로 압축, 삭제되었다고 본다. 그 삭감된 것을 본으로 삼아 이번에는 쇼토쿠(聖德) 태자가 손댄 것이 『고사기』 『일본서기』의 본이 되었으리라. 여기에 일본 내 호족들 역사가 합해져 『고사기』 『일본서기』가 되었다고 이해할 수 있다."

가시마가 말했다.

"바다를 건너간 한인들은 귀화가 아니라 도리어 일본의 본체였다(저자 주: 이 말에 청중들은 웃었다고 기록돼 있다. 1980년 일본의 일반은 바다 건너온 한국인들이 일본의 본체라는 가시마설은 과도하다 생각하는 모양이다). 그러면 선주민들은 어떻게 되었을까. 그 시점에서 선주민은 거의 다 피살되었다고 밖에 생각할 수 없다. 따라서 이들이 수사(修史)에 영향을 줄 수는 없었을 것이다."

『수진전』이 써진 문자는 지금의 가나가 아닌 고대문자이다. 일본의 고대문자 도요쿠니 고자(豊國古字)보다 새롭고 인간의 지식이 상당히 발달된 시기의 표음문자 중에서도 자음·모음으로 된, 가장 발달된 구조의 문자이다. 한인(韓人)들은 부여·고구려에 와서 한자를 사용하기 전 단군시대에 이미 한글의 원형인 가림토를 사용했다고 『단군세기』에 기록돼 있다. 최후에 생긴 가림토가 『수진전』 문자라고 이해하면 좋으리라 생각한다.

일본의 『환단고기』 연구

전후 일본에서는 고사·고전의 연구가 활발했는데 한국의 사서 『환단고기』를 접하고 그 내용이 일본의 고대사를 말하는 상가야 왕조사와 부합됨을 주목하게 되었다. 아고 기요히코는 『환단고기』와 고대 일본사가 접속되는 부분을 「아시아의 비사 - 지보 환단고기」라는 글로 『역사와 현대』 1980년 여름호에 연구 발표했다. 실크로드사 연구가인 가시마 노보루는 『환단고기』를 한국보다 먼저 일본어로 번역 출판했다. 다수의 고대사 전문가들이 "일본의 고사·고전은 『환단고기』와 그 내용이 합치되며 『환단고기』와 비교 대조해 보아야 알 수 있다"라고 말한다. 1985년 발행된 『환단고기』는 이암의 『단군세기』를 포함, 『삼성기』 『가섭원부여기』 『태백일사』 『북부여기』의 다섯 책을 함께 묶은 것이다.

상가야 왕조라는 것은 서기전 약 3890년경에 개시한 환국의 신시시대 환웅 18대와 서기전 2333년에 창건한 고조선의 단군 47대와 서력기원 이후 실크로드를 지배한 부여, 고구려, 신라, 백제로 이어지는 위대한 혈맥이다.

상가야 왕조는 적어도 일본열도에 존재했던 왕조는 아니다. 일본 민족의 뿌리이기도 하지만, 그것은 조선과 실크로드, 중동에 걸쳐 있는 역사일 뿐이다. 그 왕조의 사람들이 일본으로 옮겨 오면서 역사의 텍스트도 가지고 왔고, 지명도 그대로 옮겨 왔다. 그런 상가야 왕조를 부인하는 것은 사실은 일본 왕가가 섬나라 왜에 자생한 미개한 민족의 자손이라는 식으로 계도 위조를 하는 것밖에 아무것도 아니라는 것이 가시마의 비판이다. 다음은 계속 가시마의 의견이다.

"상가야 왕조를 부인하면서 상가야의 위대한 혈맥이 일본에서 자생한 것이었다고 하는 거짓 역사에 의하여 메이지 이후 일본 왕가가 외압에 대한 공포심을 완화해서 일본 민족의 단결을 유지하고 고도의 자본주의 국가를 형성한 것은 무리이긴 했어도 역사 위조의 공적이었다고 할 수 있다. 그러나 역사의 허구는 이상한 정황을 만들어냄으로써 많은 희생자를 내게 되었다.

우선 일본 왕가가 자생 왕조라는 허구에 대하여 가장 큰 위협이 되는 것이 한국의 사서들이었다. 이에 조선총독부는 교토제국대학의 이마니시 류를 중심으로 오랜 기간에 걸쳐 한국의 모든 역사적 자료를 약탈했다. 쓰시마 종가(宗家)에 전래하는 사서도 몰수하여 일본 궁내성 문고 안에 감추어 버렸다. 더 지독하게는 한국인들이 대대로 소장해 온 역사책을 각지의 관청을 동원하여 빌리는 형식으로 모아들여 불태워 버렸다.

조선총독부 직속기구로 조선사편수회를 설치하여 일본인 정무총감이 회장이 되고 이완용이 고문의 두목이 되어 장기간에 걸쳐 왜곡된 『조선사』를 완성했다. 이마니시 휘하에 한국인 학자 이병도, 신석호를 두어서 한국사 편찬작업을 했다. 동시에 일본 교토대학으로 가져간 한국 사서 『삼국유사』에는 "옛날에 환국(桓國)이 있었다"라는 문장이 누군가의 손으로 "옛날에 환인(桓因)이 있었다"로 고쳐져 있었다.

일본인들은 오래전부터 한국을 침략하려는 계획을 세우고 어용학자들은 거짓 역사를 만들기 위한 비뚤어진 학설을 주장하였다. 메이지왕의 명령으로 헌병대장 사가와 가게노부(酒勾景信)가 광개토대왕비에 새긴 원글자를 깨뜨리고 회를 발랐다. 군부에서는 그렇게 탁본한 비문의 연구, 해독에 힘을 기울였다.

일본 내에서도 『후지미야시타문서』는 위서로 몰리고 그 연구자 미와 요시히로는 억압을 당하고, 「다케우치문서」의 소장자 다케우치 고마로도 탄압을 받았다."

가시마는 나당연합군에게 패한 백제의 왕자 부여풍이 일본왕 덴지(天智)천황이 된 뒤 일본 역사를 편찬할 때 상가야 왕조사를 말소하고 한반도에서 이도국(伊都國, 야마다이 국)에 침입한 사실을 숨기고 일본 왕가가 일본열도에서 자생한 것처럼 역사를 조작했다고 말한다.

"오늘날 한반도를 포함해 『고사기』 『일본서기』가 일본열도의 진짜 사서라고 믿는 사학자나 고고학자는 없으리라. 덴지천황이 분명히 한국인이라는 사실은 『고사기』 『일본서기』의 기본 구조를 좌우하는 중대한 기록이다. 황통사가들이 이를 무시한 것은 현명하긴 해도 사가(史家)로서는 악마에게 혼을 팔아먹은 것이었다. 그 외의 천황도 백제인이므로 『고사기』 『일본서기』의 주체는 백제사의 일본어 역에 불과한 것이다.

현대의 매스미디어와 그 옛날 백제인과 후지와라 후히토[2]의 『일본서기』 편찬은 거의 동일한 수법을 사용한 것이다. 미구에 일본인의 후손들은 일본국 패전의 역사를 미국 사신 맥아더가 일본에 내조한 것이라

주 2. 후지와라 후히토(藤原不比等)는 백제 사람이 찬한 『일본서기』의 추후 공동 저작자로 알려진 인물이다.

고 서술할지도 모르므로 그 옛날 역사 편찬자의 지혜를 지금 웃어 버릴 수가 없다. 승리는 과장하고, 패배는 고쳐서 개서하고, 망명은 서술하지 않는다는 수법이 역사를 작성하는 기본 원칙이었다. 그리고 당의 지시에 따르고 신라에 아부하여 일본은 상가야 왕조사를 말소하고 허구의 일본사 작성에 착수하게 된 것이다."

가시마는 계속 다음과 같이 말한다.

"일본의 거짓 역사는 살아서 이어지고 있다. 거짓 역사 신디케이트는 권력을 잃긴 했어도 여기에 기생하는 학노들은 국민을 속이고, 그 일에 의하여 생활을 계속하지 않으면 안 되기 때문이다. 한국에서는 조선총독부의 분서에도 불구하고 상가야 역사로 생각되는 『환단고기』를 전해서 일본사의 진상을 해명하는 데 성공했다.

『단군세기』와 『태백일사(太白逸史)』의 「번한세가(番韓世家)」에는 왜인의 뿌리라든지 이도국(邪馬帶國) 문제 등 일본 고대사의 최대 관심사가 모두 기재되어 있다. 잃어버린 상가야 왕조의 역사는 이제 『환단고기』에 의하여 불사조처럼 소생한 것이다."

아고는 「아시아의 비사 지보 『환단고기』」에서 이렇게 말한다.

"『환단고기』의 여러 사서와 왜, 즉 고대 일본사와의 접점에 많은 주목을 하게 됐다. 18개의 접점 중 몇 가지는 다음과 같은 것들이다. 두주의 예읍이 반하므로 그 추장 소시모리를 목 베었다, 샨(혹은 섬, 섬승노, 배폐명)을 보내어 해상을 토벌하게 했다, 일본에 서시(徐市)의 묘사(墓祠)가 있다고 한다(市는 福의 혼음이다), 소도경전본훈(蘇塗經典本訓), 천부경(天符經), 기타 등이다."

가시마도 이 부분을 강조한다.

"『단군세기』의 소시모리는 일본 기록 『신대기일서(神代紀一書)』에 스사모리로 되어 있다. 이 표음이 스사노오노에 연결되어 『일본서기』의 전설로 되었다는 것을 알 수 있다. 즉 조선말의 소머리(牛頭)이다. 지금도 강원도 춘천에 소머리산이 있다. 그러나 소시모리는 신라의 도읍지였던 경상북도 경주에 해당한다. 그들이 조상의 땅으로부터 이동함에 따라서 스사모리라는 지명도 따라 옮겨진 것이다."

민족 이동은 그 생존에 필요한 조건을 채우는 운동이다. 니니기가 쓰쿠시 히므가(筑紫日向)의 다카치호(高千穗) 구시후루(久土布流多氣; 한국 김해의 김수로왕이 나타난 구지봉과 그 발음이 같다) 산봉에 내려와서 '이곳이 길한 곳'이라고 한 것도 고대 민족 이동의 한 형태이다. 역사를 언어학적으로 생각할 때 민족 이동과 지명 천이는 피하여 통과할 수 없는 것인 고로 3세 단군 가륵이 예의 추장을 친 소시모리는 '예(왜)인의 원향(原鄕)'이다"라고 가시마는 풀이하고 있다.

『환단고기』에 대한 아고의 평가는 이렇다.

"『환단고기』는 『단군세기』를 비롯해 『태백일사』 등 조선을 중심으로 한 비사(秘史)이지만 만주, 몽고, 중국을 위시해 멀리 서역까지를 무대로 하는 상고사이다. 거란 고전과 아울러 읽으면 고대 일본 민족의 걸어온 길을 밝힐 수 있다. 『삼성기 전(前)』과 『단군세기』의 첫머리에는 신화적 요소가 들어 있는데 이는 한민족의 우주관 세계관 또는 신관으로서 연구될 만한 것이다. 그런 의미에서 『환단고기』는 철학·종교의 서(書)이기도 하다. 그렇게 고찰할 때 『환단고기』는 사서로서 높이 평가되는 동시에 문화서로서도 독자적 지위를 차지하는 것이다."

가시마는 『왜인흥망사(倭人興亡史) 1, 2』와 『실크로드의 왜인』에서 이렇게 설명하고 있다.

『태백일사』는 다분히 저자 이맥(李陌)의 사안(史眼)을 거친 조선 중심의 아시아사라고 할 터인데 내외의 문헌이 51종에 걸쳐 인용되고 있다. 그만큼 높이 평가되어야 할 책이며 우리들이 배울 것이 많이 있다. 이맥이 『태백일사』를 저술한 1520년은 일본으로선 무로마치(室町) 시대로서 전국시대가 되어 참담한 암흑시대로 들어가지만 조선에서는 이씨 왕조의 발흥기가 된다. 이맥은 괴산으로 유배가서 근신하던 중 고서를 섭렵하여 『태백일사』를 저술했다.

일본의 고대 사서와 『환단고기』가 연계된 일본 내의 연구는 우리에게도 많은 자료를 제시해 준 것이 되었다. 일본인의 문제는 백제인 왕을 백제인으로 인식하지 못하고 백제와 일본을 구별하지 못한 채 일본왕은 이제까지 전부가 한 핏줄의 일본인이라고 생각하는 것이다. 앞으로 한일상고사 연구가 어떻게 전개될지, 일본 학자들이 이를 어떻게 해석하고 진실을 지켜갈지 등을 주목해 보지 않으면 안 된다.

산목, 전목, 가림토와 한글

이맥의 『태백일사』에 "신시에는 산목(算木)이 있었고 치우에게는 투전하는 전목(佃木)이 있었으며 부여에는 서산(書算)이 있었다"라고 되어있다. 산목은 1에서 10까지의 수를 단위로 한 것으로 바닥에서 구르지 않도록 한 뼘가량의 연필 같은 나무를 세모꼴로 다듬은 것이다. 내가 어렸을 때 할아버지께서 손기름에 곱게 절은 산목을 주산판과 함께 두고 실제 사용하시는 것을 보았다. 아무 글자도 새겨져 있지 않으나 세우면 5가 되고 뉘이면 1이 되어 흔히 몇 개씩 묶어 놔두고 썼다. 나도 산목으로 간단한 가감법 계산을 하는 데 사용했다.

전목은 가림토(加臨土)와 함께 연구해야 할 부분이다. 두꺼운 종이를 길게 잘라 기름을 먹여서 빳빳하게 하고 단군시대 그림글자를 새긴 것인데 가림토보다 더 일찍부터 있었던 것으로 보인다. 그 뜻은 국내에서도 이렇다 하게 연구된 바가 없다. 전목은 산목과 함께 투전에 쓰여 나 때도 시장에서 흔히 볼 수 있었다. 우연한 기회에 나 자신이 만져보기까지 했다. 1919년경 어느 날 밤 동네 사랑에 있을 때 무언가 털썩 떨어지는 소리가 났다. 나가 보니 전목이었다. 도박꾼이 지나가다 한 벌을 던지고 간 것이다. 주워다 들여다보고 나도 알게 됐다.

투전은 4인이 같이하는데 전목 1, 2, 3, 4, 5, 6, 7, 8, 9, 10, 열 장을 각 6매씩 60패를 4인이 나누어서 같은 것이 나오는 대로 자꾸 바꾸는 것이다. 패를 먼저 다 모으게 된 사람이 이기며, 그럴 때면 "동동(同同)이 어쩌구-" 하고 큰 소리로 노래했다. 도박가라고 할 것이다. 전목은 하나를 오래 쓰면 암호표가 생길 수 있기 때문에 속임수를 방지하기 위해 판마다 반드시 새것으로 교체해 썼다(이런 것도 일찍부터 발달한 것 같다).

단군 초기에 가림토가 만들어졌음을 분명히 해야 된다. 한글이 거기서 나온 것이 사실이다. 우리 한글은 서로 뚫는 획이 없다. 놀라운 조화이다. 일본 고대 가나는 31종이 되는데 대부분은 이런 가림토를 갖다가 모양을 변형해 만들었지만 이런 원칙을 그대로 유지하지는 못했다.

『단군세기』에 3세 단군 가륵이 경자 2년(서기전 2181년)에 을보륵(乙普勒)에게 명하여 정음 38자를 만들어 이를 가림토라고 하니 그 글은 다음과 같았다.

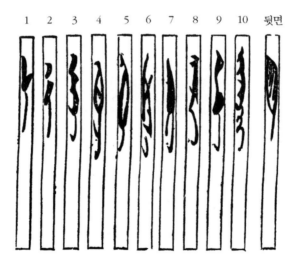

1920년대 전목의 앞뒤에 그려진 그림. 출처: 이마무라 도모(금촌병(今村鞆)) 지음, 『조선풍속집』, 1919년 3판, p. 247

가림토는 1442년 38음에서 10자가 준 28음만으로 세종의 한글로 재생했다. 위의 첫줄 13자 중 끝의 2자는 세종의 한글에는 없다. 둘째 줄과 셋째 줄의 23자 중에는 세종의 한글에 없는 것도 있고 더 있는 것도 있다. 세종의 한글 창제 이후 5백 년이 지난 현대에는 세종의 한글 28자 중에 음성이 없어진 4자(자음 3자와 모음 1자)를 추려 내고 24자만 사용하고 있다.

가림토 38자

일찍이 한국을 위시해 각국에 여러 가지 고유한 문자가 있었다.

신시시대 환웅은 기원전 39세기에 신지 혁덕에게 명하여 서계(書契)를 만들게 했다고 『태백일사』에 기록돼 있다. 사냥 가서 놓친 사슴과 새의 발자국을 보고서 후일 기억하기 위한 방편으로 만든 것이다. 신시(神市)의 녹서(鹿書), 자부(紫府)의 우서(雨書), 치우의 화서(花書) 등은 이제 그 모양을 알 수 없지만 전문(佃文), 서산(書算), 산목 따위는 모두 한국 고대문자의 흔적이다.

당나라 조정에서 해독하지 못한 발해의 글을 중국 시인 이태백 혼자 해독했다 하고, 신라 헌강왕 때 보로국(寶露國, 여진)과 흑수국(黑水國)인이 '신라인과 화통(和通)하려 한다'는 뜻의 문자를 나무 조각에 써서 나무 가지에 걸고 간 15자로 된 화통(和通)문서가 있었다. 또 고려 광종 때 월국(越國)에 가 있던 접반사(接伴使) 장유(張儒)만이 해독하고 한시

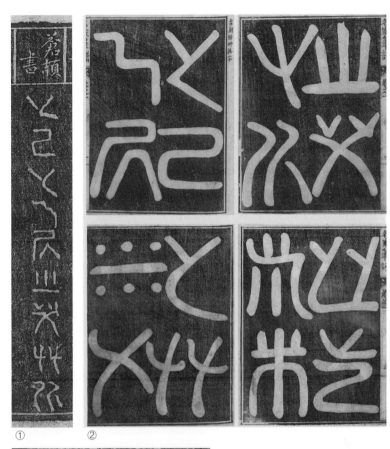

① ②

③

한국과 관련된 고문자들
1. 창힐 글씨 – 박문회(朴文會) 편,
『고금역대법첩(古今歷代法帖)』, 1859
년 발행, p. 9. 국회도서관
2. 신지 글씨 – 백두용(白斗鏞) 편,
『해동역대명가필보(海東歷代名家筆
普)』, 1926년 한림서림 발행, pp. 25-
28
3. 경남 남해군 상주면 양아리 바윗
돌에 새겨진 고대 글씨. 그 뜻이 전혀
알려지지 않았다. ⓒ 이순희, 2017

(漢詩)로서 풀어 설명했다는, 거문고 뒤판에 써서 떠내려 보낸 문자, 최치원이 신지의 옛 비에 새긴 천부경을 얻어 세상에 전했다는 글 따위가 모두 그 흔적들이다(이시영 저, 『감시만어(感時漫語)』참조). 원시 한글 가림토는 한글로 되살아났지만 만주, 몽고 등 고대 국가의 고유 문자들은 중국 한(漢)문화에 매몰되고 말았다.

『수진전』의 고대 가나와 가림토 한글

근년에 『수진전(秀眞傳, 호츠마)』 원전을 발굴하고 연구에 전념하는 마쓰모토 젠노스케(松本善之助)의 저서 『수진전』을 읽었다(지금까지 다른 학자들이 번역 발표한 『수진전』은 한자본에서 옮긴 것으로 짐작된다).

나는 『수진전』 원전의 문자가 특별하다는 것을 아는 정도였는데 이후 일본 고대문자와 원시 한글 가림토의 관련 여부를 주목하게 되었다. 1992년 어느 날, 버릇대로 자다 깨어 머리가 맑아진 시간 문득 『수진전』 문자에 대한 의심이 들었다.

"다른 모든 일본 고대문자가 한글의 모방내지 영향인데, 어찌하여 『수진전』 문자만이 유독 그렇지 아니할 수 있겠느냐"는 것이었다. 내가 그 문자의 진상을 깨우치지 않고는 견딜 수가 없었다. 곰곰이 생각한 결과, 그 문자의 진상을 단시일에 알아냈다. 그것은 한글의 내용 그대로이며, 프로토 한글인 가림토에서 간 것이다.

나는 바빌로니아 함무라비 법전이나 아시리아, 수메르 등의 고대법을 비교 연구하며 얻은 문자 상식이 있었다.

우리 한국에는 중국 한문 외에 삼국시대를 전후하여 한자의 음과 뜻을 섞어서 만든 이두(吏頭)와 단군시대 을보륵이 만든 초성·중성·종성 38자로 된 원시한글 가림토가 있었다. 또 가림토를 본원으로 하여 세종 당시 실제 사용하고 있던 것만 추려서 정리한 28자 훈민정음과 그 후 사용하지 않게 된 몇 글자를 더 추려낸 현행 한글이 있고 산목과 전목이 있다.

일본에는 한자에서 차용한 글자인 가다가나와 히라가나 외에 신자(神字)니 의자(疑字, 의심스러운 글자)니 하는 고대문자가 31종이나 있다. 일본의 고대문자에 대한 마쓰모토의 주장을 추려 보면 다음과 같다.

"현재 일본말에는 순수한 화어(和語)와 한자에 맞춘 것이 있는데, 한자에 맞춘 것 중에는 무리하게 맞춘 것도 있다. 히라다 아쓰타네(平田篤胤)의 일본 상고문자 연구서 『신자일본문(神字日本文)』에 『수진전』 문자를 포함해 31종의 신대(神代) 문자가 실려 있다. 다른 도서는 이렇다 할 내용이 없다.

일본 학자들에 의하면 소위 일본 신자(神字) 31종 가운데 『다케우치(竹內)문서』와 『우엣후미(上記)』 문자는 동일한 도요쿠니 문자(豊國文字)를 쓰고 있는데 이는 저급한 것이라고 한다. 신자의 대다수는 조선 문자를 약간 고친 것이라고 해서 일찍부터 부정되었다가 최근 고대사 연구 물결을 타고 재등장하는 듯하다."

마쓰모토는 『수진전』 문자가 『고사기』 『일본서기』 이전의 가장 완전한 일본 고유문자라고 주장한다. 『수진전』 문자는 한눈으로도 그 외양이 한글과 아주 다르다. 과연 특이한 모양이고 또 가장 고급의 일본 고대 글자임에 틀림없다.

그런데 내가 알아본 바 『수진전』 문자의 모양은 한글과 다르다 해도,

표 1. 일본의 31종 고대 글자 중 가장 한글을 닮은 일종

그 내용은 한글 그대로인 것이다. 여기에 일본의 고대문자 중 모양이 한 글과 가장 유사한 것 한 종류와(표 1), 가장 특이한 『수진전』 문자 중 내가 일본 가나의 음순서로 추려낸 것을 소개한다(표 2). 나는 밤잠도 못 자고 『수진전』 문자의 진상을 연구하느라 애썼지만, 독자들은 내가 제

표 2. 『수진전』이 써진 일본 고대문자

시한 표 1, 표 2를 보면 당장에 알 수 있으리라고 믿는다.

독자가 알기 쉽도록 한글의 자음(초성)·모음(중성)·받침(종성)·합자(모듬 글자)와 비교한 『수진전』 문자를 표 3으로 예를 들겠다. 시가(詩歌)로 엮어진 『수진전』의 문자를 '아 이 우 에 오'로 추려 놓고 보면 일본말에 소용될 것만을 골라 'ㅏ ㅣ ㅜ ㅔ ㅗ'의 모음과 'ㅇ ㄱ ㅅ ㄷ ㄴ …'의 자음을 맞춘 것임을 독자는 단번에 알게 되리라고 믿는다. 일본에서 필요한 것만을 한글에서 뽑아서 그 글자의 모양을 아주 다르게 만든 것임을 쉽게 알 수 있다. 모음 안에 자음을 집어넣으면 글자가 만들어진다. 그 글자의 모양만 보면 한글과 아주 다른 것으로 보이지만, 실속은 자음과 모음으로 된 한글 그대로인 것이다.

또 한글에서 간 일본말 이두에 다음과 같은 것들이 있다. 『일본서기』

모음(중성)

한글	ㅏ	ㅣ	ㅜ	ㅔ	ㅗ
《수진전》	○	∧	△	ㄹ	ㅁ

자음(초성)

한글	ㅇ	ㄱ	ㅅ	ㄷ	ㄴ	ㅎ	ㅁ	ㄹ
《수진전》	·	ㅣ	ㅡ	Y	╋	∵	ㅜ	人

받침(종성)

한글	ㄴ	○

《수진전》

합자(모듬글자)

한글	야	이	유	예	요	와	워

《수진전》

표 3. 한글의 子母音인 초성·중성·종성과 비교한
『수진전』 문자 모음(中聲)

유라쿠(웅략)천황의 삼망 직후 즉위한 청녕천황 원년 10월조에 "임금이 (유라쿠천황이) 죽으니 옆에 있던 신하가 애호(哀號)하였다" 하였다. 여기의 '哀號'는 '아이고(あいごう)'로 발음한다. 이 세상에서 누가 죽었을 때 '아이고' 하면서 곡하는 종족은 한국인뿐이다. 한국인이 슬프게 곡하는 소리를 일본말 이두 '哀號'로 쓴 것이다. '이렇게 해놓고 어찌 살라고'란 뜻의 '정마호(玎麻乎, 우치사오, うちさお)' '사등롱(射等籠, 사라고, さらご), '몇 번'이란 뜻의 '하본(何本, 난본, なんぼん)'도 있다.

코벨의 한국 고대사 연구

나는 1999년 이전의 한국사 연구에서 중국과 일본측 사료만을 인용해 왔다. 그러다 구한말 이후 현대에 걸치는 서양 학자들이 쓴 한국문화 연구서를 보면서 그들과 나 사이에 공통되는 역사 관점을 다시 생각하게 되었다.

그리피스와 헐버트, 코벨의 연구를 굳이 소개하는 것은 나의 연구와 일치되는 사실을 지적해 놓음으로써 이들의 연구가 자칫 유명무실해지지 않도록 하려는 것이다. 일본 학자의 상가야 연구도 몇 권이고 맞춰 보아 얻어진 근거를 소개했다. 그렇게라도 하지 않으면 이들의 연구가 없어지고 말 것이란 우려가 있어서다.

존 카터 코벨(Jon Carter Covell, 1910-1996) 박사의 『한국문화의 뿌리를 찾아』에는 한국상고사와 관련된 학설이 제기돼 있다. 단군 이야기도 나의 연구와 연관된다. 369년 가야의 기마민족이 바다 건너 왜를 정벌했다는 주장은 일본이 우기는 소위 임나일본부설을 정면 부인하는 제3국 학자의 논리로 매우 중요하다.

우리는 아주 일찍 깬 민족으로 석기시대부터 다른 데서 들어와 요동과 한반도에 제일 먼저 정착했던 토박이 주인이었음은 단군 항목에서 말했다. 그렇다고 우리 민족이 가장 이른 문명을 이루지는 않았다. 바빌로니아, 수메르, 아시리아, 이집트 족은 우리보다 먼저 깬 문명 그루터기가 남아 있다. 우리가 어디서 왔는지에 대해, 최동(崔棟)은 그의 저서 『조선상고민족사』에서 아카드 수메르 족이 와서 정복한 것이라 하지만 난 그렇게 보지 않는다. 일본인 가시마가 말하는 이스라엘 족속이란 것도 당치않다. 그 문명과 우리가 관련은 있으나 그 족속은 아니며 어디서 온 것보다 요동에 선주했다는 사실이 더 중요하다.

우리 조상은 진시황대의 만리장성과 한무제의 한사군 설치 이후 요동에서 한반도로 밀려나면서 삼한을 이루고 일부는 일본으로도 갔다. 우리 민족이 일본으로 간 것은 이때부터이고 삼국 중 후진이던 신라가 몰아낸 우리 족속들이 왜로 가서 일본이라는 새로운 정권과 국가를 창출했다.

중국 문화를 처음부터 우리가 받은 것이 아니다. 중국이 우리 문화를 받았다. 우리는 요동지역에 먼저 왔고 당시 중국에 없던 고유문화를 가지고 있었다. 우선 우리와 중국은 그렇게 밀접한 관계이면서도 한글과 중국어는 언어구조가 완전히 다르다. 중국의 요임금이 순임금을 황태자로 삼아 왕위를 계승케 한 것은 그 당시 가장 중요한 치산치수의 기술을 가진 자가 한(韓)족밖에 없으니까 한족인 순을 요임금이 딸을 둘씩이나 주어 데려간 것이다. 유교를 말할 때 근원이 되는 요임금, 순임금이 우리 족속인 것을 맹자도 공자도 알았다.

은나라는 한(漢)족과는 상관없는 동이족이란 사실은 여러 문헌과 현대의 연구에서 일치한다. 최동이 이에 대한 연구 상황을 밝혀 놓았다. 은나라는 중국을 만드는 데 선도 역할을 했으며 중국 문화는 은에서 비롯됐다. 그럼 맞는다. 은나라가 망하니까 한(漢)나라로 합하지 않고 따로 떨어져 나온 인물들이 있었다. 백이·숙제가 그렇다. 은나라 족속 한

(韓)족일 것이다. 그렇게 하고 보면 한국 문화는 한국의 고유한 문화이
지, 중국 문화가 아니다. 중국도 철의 제련법이 발달했으나 중국은 굽는
데 반해 우리는 톱과 방짜 등 두드려 만드는 강철이 발달했다. 논농사,
구석기 유물 등이 전하는 것보다 오래다. 경기도 연천군의 구석기 유물
도 그 증거다.

　존 코벨과 앨런 코벨 모자는 요동과 동아시아 한반도 일대에 이미 우
수한 종족들이 청동기시대에 선주해 있었음을 알았다. 우리 문화는 중
국 문화와 다른 독자적인 것이며 한국이 중국과 동화되지 않은 별도의
문화를 가진 민족임을 주장했으며 한국 문화야말로 일본 문화의 근원
임을 그도 강조하고 있다. 단군의 실재 존재를 놀랍게도 간파해 냈다.
강화도 마니산에서 단군이 천제를 지낸 사실을 확인하여 현대의 강화
도 천제를 참관하고 현존하는 단군 초상을 미술사적으로 논한 글을 남
겼다. 그는 다음과 같이 갈파하고 있다.(Think about Tangun Story, 1983.
10. 1, Korea Herald; Today is Tangun's Ceremonial Birthday, 1980. 4. 30,
Korea Times)

　고고학자들이 10만 년 전에 한반도에 사람이 거주했다고 밝히는 것에 비
하면, 단군의 고조선 개국은 상당히 '최근세'에 해당한다. 10만 년 전 구석기
시대 이 땅에 살았던 인류들은 어떤 사람들이었는지, 유럽 족인지 몽고족인
지 혹은 또 다른 인종인지조차 알 길이 없다. 그들이 어떤 종교를 지녔던가
에 대해서도 모른다. 그러나 단군시대에 와서는 이런 것들이 보다 분명해진
다. 서기전 2천 수백 년 전 매우 강력한 힘을 가진 집단들이 이 땅에 군림했
다는 사실이 단군 이야기로 응축돼 전해진 것이다.
　어찌된 연유인지는 모르겠으나 호랑이는 오늘날 한국의 국가대표 동물이
된 반면 곰은 일본 홋카이도 북방에 소수가 잔존해 있는 석기시대 종족 아
이누족의 토템이 되어 존재하고 있어 이들은 아직도 곰을 조상신으로 모신
다. 아이누 족은 푸른 눈에 털이 많은 코카서스 종족적(Caucasoid) 특징을 지

닌다.

이러한 단군 이야기에서 학자들은 고대 한국 또는 고조선이 지금의 중국 산동반도에까지 퍼져 살았다는 것을 알 수 있다고 한다. 고고학자들은 한반도에 인류가 처음 출현한 것이 3만 년 전이었다고 보고 있다. 그러나 실제로 한국은 중국보다 빙하기의 피해를 덜 입었기 때문에 한반도에서는 10만 년 전 초기석기시대부터 사람이 살았으리라는 주장이 나온다.

한반도에서 출토된 빗살무늬토기는 서기전 3천 년까지 올라가는 것이다. 이런 토기는 시베리아를 가로질러 스칸디나비아와 핀란드에 걸치는 지역에서 발굴되는 도자기와 그 형태나 타입이 비슷하다. 빗살무늬토기를 만들어 쓴 사람들은 제2의 거대한 민족 이동에 관련된 인류들이다. 고대 한반도에 살았던 사람들의 인종적 구성은 어떤 것이었는지 아직 다 밝혀지지 않았다. 본인의 개인적 의견으로는 석기시대에 1차와 2차에 걸쳐 한반도에 진입한 인류는 백인종인 코카서스(Caucasus) 종족들이었다. 오늘날 한국인의 용모에는 이런 코카시언의 종족적 특징이 남아 있다. 한국인들은 일본인이나 중국인들에 비해 보통 이마가 높고 콧날이 길고 곧바르며 콧마루가 높고 안색이 밝다.

서기전 1500년경에 중국적인 요소가 침투하였고 그 자취를 남겼다. 서기전 700년경에는 또 다른 종족이 오르도스–만추리아 지역으로부터 흘러들어와 합치면서 청동기시대가 열렸다. 오늘날의 한국인들은 고유한 민족이지만 서기전 몇 세기 동안 여러 종족들과 피를 나누는 뒤섞임이 있었다.

한국어는 발음으로나 문법 구조가 중국어와는 판이하게 다른 것이며 언어학상 퉁구스 어족으로 분류된다. 이 어족은 아시아를 지나 멀리 터키와 헝가리, 핀란드를 포함한 언어계통이다.

단군의 제단과 천제 유습은 지금 북한 땅에 남아 있다. 그러나 남한의 단군 추종자들은 오늘 강화도 최북단의 참성단 꼭대기까지 올라가서 제물을 진설하고 제를 올린다.

한국과 일본의 역사적 관련에 있어서, 존 코벨과 아들 앨런 코벨 박사는 369년 한국의 기마민족이 일본을 정벌했다는 논리를 펼치고 있다. 이런 주장은 일본이 말하는 임나일본부설을 뒤집고 그리피스의 글과 개리

레저드(Gari Ledyard) 컬럼비아대학 교수의 주장을 더 발전시킨 것이다. 일본에서는 에가미 나미오가 1948년에 기마민족설을 주장했는데, 한국을 통해 거쳐 왔다는 것을 내세우지 않고 '대륙에서' 기마민족이 일본에 들어왔다고 얼버무린 논리를 전개한다. 코벨은 이를 증명하는 예로 말 관련 유물·유적과 일본의 10대 수수께끼 중의 하나인 칠지도를 언급한다. 나는 칠지도가 실전에 사용한 무기가 아니고, 백제국 왕이 일본을 정벌하러 가는 장군에게 주어 선두에 들고 진군한 전기(戰旗) 같은 징표라고 주장해 왔다. 코벨 박사의 견해는 나와 일치하는 것이며, 그것은 바로 백제 근초고왕이 그의 친족 신공에게 내린 징표라고 단정하고 있다. 코벨 모자의 이런 주장은 제3국 학자가 보는 한일 고대사론으로 한국사를 위해 중요한 것이다.

오진(應神) 왜왕의 모친인 진구(神功) 왕후에 대해서는 견해 차이가 있다. 일본 향토학자는 진구가 실존인물이 아니고 본래 일인들이 바다에 나가는 배의 안전과 신라 전선(戰船)의 내침을 막아달라고 기원하던 해신(海神)이었다고 전한다. 존 코벨 박사는 진구가 일본을 정벌한 신라 왕가의 여걸이라고 단정했다. 진구가 신라의 왕족인지, 혹은 가공인물인지는 좀더 생각해 보아야겠다.

존 코벨은 세상을 놀라게 한 신라의 유명한 금관도 실은 여러 가지 장식의 상징과 흔들리는 소리에 무속문화의 묘미가 있다는 것을 밝혀 한국문화의 독자성을 크게 강조했다. 1천 수백 년간의 지배이념이던 불교에서도 그 저변에 무교(巫敎)가 자리 잡고 있음을 알아낸 것은 대단히 명석한 것이다. 그 외에도 현재 일본에서 자랑하는 광륭사의 미륵반가사유상이나 법륭사의 구다라관음 등 많은 국보가 모두 한국인의 손으로 이루어졌음을 밝혔다. 코벨은 정신사를 알았다.

일본문화는 한국에서 간 문화다. 나는 1986년 불교신문에 「일본에 간 한국불교」에 대해 오랫동안 글을 썼다. 코벨도 일본문화를 연구하다 그 사실을 알았다. 일본불교는 한국에서 간 불교로서 신사는 무교(巫敎)의 한끝이고 일본국 건설은 한국인이 한 것이다. 그러나 우리나라에선 없어진 수많은 고대 불교문화재를 잘 보관해 온 것은 일본 사람의 덕이다.

코벨 박사의 연구는 한국 고대사를 밝히는 데 매우 중요한 자료로, 이제 내가 보정하려는 한국사에 다른 몇 미국인의 연구와 함께 참고하려 한다.

4장

일본국의 발상지 한국

일본국의 시원 한국

한국의 법사상에 관하여 단군과 국가의 이념을 상고하던 중 단군신사인 옥산궁(玉山宮)이 현재까지 일본에 남아 있다는 사실에 주목하게 됐다. 그 후 한인(韓人)들이 일본의 국가형성과 사회 발전 및 사상·종교·문화 전반에 압도적인 영향을 준 주역이었음을 재확인하게 되었다. 그런데도 일본의 황국주의자들과 교과서 편자들이 끝까지 역사왜곡 버릇을 고치지 못하는 것은 매우 못마땅한 일이다.

우리는 그 같은 왜곡을 시정하기 위해 일본에 끝까지 강력히 요구하는 한편, 우리 자신의 긴 안목을 갖고 바른 것을 찾아내어 국내외 우리 후손들과 세계인에게 보여주고 계몽시키지 않으면 안 된다. 마침 한국정신문화연구원(한국학중앙연구원의 전신)에서 해외소재 한국학의 자료조사위원으로 위촉을 받고 1985년 1차 조사를 끝낸 것이 계기가 돼 얕은 견문을 더듬어 보게 됐다. 이는 일본의 조작과는 반대로 고대 당시 후진국이었던 일본이, 오랜 역사와 함께 선진국이었던 한국의 영향을 받은 바 크다는 것을 확인하려는 데 있다.

한국과 일본과의 관계를 밝힘에 있어서 그 기원은 일찍이 고조선 말기의 민족이동과 관련되어 있다. 이후 여러 단계에 걸쳐 한인의 선진문

227

화를 가지고 왜국으로 건너간 한인들이 많았는데 일인들은 그들을 도래인이라고 한다. 일본 학자들은 도일 한인이 일본 사회에 큰 영향과 변동을 준 것을 네 단계로 구분하고 있지만 최근에 이르기까지 지속적으로 한국은 일본에 영향을 끼쳤다. 그 구체적인 내용은 역사연구에서 하나하나 밝혀질 것이다.

한인(韓人)을 주축으로 한 도래인의 연대 중 1단계는 서기전 2세기-서기 3세기를 말한다. 왜에 정치권력이 완전히 정립되기 전 일본 기타규슈를 중심으로 한문화(韓文化)가 파급된 최초의 시기이다. 이 시기는 바로 고조선 말 한족이 동으로 대이동하여 왜에 정착해서 농경문화 등을 전해 왜국에 일대 변화를 가져왔던 야요이(彌生) 시대에 해당한다. 이는 야요이 문화의 유물, 유적에 의해 추측되는 바이다.

2단계는 4-5세기에 대집단이 왜로 건너가서 문자와 광산, 제철, 신농경, 관개, 토목기술, 생산 형태 등을 전해 주어 왜국 사회에 대변화를 일으킨 단계이다.

3단계는 5-6세기에 주로 백제·신라·고구려의 불교 승려학자와 최신 기술자[왜인들이 당시 금래(今來)라고 호칭한 집단]·예술가·건축가 들이 왜에 건너가서 야마도(大和) 조정의 정치권력 신장에 중대한 영향을 주어 고대국가의 기초를 형성했다. 그런데 고분문화시대 및 대화정권의 확립 발전시대에 관하여 주의할 것은, 유승국이 『한국의 유교』에서(pp. 76-77, p. 105) "백제에서 근초고왕이 사망한 375년에서부터 아신왕이 사망하고 전지왕이 왜에서 백제로 환국하여 즉위한 405년까지, 30년간의 일본고사의 기록은 120년(즉 두 갑자)을 잘못 올려놓고 있다"라고 지적한 점이다.

4단계는 7세기 후반 백제 망명집단이 일본에 건너가서 일본 조정에 참여하고, 일본 고대국가 형성의 최종 단계와 학문·종교·예술·산업 전반에 강력하게 관여했다. 고구려 망명자 집단 또한 도쿄 부근 무사시노 등 일본의 국토 개척과 사회 발전 전반에 걸쳐 국가형성의 담당자로서 힘쓰고, 신라에서 건너간 자들까지 힘을 모아 그 몫을 함께 해낸 단계이다. 그런데 그 집단은 조직화되었던 것이다.

"그러고 보면 도래인이야말로 일본의 고대문화를 크게 진전시킨 담당자인 동시에 국가형성을 기저부에서 지속한 담당자임을 잊어서는 안 된다"라고 일본 국학원(國學院)대학의 스즈키(鈴木靖民)는 말하고 있다(『일본 고대사와 유적의 수수께끼 총해설』, 자유국민사, 1984).

한인들이 여러 차례 집단적으로 일본에 건너간 것은 문화교류를 목적으로 한 경우도 있었지만 전쟁에 패한 전후, 특히 5세기 초에서 7세기 사이 백제와 신라가 고구려에 패했을 때와 백제와 고구려가 나당연합군에게 멸망한 시기의 이주집단은 특별한 것이다. 그런데 이때까지의 4단계가 한인들이 자진해서 일본에 건너간 소위 도래인의 경우라면, 이제부터 말하게 될 5-7단계는 억지로 일본에 끌려간, 한인의 자의가 아닌 경우에 속한다.

5단계는 임진왜란 때 일본군의 치밀한 계획에 의해 잡혀간 다수의 관원·학자·종교인·도공 기타 각종 기술자와 그 가족들이 그곳에다 문화를 전해 준 단계이다. 그들의 자손은 지금까지 일본인으로 영주하면서 일본의 사회·문화·산업 발전에 크게 이바지하고 있다. 임진왜란 당시에 활자·서적·불상·큰 종 등 기타 무수한 문화재들을 약탈해 갔음은 물론이다. 그러나 그보다도 사람을 많이 데려갔다.

6단계는 임진왜란이 끝난 후, 조선이 일본인의 입국을 제한하고 중국과 일본과의 국교가 단절되자 도쿠가와(德川) 막부가 대륙의 선진문물을 받아들이기 위한 방법으로 조선에 끈질기게 요청해서 조선 문화사절단을 도쿄에까지 계속적으로 끌어들인 시기이다. 임진왜란으로 중단된 이후 일본은 계속 사절단을 보내 달라고 독촉하며 융숭한 대우를 했다. 사실 임진왜란으로 혼난 조선에서는 일본이 또 조선을 치러 올까 봐 그 방지책으로 1609년 광해군 2년에 새 송사조약인 을유(乙酉)조약을 맺고 일본의 요청에 응해 간 것이다. 그 사절단을 통신사라고 하는데 조선은 그 명칭이 싫어서 회답사(回答使) 또는 쇄환사(刷還使)라고 하였다. 이들은 왜란으로 일본에 끌려간 조선인들을 찾아오기도 했지만, 일본은 사절단의 행로를 조선인들이 있는 곳을 피해 설정했다.

그 사절단에는 고위관리·학자·문인·의사·서화가·아악 연주자 및 기타 악사·승마객·무술객·곡예인·재인 등 각 방면의 기예인까지 포함되어 있었으며, 매 회 인원은 5백 명 이상이었다. 쉽게 말하자면 여러 종류의 출장 강사를 모셔다가 배운 것이었다. 한 번 왕복하는 데 약 1년이 걸렸다. 사절단이 가는 장소에는 그때마다 각지의 일본 명사들이 미리 모여 기다렸고, 선진문화를 배우는 것을 큰 영광으로 알았으며, 수행원이 습작한 휴지까지도 가져다가 가보로 전했을 정도였다고 한다. 당시의 기록과 유물·그림 들이 아직도 많이 남아 있다. 일본은 그들을 영접하는 막대한 비용과 인력동원을 감당하기가 힘들어서 마침내 쓰시마까지만 가서 만나기로 했으나 순조11년인 1811년 왜란 이후 12회를 마지막으로 10여 년을 연기하다가 자연히 폐지되었다.

7단계는 제2차 세계대전 중에 조선인 남녀 수백만 명이 강제징용·징병·정신대라는 명목으로 일본군 전선 및 일본 각지의 생지옥 같은 공장과 탄광 등으로 끌려가 착취당한 시기로, 그 대부분이 전사했거나 학살당하고 살아남은 자도 지금까지 돌아오지 못한 채 이산가족이 되었다.

일본은 이 시기에 한민족 말살정책을 세워서 잔인무도한 추방과 학살을 감행했다. 1885년의 명성황후 습격, 1919년 3·1만세운동 당시 국내와 간도에서 젖먹이 어린아이까지 살해하고 한동네 사람들을 모두 가두고 불살라 버린 제암리 학살, 1923년 9월 일본 관동대지진 때 이유도 없이 조선인 만 명 이상을 무차별 학살하고 그 시체와 통계숫자까지 감춰 버린 사건 등은 조선인에 대한 일본인의 범죄 잔악상을 보여주는 한두 가지 사례에 불과하다.

고대 조선이 일본에 미친 영향은 조선인의 단순한 도일이나 문화교류의 정도를 넘어서 일본의 왕조와 일본 민족의 시원, 발상지가 한반도라는 것이 드러나고 있다.

한국측의 연구로는 김성호가 『일본국가 기원설』에서 비류백제의 마지막 왕이 고구려 광개토대왕 군에게 패망하여 왜로 건너가서 나라를 세우고, 일본 최초의 실재 왕이 되었다는 학설을 발표해 큰 주목을 받았다.

윤영식은 『고대 한일관계사 1』에서 다음과 같은 새로운 학설을 발표했다. "일본 땅에 진출해 있던 백제 왕손이 오진(應神)일왕이 되었다는 것은 『일본서기』와 『고사기』에 밝혀져 있다. 4세기에 가야인과 온조 백제인이 근초고왕·근구수왕·침류왕·진사왕·아신왕 때 왜에 진출해서 왜 땅에 신라국과 가야국을 세우고 집권했다.

광개토대왕 시대에는 왜에 가 있던 백제 아신왕의 태자(후일의 전지왕)가 반도 내 백제 왕권의 계승을 위해 연합군을 거느리고 반도로 진입, 김해 등지에서(아신왕의 동생 설례와) 골육전을 벌였다고 한다. 고구려 왕실은 백제에 대한 원한 때문에 왜국에 있던 백제왕자의 연합군을 왜의 침공인 것처럼 표현한 구절이 있는데 이것을 임나일본부설, 왜군 침입

설로 보는 것은 조작된 것이다."

최재석은 일본 왕가를 연구하면서 조선족이야말로 일본에 국가를 형성하고 그후에도 국가를 유지 발전시킨 장본인들임을 밝히고, 8세기 일본의 궁중유물은 통일신라 등에서 간 것임을 밝히는 저작 『정창원(正倉院) 소장품과 통일신라』를 냈다. 또한 에가미 나미오의 『기마민족설』을 비판했다.

이형구는 박노희와의 공저 『광개토왕릉비 신연구』에서 한일 고대사 논쟁의 하나인 광개토대왕릉 비문에 관해 다음과 같이 말한다.

"670년에 비로소 일본이란 나라의 명칭이 생겼으므로 서기 4세기나 5세기쯤에는 만에 하나 임나왜부라면 몰라도, 임나일본부란 것은 있었을 수가 없다. 그리고 광개토왕 비문의 서기 391년 신묘기사의 왜(倭)자는 후(後)자를 변경해서 기록한 것이고, 바다를 건너왔다는 내도해(來渡海)라는 문구는 '불공(不貢), 인(因), 즉 백제가 조공하지 아니했다. 그로인해서 고구려가 백제를 쳤다'는 것을 변조한 것으로, 391년 신묘기사 중에 왜나 일본이라는 문구는 전혀 없었다. 또 서기 400년 경자년 기사의 왜만왜궤(倭滿倭潰; 많은 왜가 쳐서 무너뜨렸다)라는 것은 왜구대궤(倭寇大潰; 왜구가 크게 무너졌다)를 잘못 옮긴 것이다. 따라서 이것으로 종래의 큰 논쟁이 해결을 보게 되었다."

그런데 제3국학자의 한일 문화비교 고찰로 가장 중요한 연구는 미국 태생의 동양미술 사학자 존 카터 코벨 박사의 연구이다. 코벨은 일본문화 연구로 출발했으나 그 근원에 존재하는 한국문화의 정체를 알아내고 1978년부터 10여 년간 한국에서 연구하며 한국문화의 뿌리를 찾는 대작업을 해냈다. 코벨은 천 수백 편의 칼럼과 저서를 통해 임나일본부가 한국에 있었다는 일본 측 주장을 뒤집고 실제로는 부여족의 일본 정벌에서 시작해 건설된 일본국과 수많은 한인(韓人) 일왕의 존재, 한국에서 압도적으로 전한 문화의 정체를 밝히는 데 노력했다. 그는 "일본의 엄청난 역사왜곡을 밝히는 것은 학자 누구라도 해야 할 일"이라는 말로 그의 연구 목적을 말했었다. 한국 역사와 한국 문화를 세계에 바로 알리는 데 있어 이보다 더 중요한 업적을 찾아보기 어렵다.

필자 또한 뒤늦게 한일 고대사 연구에 힘을 기울여 일본 내 신사의 한국계 조상이 모셔져 있는 곳들을 살피고 『후지미야시타(富士宮下) 문서』의 존재를 확인하는 등 노력을 기울였다. 1980년대에 필자가 일본 현지를 답사한 바에 의하면, 한국계 인물을 주신으로 받들어 제사지내는 일본 도처의 신사 중에 우리 고대사에 떠오르는 소머리(牛頭)대왕을 받드는 신사가 있었다. 바로 오사카 히라가타(大阪枚方)의 백제왕신사는 백제국왕과 소머리대왕을 나란히 함께 모신 신사였다. 백제국왕이 소머리대왕인지, 서로 다른 두 인물인지는 의문이다.

그런데 신사에만 소머리대왕이 있는 것이 아니라 근년의 일본 역사학자들의 발표에 의하면 일본의 오랜 절 중에도 소머리라는 절 우두사(牛頭寺)가 있었다. 그 예를 들어 보면, 도쿄 변두리의 지하철 역 이름 하치오치(八王子)라는 지명의 기원이 서기 10세기 초 화엄보살이라는 명승이 수행중에 소머리대왕의 여덟 아들을 꿈에 보고, 그 산에 우두산사라는 절을 세워 우두대왕을 모신 것에서 연유했다고 한다. 이것으로 소머리산(牛頭山)이라는 것이 사당뿐만이 아니라 불교사찰에도 있었음을 알 수 있다. 우두사는 후일 성이 함락되고 종관사(宗關寺)라는 이름으로 바뀌었다(도쿄도 역사교육연구회편, 『東京都 歷史散步』 下 八王子城跡條 및 『콘사이스 토지명사전』, p. 954).

소머리왕의 여덟 왕자가 꿈에 나타났다는 이유로 그러한 지명과 절

이름이 생겼다는 사실로 보아서 그 지방에도 우리 땅에서 건너간 개척자의 후손들이 있었던 것으로 짐작된다. 일본 내 수많은 신사에서는 한인계의 조상이나 유공자들을 신으로 받들어 제사를 지내고 있었음을 알수 있다. 그 기원은 일본인이 하늘에서 사다리를 타고 왔다고 설명하며 받드는 천신 조상 니니기가 조선인이란 데 있다. 일본 역사에서 말하는 사다리로 연결된 하늘이 조선 땅인 것이다. 많은 한인들이 새로운 땅 왜로 진출해 그곳에서 본토족과 대결하며 일본을 건설했다. 후손들은 많은 한인 유공자 조상을 사당(신사)에 모시게 되었다.

일본 왕실의 조상이 한국계임을 부정할 수 없는 결정적 증거는 일본 대궐에서 제사를 받들던 조상 중에 백제인을 뜻하는 한신(韓神) 2좌와 가야국과 신라인을 뜻하는 원신(園神) 1좌가 있었다는 사실이다. 이 사실은 10세기 일본법령집 『연희식』에 나와 있는, 누구도 부인할 수 없는 자료다. 일본의 제례를 다룬 기록을 찾으면 한국인 조상과 관련된 사실이 나올지도 모른다고 생각해 이 방대한 전적을 정독하다가 일본 대궐내에서 제사를 받드는 36좌의 일본 조상신 가운데서도 상좌에 자리 잡은 위의 한국인 조상 3신위를 찾아냈다.

그런데 이들 3신위에 대한 제사는 이미 없어져 모시지 않고 사당도 헐렸음을 알게 됐다. 오랜 동안 존숭해 마지않던 선진국 한국인 조상이었다. 그러나 근대 이후 일본 국력이 신장되면서 한국보다 강해지자 일본인들에게 한국이 근원임을 인식시키는 이들의 존재는 거북하게 여겨져 없앴을 것이다.

일본인들은 이상하다. 조선사람인 줄 뻔히 알면서 일본 왕을 천황이라 하여 그토록 위하면서도 조선인 조상의 뿌리를 감추려 든다. 그런 그들 자신도 조선인 후손들이 상당수일 것이다. 메이지유신 이래 근대의 일본인들은 저희 조상이 하늘에서 내려왔지, 조선에서 왔다는 것을 감추고 부정해야 되는 것으로 교육받은 나머지 침묵했는데, 현 천황 아키히도 일왕 자신이 2001년 12월 23일 간무(桓武, 재위 781-806) 일왕의 생모가 백제 무령왕의 후손임을 공식 언급했다. 일본 왕실의 조상 다수가 백제·가야국에서 온 한국 사람인데 그중 외가 하나를 언급한 것은 미흡하지만 일왕의 발언인 만큼 역사를 분명히 인식한 것이라고 볼 수 있다.

일본 신사는 천손족 출신인 한국신과 본토족인 일본신 두 종류가 사방에 있다. 그중 이즈모(出雲)신사는 스사노오노미코토를 한국계 최고 조상으로 받드는 신사이다. 천조대신 아마테라스 오미카미를 모신 이세(伊勢)신사는 본토족 일본계 조상을 받드는 신사이다. 한국계 조상을 받드는 주요 신사를 예를 들면, 스사노오노와 그의 아들 이소다게루(五十猛), 신라 왕자 아마노히보코(天日槍)와 그의 아들 이데도(五十迹手)를 받드는 신사, 박혁거세를 받드는 교소(許曾)신사, 신라신사들과 한신신라신사(韓神新羅神社), 백제왕씨의 신사, 왕인(王仁) 박사의 사당, 왕인의 후손 스가와라 미지자네(菅原道眞)를 받드는 덴만구(天滿宮), 고구려의 마지막 왕자 약광(若光)을 받드는 고마(고려)신사, 그외에도 이나리(稻荷), 가스카(春日), 야사카(八阪)신사들은 물론이요, 우리의 국조인 단군을 받들던 교구산구(玉山宮)를 비롯하여 한인계의 신사가 수없이 남아 있다.

신사와 절 등 한인계의 유적이 빠른 속도로 사라져 가고 있음을 보고 재일동포 윤용길(尹勇吉) 씨가 지원하는 도서관 금수문고(錦繡文庫)에서 자료를 모아 『조선에서 온 이주민 유적』이라는 소책자를 펴냈다. 교토와 나라, 오사카의 한국계 신사와 절을 사진·약도를 포함해 간략하게 소개했다(朴鐘鳴 편). 도쿄 등 일본 전국의 한인 유적지를 다 망라했으면 하지만 쉽지 않은 일이라고 한다.

또 하나 밝혀 둘 것은 『일본서기』에 의하면 일본 땅에 백제의 동조(東朝; 동녘 땅의 조정)가 있었다는 기사가 있다는 중대한 사실이다. 일본에 가 있던 고구려의 승려 도현(道顯)이 지은 『일본세기(日本世記)』라는 책에 한반도에 있던 백제국의 본조(本朝)가 왜의 땅에 있는 동조에 사자를 보내어 백제의 태자 부여풍과 구원병을 돌려보내 달라고 요청했던 기록이 있어서 그것을 『일본서기』(齊明, 사이메이) 7년 4월조에 인용하고 있다.

단기 2993년(660) 한반도의 백제 수도가 함락되자 왜에 가 있던 백제 왕자 부여풍이 와서 나당연합군과 싸웠으나 663년 백촌강전투에서 지고 백제가 완전히 패망함으로써 다시는 한반도 백제로 올 수 없게 되었다. 이에 백제의 남은 세력(본조)의 대집단이 왜 땅의 동조로 건너가서 일본에 먼저 가 있던 백제 분국과 부여·가야국 세력을 합해 아예 일본을 적극 건설한다. 한국인과 다른, 진짜 일본인들을 만드는 것이다.

부여풍으로 알려진 천지(天智)일왕은 철저히 일본인이 될 수밖에 없었던 사람이다. 백제 구원을 위해 싸웠으나 패해서 쫓겨 가니 다시 조선 땅으로 돌아올 수 없었던 것이다. 일본 역사는 우리 백제가 만든 것이나 다름없다.

왜국은 천지일왕 때 비로소 왜 대신 일본이라는 국호를 만들어 671년 신라와 중국에 이를 알렸다. 원래 백제를 구다라라고 부른 것은 큰 해(大日, 대태양)라는 뜻의 고대 한국말인데 그것을 다시 한자로 옮겨서 일본이라고 한 것임을 한국학연구원의 역사 강좌에서 김선기 박사가 상세히 발표한 바이다. 조선사람이 일본에 건너간 것을 천손(天孫)이 하늘에서 내려왔다고 일본 왕실의 발상지를 꾸며 놓은 『일본서기』의 저자로서는 백제라고 밝히지 아니하고 한국의 고어로 발음하여 구다라라고 읽다가 '구다라'를 다시 한자로 옮겨서 '일본'이라고 번역하게 된 것을 이해할 만하다.

일본 측의 연구로 최초의 주목할 사실은 1916년경 기다 사다기지(喜田貞吉)가 일본 왕실의 조상이 부여·백제계였다는 사실을 분명히 밝힌 것이다. 그러나 "기다의 귀중한 문제제기는 당시 군국주의의 대세를 깨뜨리지는 못했다"라고 교토대학의 우에다(上田正昭)는 제2차 세계대전이 끝난 후에 말했다.

제2차 세계대전이 끝난 후 군국주의로부터 잠시 자유로워진 일본 학계에서는 일본의 농경 기타 모든 산업과 종교·학문·예술·국가의 구성, 사회의 발전 등 모든 분야에 걸친 대변화를 한인이 일본에 건너간 것과 관련시키는 연구가 많아졌다.

1948년 도쿄대 에가미 나미오의 『일본 국가의 기원과 정복왕조』에서 부여·고구려계의 도래인 진왕(辰王) 등이 (김해를 거쳐) 일본을 정복하고 일본 왕실의 조상이 되었다는 기마민족국가설이 널리 발표되기에 이르렀다. 그 내용은 다음과 같다.

"나의 견해는 기다설의 현대판이라고 해도 좋을 것이다. 나는 전기 고분문화시대 일본인이 자주적인 입장에서 기마민족적 대륙북방계 문화를 받아들여 그 농경민적인 문화를 변질시킨 것이 아니라, 대륙으로부터 (조선반도를 경유) 직접 일본에 침입해서 왜인을 정복·지배한 유력한 기마민족이 있어 그들이 대륙북방계 문화복합체를 가지고 와서 일본에 보급시켰다고 생각한다."

『일본서기』와 『고사기』의 신화에서는 외래의 천신(天神)이 일본에 내려와서 그곳에 원주하던 국신을 정복·지배한 것으로 되어 있다. 그 천신이 일본에 내려온 지방은 이즈모(出雲)와 쓰쿠시(筑紫) 두 곳이다. 이즈모에 내려온 것은 스사노오노와 그 추종자들이고 쓰쿠시에 내려온 것은 니니기와 그 추종자들이었다고 한다. 그 전자의 종말이 소위 국양(國讓)[3]이고 후자 니니기에 의한 것이 천신강림인데, 이것은 외래 민족이 일본열도에 원주한 국신, 왜인을 두 곳에서 정복하거나 회유하여 지배했다는 것을 보여주고 있다.[4]

천신이라는 외래민족이 한국 남방에서 온 것은 지리적 관계뿐만 아니라 『일본서기』와 『고사기』에서도 찾아볼 수 있는 사실이다. 니니기가 처음 내려왔다는 쓰쿠시(지금의 후쿠오카) 구시후루타게(久志布流多氣)는 가야의 시조 김수로왕이 처음 내려온 김해 구지봉(龜旨峰)과 그 음이 같다. 또한 후루는 한국어로 촌의 뜻이 있으며, 『일본서기』에는 구시후루가 소호리(添)라고 되어 있다. 소호리는 백제의 수도를 소부리(所夫里), 신라의 수도를 서라벌(徐羅伐), 현재의 수도를 서울이라고 하는 것처럼 왕도를 의미하는 한국어이기 때문에 일본어로는 그 의미가 통하기 어려운 것이라도 한국어로는 쉽게, 또 합리적으로 해석될 수 있는 것만 보아도 그러한 사실은 쉽게 알 수 있다.

『일본서기』『고사기』에 전해지는 대로 야마토 조정 왜왕가의 조상이 남한에서 북규슈로 건너와 그곳에 일본 최초의 거점을 두었다고 추정

주 3. 스사노오의 후손이 아마테라스의 자손한테 국가권력에 대한 우월적 지위를 양보한 것. 이후 스사노오의 후손은 정치에서 손을 떼고 그 대신 스사노오를 조상으로 받드는 신사의 제사만 받는다고 한 약조.
주 4. 일본 학자들의 학설과 『고사기』『일본서기』의 기록을 종합해 보면, 니니기의 후손인 신무(神武)의 동정(東征) 및 건국은 니니기가 천손으로 일본 규슈에 내려온 지 무려 179만 2470년이 지난 2,600여 년 전이고, 스사노오는 네노구니(根國: 신라)에 내려와서 왜국의 이즈모로 건너갔다고 해석된다.

되며, 몇 대 후에는 기나이(畿內)로 진출하게 된다. 이같은 진무(神武)의 동정설(東征說)과 건국 설화가 부여와 같은 종족인 고구려의 건국설화와 비슷하다는 점에서 주목된다.

천신인 외래 민족, 특히 그 천손계가 일본에 건너온 행로와 그 주역(主役)을 보면 그 행로는 동만주와 부여, 고구려에서 가야, 임나를 거쳐서 일본의 북규슈 쓰쿠시를 지나 기나이(나라, 오사카, 교토)로 더듬어 간 것으로 생각된다. 그때의 주역은, 남한에서 일본 북규슈에 강림할 때에는 니니기이고, 북규슈에서 기나이로 동정할 때는 진무가 아니라 스진(崇神)이라는 것이 일본의 다수설이다. 또한 천신(외래민족)이 조선에서 북규슈로 이동할 때(제1회 왜국 건국)의 주역이 스진이라면 북규슈에서 기나이로 진출할 때(제2회 왜국 건국)의 주역은 오진(應神)이라는 것이 유력한 학설이다. 미즈노(水野祐), 이노우에(井上光貞) 등의 추정은 상당히 일리가 있다.

일본 고대사에는 스사노오 노미코토(須佐之男命)가 소머리(소시모리)에 거주하다가 일본 이즈모에 이르렀다고 한다. 한반도의 소머리(牛首)가 민족이동에 따라 지명을 옮긴 것으로 생각할 때, 소시모리(소머리)는 일본인들의 본래의 고향을 뜻하는 것임을 알 수 있다.

제3대 단군 가륵 때, 반란을 일으켜 소머리에서 사형당한 자가 있었는데, 그의 후손 샨(陝野奴)이라는 자가 바다를 건너 일본으로 가서 국왕으로 칭해졌다고 한다. 그런데 36대 단군 매륵 때 섬승노(배폐명, 샨)를 일본에 보내어 일본을 모두 쳐서 평정했다는 것이 『단군세기』와 『태백일사』에 기록되어 있다.

"한국 고사에 배폐명이 왜 열도에 가서 왕이라고 일컬어졌다는 사실과, 왜 열도를 모두 토평했다는 부분은 특히 기억해둘 일이다"라고 일본의 신진 학자 가시마는 주장하고 있다.

가시마는 일본의 『고사기』에 니니기가 츠쿠시 히므가(日向)의 다카치호(高千穗; 北九州 宮崎縣의 큰 산) 구시후루 산봉에 강림하여 "이 땅은 한국을 향하여 있는 고로 매우 길한 땅이라 하였다. 그것은 한국이 일본 사람들의 고향임을 말하는 것이다"라고 해설하고 있다(『역사와 현대』 일본신화 연구 3, 자유국민사, 1980).

"그들이 일본에 왔다. 역사의 텍스트도 가지고 왔다고 이해가 되는 것이다"라고 그는 말했다. 토지를 가지고 온 것이 아니라 지명을 가지고 온 것이다. 다시 말해서 지명을 바꾼 것으로, 지명을 옮겼다는 것은 그곳에 살던 사람들이 옮겨 갔다는 증거도 되는 것이다. 미국의 뉴욕은 영국인들이 요크에서 이주한 데서 생겨난 이름이다.

일본에는 가야의 지명을 그대로 옮겨 놓은 것이 무수한데, 그것은 결코 우연한 일이 아니다. 다카모토(高本政俊)의 저서 『가락국과 임나국의 뿌리를 찾아가는 여행』은 일본인의 성씨와 지명 및 일반명사 중에 가야와 관련된 것을 4백 개나 찾아가는 과정에서 그들 한인 조상의 시원을 밝히고 있다.

일본의 신진학자들은 한국 땅이 일본민족 핵심의 발상지이고, 일본인의 조상 중에는 수많은 한인계의 도래인이 있으며, 일본의 국왕가가 한국에서 일본으로 이주한 망명가, 그밖에 이주한 한인들의 후손이라는 사실을 전해 주고 있다. 가시마는 계속하여 일본 왕실보가 한국의 백제와 가락국 두 왕통을 합하여 이룬 것이고, 제38대 일본왕 덴지(天智)는 백제의 마지막 왕 부여풍(扶餘豐)이라고 주장한다. 사사(佐佐克明)는 신라의 김다수(金多遂)가 제40대 일본왕 덴무(天武)라고 하고, 다니가와(谷川健一)는 일본 왕가의 1대 진무(神武)로부터 14대 주아이(仲哀)까지는 모두 다 가공의 인물이고 15대 오진(應神)이 실존 인간인 최초의 일본 왕인데 오진의 혈맥은 한국 태생이라고 밝히고 있다. 결국 이것은 일본 왕가가 조선 혈통에서 나온 것이라는 사실을 시인하고 있는 것이다.

에가미는 『기마민족 국가의 일본 통일국가와 대륙 기마민족』이라는 글에서 조선에서 건너간 집단이민, 야마도 조정의 두드러진 현상이던 도래인 및 귀화인에 대해서 서술하고 있다.

야마토 조정의 왕실, 즉 천황 가문을 중핵으로 한 여러 호족은 정치적, 군사적 연합체였음을 쉽게 알 수 있다. 조선 반도인은 여러 사정으로 개인적으로 일본에 건너와서 이미 정착한 사람이 옛날부터 많았지만, 5세기 초 이후에는 집단 이민의 형식으로 계속 건너와서 귀화한 사람이 주체가 된 것은 확실하다. 일본에 정착한 그들이 기술과 지식으로 고대 일본문화와 경제발전에 크게 공헌한 것은 주목할 만한 일이다. 그들은 많은 경우 본국의 통솔자들과 함께 특이한 집단으로 거주하였는데, 그들보다 먼저 일본에 건너와 야마토 조정에서 이미 상당한 지위를 얻은 자들을 우두머리로 삼았다고 하며, 집단들은 각지에 분화, 분산해서 여러 호족에 속하기도 했다.

그들은 5세기부터 7세기에 걸쳐서 계속 일본으로 건너왔다. 그 전체적인 규모와 숫자들을 살펴보면, 815년에 편찬된 신찬성씨록(新撰姓氏錄)은 지배층을 형성한 성씨, 즉 중앙정부에서 인정한 정치적 자격을 갖춘 가문의 일람표로서 좌우 수도와 기나이만을 기록했지만, 전체 1,059개의 성씨 가운데 조선에서 건너온 성씨는 324개로 약 30퍼센트를 차지하고 있다.

이런 많은 숫자의 집단적인 조선인들의 존재는 야마토 조정 자체의 상태나 성격을 보여주는 것이다. 기마민족국가에서는 이러한 대규모의 집단이민이 일반적인 현상이어서, 정책적으로 외부세력에 대한 의존도가 높았으며, 경제적, 문화적으로 외국인을 가능한 한 이용한다는 것을 그 방침으로 하고 있었다. 한편 고대 일본에는 특정한 민족이나 종족만이 귀화한 것이 아니고, 다양한 민족들이 귀화해 왔다. 따라서 조선계의 사람도 백제, 임나, 신라, 고구려 등 그 출신 지역과 태생이 다양했던 것으로 추측된다.

5세기에 도일한 대규모의 이주집단 중 대표적인 것은 진(秦)씨와 한(漢)씨 등으로 오진(應神)왕 때에는 진씨의 조상 궁월군(弓月君)이 대집단을 거느리고 도일하여 양잠과 견직에 종사하게 되었다. 같은 시대에 아직기(阿直岐; 阿知吉師)와 박사 왕인(王仁; 和邇吉師)이 『천자문』과 『논어』로 한문과 유학을 전했고, 6세기 초 게이타이(繼體)왕 때에는 오경박사(五經博士), 흠메이(欽明)왕 때에는 의(醫), 역(易), 력(曆) 박사가 초빙되어 일왕의 주변을 한인(韓人) 지식인들이 차지하게 되었다.

일본에서 널리 읽히는 일본 역사책 구라다(倉田康夫) 편 『일본사요설 (日本史要說)』(동경당, 1976)에서 주쿄(中京) 대학의 히라다(平田伸夫)는 백제로부터 각 분야의 학자들이 일본에 초청되어 간 사실을 기재하고 "6세기 초… 일본 천황의 주변은 귀화한 지식인들이 차지했다. 대담한 추측을 해보면 천황가도 도일계 씨족이었을지 모른다"라고 기술했다. 이어서 그것은 어찌했거나 유교에 의한 정치사상, 국사의 기록, 양잠, 기직, 토목, 농업, 토기 제작 등 모든 기술이 장족으로 진보해서, 야마토 조정의 대규모 고분 조영을 가능하게 한 기반이 되었으리라고 말하고 있다.

그밖에 야마오(山尾幸夫)의 저서 『일본국가의 형성』과 그의 논문 「일본 고대 왕권과 도래인」에는 "이전의 귀화인, 도래인은 일본 왕권의 봉사자였다는 정도가 아니고, 도래인이 중심이 되어 일본 고대국가의 형성에 큰 역할을 하였다"는 내용이 있다.

인류학자 하니하라(埴原和郎)는 야요이시대부터 나라시대에 이르는 약 천 년 동안에, 대륙으로부터 일본에 건너간 사람이 약 1백만 명이라는 측정 통계보고서를 발표해서 대량집단이 이주한 사실을 뒷받침해 주고 있다(도쿄대학 『인류학』 잡지, 고대 일본 이주자수 추정, 1987). 일본인의 조상 중에 한인(韓人)이 많다는 것은 오늘날 일본인의 24퍼센트가 한인계라는 서울대 의대 서정선 교수의 유전자 연구 설명으로까지 확인된다.

일본의 작가 시바료타로(司馬遼太郎)가 1985년 방한하여 "일본이 아직 미개했던 야요이문화 후기에 한인에 의하여 쌀농사 문화를 중심으로 한 대륙문화가 북규슈에 들어와 대변화가 일어났다. 백제로부터 도래한 한인 20만 명이 일본 율령국가의 기틀을 마련했다. 그런 의미에서 우리의 조상은 한국인이다"라고 말한 것만 보아도 옛날에 한인이 얼마나 많이 도일하여 일본의 국가와 문화 건설에 큰 영향을 끼쳤는지를 알 수 있다.

이밖에 수많은 연구 결과가 한인의 집단이주와 문화 전달의 사실을 뒷받침해 주고 있다. 『일본서기』는 백제 패망 후 일본으로 간 백제인이 쓴 일본 왕실의 권력사라고 이해하면 좋을 것이다. 전일의 일본 헌법 제1조는 '일본제국은 만세일계의 천황이 통치한다'는 것이고, 제3조는 '천황은 불가침이다'는 것으로 일왕에 대한 학문적 연구는 엄격하게 금지되었다. 그러나 대정(大正; 다이쇼)시대의 데모크라시 바람을 타고 왕실 연구와 고등 비판이 나오기 시작했다. 기다(喜田貞吉)와 츠다(津田左右吉)의 새로운 저서가 나왔다.

『발해사고』 등을 쓴 일본 사학자 츠다가 "『일본서기』는 일본 황실의 통치를 정당화하려는 목적으로 야마토(大和) 관인(官人)에 의해 작위된 것"이라고 비판하면서 한참 주목받았다. 츠다의 저서들은 일본을 근대적 입헌군주제가 되게 하려는 염원에서 나온 것이었다 할지라도 일본 국가권력의 기본정책과는 도저히 양립할 수 없는 것이 분명했다. 만주사변과 중일전쟁을 거쳐 태평양전쟁에 돌입한 1935년대 극단적 언론탄압시대에 츠다의 비판은 군국주의의 벽을 못 넘어서고 1942년 왕실모독죄로 유죄판결을 받고 학교에서 쫓겨나고 저서는 판매금지되었다. 그때 일본의 교육계는 『일본서기』에 대해 의문 나는 것을 묻는 학생들을 때리고 감점하고 벌주었다고 한다. 이후 학자들은 잘못 걸렸다가 감옥 가기 싫으니까 『일본서기』의 쟁점을 신화로 핑계대거나 종교문제인 것처럼 해석하였다.

이후 2001년 일왕 아키히도가 일본 왕실의 외가가 백제인이라는 것을 자인하더니, 이시와타리 신이치로(石渡信一郎)가 『백제에서 건너간 일본천황』이란 저서를 출간하였다. 나는 신이치로가 츠다와 같은 화를 당하는 일이 없기를 바란다. 여하간 신이치로의 이번 저서는 한국의 바른 역사학자들의 수고를 덜어 주었다고 말할 수 있다.

이상의 연구를 종합해 보면 다음과 같이 결론을 내릴 수 있다.

일본 고사와 고전은 한국 땅이 일본 민족의 발상지이며, 일본인의 조상 중 상당수는 한국에서 건너간 한인이며, 일본의 왕가가 한국에서 이주한 망명자 혹은 그 자손이라는 사실을 밝히고 있다.

일본인의 왜곡된 이론에 오염되지 아니한 한국의 바른 고대사 줄거리는 다음과 같다.

한국인들은 일인들보다 여러 천년 전에 광대한 강국인 단군의 고조선국을 세웠고, 건국한 지 수천 년 후 단군조가 통제할 힘이 없게 되자 제후국들이 일어나 열국시대를 이루었다. 삼국시대 들어 삼국과 가야국 등이 선진국으로서 왜 열도에 진출하여 왜국, 일본의 구성과 사회조직, 문화 발전에 참여 지도했다. 일본 왕실의 조상과 지도층, 민족의 적지 않은 수효가 바다를 건너간 한국인 계통의 사람, 일인들이 말하는 소위 도래인, 선인(先人)이다. 나아가서 한인들이 일본 땅에 자리잡고 한반도 본국에서 파견된 제후 — 흔히는 가야와 백제의 왕자가 지배 통치했다. (『한국상고사』)

'정한론'의 실체

한일 관계사의 문제점, 메이지유신 이래 일본이 한국사를 의식적으로 왜곡한 줄거리는 다음과 같다. 즉 '일본이 한국보다 일찍이 강성해서 옛부터 한국을 정복하고 한국 남단에 소위 임나일본부라는 총독부를 설치하고 수백 년 동안 지배 통치했다'는 것을 사실로 믿도록 일본 청소년들을 교육하고 있는 것이다. 그리하여 그것을 전제로 일본의 현재 및 장래의 침략적 행동을 정당화·합리화시키고, 거짓 증거를 내세워 역사를 조작하고 있다.

메이지유신 초기부터 일본 군부는 학자들을 동원하여 일본 국민을 선동해 왔다. 니시가와 켄(西川權) 저 『일한상고사의 이면』(1901)이나 스가(管政友) 저 『임나고』(1893), 요코다(橫田忠直)의 『회여록(會餘錄)』 5집(1889)에 소개된 고구려 광개토대왕 비문 해설 등 어용학자들의 이론은 예외없이 같은 목소리로 그것을 주장하고 있다. 근래에는 소위 '일본을 지키는 국민회의'라는 집단을 조직해서 그런 침략적인 내용의 교과서까지 편찬하여 일본의 2세들을 교육하고 있는 실정이다. 이진희(李進熙) 저 『광개토왕 능비의 연구』(1973)는 그중에도 니시가와가 말한 문구들을 상세하게 인용해 비판하고 있다.

일본 왕가의 왕권을 정당화하기 위해 만들어진 일본의 고대 역사서 『고사기』와 『일본서기』를 그대로 믿는 일본의 제국주의자들은 일본의 조상이 대부분 한족(韓族)이고, 한인(韓人)이 일본 왕가의 조상이라는 것을 믿으려 하지 않는다.

그러나 근래의 양심적인 일본 학자 중의 일부는 한국이 일본민족의 중핵의 발상지이며, 한국 왕조의 계통에서 일본 왕가가 이어져 내려왔다는 사실을 바로 보게 되었다. 또한 일본의 고대사와 고전의 이러한 사실뿐만 아니라, 일본의 상가야 왕조는 한국 왕조의 후예라고 해석하고 있다. 그것은 일본학계가 상가야 왕조설을 중요시하여 논의하고 있다는 사실만 보아도 알 수 있다. 가시마는 다음과 같은 내용을 발표하였다.

"메이지유신 이래 일본 왕조는, 일본열도에서 스스로 발생한 민족이라는 사실이 외부 압력에 대한 두려움을 감소시키고 민족의 단결을 유지시켜 준다고 믿고, 처음부터 그 실시에 무리가 있었던 높은 수준의 자본주의 완성을 위한 계기가 되었다고도 할 수 있다. 그러나 사실과는 다른 이러한 역사의 허구성 때문에 수많은 희생자가 생기게 되었다. 가장 큰 위협이 되는 것이 한국의 역사서적들이었다. 조선총독부는 이마니시를 중심으로 긴 세월에 걸쳐 한국의 모든 역사자료들을 약탈하여 태워 없앴으며, 쓰시마의 소(宗)씨 집에 전해 내려온 역사책들도 몰수하여 일본 궁내성의 문고로 감추었다. 또한 일본 헌병장교 사가와(酒勾景信)는 메이지 세력자들의 명령으로 고구려 광개토왕릉 비석의 몇 글자를 파괴했다."

여기서 신공(神功; 진고) 왕후의 소위 신라정벌 전설에 관해서 『일본서기』의 요지를 살펴볼 필요가 있다. 주아이(仲哀)천황(가야의 중애왕으

로도 알려져 있다)의 비 신공은 재보의 나라 신라정벌을 결심하고, 병선
을 정비하고 연병을 실시하고, 남장을 한 채로 지금의 후쿠오카를 출발
했다. 병선이 신라에 다가왔을 때 신라국의 임금이 '저것은 일본의 신병
(神兵)일 것이다' 하고 왕후에게 항복했다는 것이다. 왕도 제쳐 놓고 나
선 왕후 신공은 전쟁도 하지 않고 신라, 고구려, 백제 삼국을 정복하고,
신라 임금으로부터 빼앗은 재화를 19척의 배에 싣고 왜로 돌아왔다 한
다(『일본서기』 제9권 신공섭정 중애천황 9년 기사). 이에 대해 일본의
향토사가 오노(大野誠)는 다음과 같이 기술하고 있다.

"진고(神功)황후 전설은, 사실(史實)과는 다른 세계의 이야기라는 것
이 학계의 통설이다. 그 원형은 북규슈의 바다 사람들 사이의 바다신(海
神) 신앙일 것이다. 그것이 점차 변용 발전해서 나중에 『일본서기』의 이
야기로 굳어지고 체계화된 것이다. 신공은 신라에서 돌아와 오진 왕을
쓰쿠시(후쿠오카)에서 해산했다고 한다. 오진은 4세기 말에 실재했다.
그리고 여기서부터 신화와 사실(史實)이 겨우 일치하기 시작한다. 본래
후쿠오카의 가시히노미야(香椎廟)는 주아이와 신공의 혼령을 모신 사당
이고 신사는 아니었던 것 같으며, 그 격식은 높았다.

당시에 신라세력이 강대해서 일본에 위험이 되었으므로 그것을 천황
의 혼을 내세워 막으려는 의도가 있었던 것으로 보인다. 신라와의 관계
가 악화함에 따라 조정에서는 사자를 자주 가시히노미야로 보내어서 국
가의 진호(鎭護)를 빌고, 거기서 나뭇잎과 부적과 불로수를 조정에 보냈
다고 한다."(『大宰府歷史散步』, 1984)

즉 신공왕후의 사당은 신라 등 3국을 정벌했다는 신공과 그 남편 중
애천황을 받드는 신사가 아니고, 신라가 일본을 치러 올까 봐 겁이 나서
그것을 막아 달라고 그 혼령에게 빌기 위하여 만든 사당이라는 건헤이

다.

제1대 실존 왜왕 오진이 세상에 나오기도 전에, 일본이라는 국호가 생기기도 전에, 한 왕실여성이 남편인 왕도 제쳐 놓고 당시의 강대국이었던 한반도 삼국을 싸우지도 않고 정복했다는 것은 터무니없는 말이다. 이로써 광개토왕릉의 비문의 몇 자를 위조 파괴했다는 것이 증명된다.

4세기 왜는 무기나 조선, 항해, 전쟁, 국가경영 등에 열등하여 왜 열도 밖 먼 바다로 나아갈 수조차 없던 형편의 왜인들이었다. 후일의 『일본서기』는 한국이나 중국의 문헌에서는 발견할 수 없는 신공이라는 여인이 남장을 하고 싸우지도 않고서 신라를 위시하여 강대국인 삼국을 정벌했다는 기록을 만들고, 일본이라는 나라 이름도 생기기 수백 년 전에 임나일본부라는 기관을 설치하고 수백 년 동안 한반도의 남부를 지배했다는 역설을 조작해 놓았다. 그리고는 도리어 한국의 사가들이 그런 기록을 없애 버렸다고 생떼를 쓰고 있다. 이들은 "한국의 『삼국사기』와 모든 역사는 믿을 수 없는 것이거나, 심한 것은 개조된 것이다"라면서 "일본이 다시 한국을 정복 지배해야 한다"라고 주장한다. 그것이 일본이 말하는 소위 정한론(征韓論)의 골자이다.

이에 해당하는 신라시대에 왜국에서 진고(신공)라는 여성이 와서 신라 및 삼국을 정벌했다는 것은 우리 역사 기록 어디에도 없다. 구전이나 설화로도 왜에 땅을 빼앗겼다는 그런 것도 없다. 반대로 우리가 왜를 토벌하였다는 것은 뚜렷하게 기록으로 남아 있다. 광개토대왕이 왜를 남정(南征)하고 신라가 진평왕, 무열왕 때 등에 수차 왜를 정벌한 것 등이다.

"『일본연대기(日本年代記)』에는 왜 오진왕 22년 신라가 일본의 명석포(明石浦)를 정벌하였는데, 이 명석포는 오사카에서 백 리 되는 곳에 있다. 적관(赤關)의 동쪽에 한 언덕이 있는데 왜인이 이를 가리켜 마총(馬塚)이라 했다. 신라 군사들이 깊숙이 왜를 쳐들어오니 왜가 항복하고 무장해제를 했는 바 이때 백마를 항복의 표시로 죽여 이 언덕에 묻었다"는 기록이 있다(이시영 저, 『감시만어』에서 인용).

왜구들은 좀도둑과 해적질로 수없이 한반도 해안마을에 와 노략질했지만 일본이 국가적으로 조선 땅을 침략한 것은 1592년의 임진왜란 때였다. 이때 그들은 해상에서 이순신에게 쫓겨갔으며, 왜란을 일으킨 도요토미 히데요시는 완전히 패해 죽으면서 조선 땅에서의 철수를 유언했다.

그런데 일인들은 현재 중국 땅에 있는 고구려 광개토대왕의 비문이나 일본 이소노가미(石上)신사에 있는 백제에서 만든 칠지도(七支刀)의 색인 글자 등 금석문을 변조해 놓고서 그것을 자국에 유리한 증거자료로 이용하고 있다. 『일본서기』의 전설적 기사를 광개토대왕의 비문과 편년적으로 연결시켜 그것을 역사적 사실로 믿게 하며, 확정적 전제로 몰아가는 것이 특징이다. 광개토대왕 비문이 일본의 한국 침략을 역사적으로 합리화하는 증거자료로 이용당한 것이다. 그리고 칠지도도 백제왕이 왜왕에게 헌상한 것이라는 주장의 증거자료로 이용당한 것이다.

일인들이 너무나 비사실적이며, 역설적이며, 그 정도가 대담한 데 놀라지 않을 수 없다. 터무니없는 삼국 정벌의 이론을 전개하는 것은 무리가 아닐 수 없다. 일인들이 멋대로 이용한 광개토대왕의 비는 비문의 주체인 광개토왕의 업적을 기술한 것임에도 일본은 누가 무엇 때문에 세운 것인지 그 비문 전체의 문맥을 살피지 못하고, 마치 그 비가 왜를 찬양하기 위하여 세운 것인 줄로 착각, 왜곡한다. 더구나 왜에게 유리하도록 비문의 몇 글자를 파괴, 개서(改書)까지 한 것은 용납할 수 없는 일이다.

한때 일본군부에서 광개토대왕비를 일본으로 옮겨 가려 하다가 중국의 반대로 실패한 사실이 있다. 그때 왜가 한반도에 온 것이 사실이라면 그것은 해적 왜구, 아니면 왜에 가 있던 가야, 백제인(왜=백제, 가야인)이라고 보아야 한다.

칠지도의 색인 글자도 근세에 일인이 긁어 내고 개서한 흔적이 완연하다고 한다. 그러나 칠지도의 본래 명문은 일본의 주장처럼 백제왕이 왜왕에게 올린 것이 아니요, 백제왕자가 왜왕에게 내려준 것이다. 그 용도는 백제가 왜 땅에 파견한 분봉왕 제후, 혹은 정벌군을 통솔하는 장수에게 권위의 표징으로 주어서 진두에 높이 쳐들고 진군하게 한 보검이라고 해석하는 것이 온당할 것이다. 근래에는 일본학자들 중에도 백제왕자가 왜왕에게 내린 것이라고 주장한다.

또한 존 코벨은 신공이 가야국 중애왕의 왕후인 한인 왕녀로, 권력투쟁에 나서 왜국 정벌을 꺼리던 중애왕을 제거하고 스스로 바다 건너 새로운 땅을 구해 대규모 선단을 이끌고 왜로 가면서 왜왕국의 정통성을 강조하여 후쿠오카에서 응신왜왕을 해산한 것이라 주장했다. 신라에 의해 한반도에서 쫓겨난 백제, 고구려인이 『일본서기』에 그 기록을 180도 뒤집어 기술함으로써 신공이 왜에서 신라로 온 것처럼 날조했다고 본 것이다.

일본인들은 또 가야의 고고학적 출토물과 중국 측의 문헌에 의하여 가야국이 일본보다 문화, 산물, 기술, 무기 등에 있어 선진국이었음을 부인할 수 없게 되자 "쇠, 기타 산물과 제철기술 등을 빼앗아 후진국인 왜를 부강케 하려고 가야를 정복, 강점했다"라고 설명하고 있다. 그러나 후진국 왜인들이 한인의 땅에서 약탈 점령하는 것을 한인들이 막지 아니하고 보고만 있었을 리가 없다.

왜인이 한반도를 정복했다는 주장과는 반대로 선진 정복국가인 백제는 왜국을 정복하기 위하여 진출했고, 가야는 백제와 신라의 압력을 피하여 후진인 왜의 땅에 진출하였기에, 옛날 경상도 지방에 일본식 지명은 없는 데 반하여 지금까지도 일본의 도처에는 가야나 한 삼국의 지명이 허다하게 남아 있다. 불과 36년 동안 일인에게 강점되었던 한반도에 일인이 남긴 문물과 지명이 많이 남아있는 점으로 보아서 그것을 알 수 있다.

근래 한반도의 남단 창녕 다호리에서 삼한시대의 붓과 먹이 출토되고, 백제왕이 일본에 있는 친족에게 보낸 표적인 물건과 가야에서 발달된 당대의 최신 무기인 청동 및 철제의 마구가 출토됐다. 김포에서는 4,400년 전의 벼종자 등 귀중한 유물이 발굴되었다. 이로써 일본문화의 발상지가 한국이고, 일왕가의 조상이 한국인이라는 것을 부인할 수 없게 되었다. 임나일본부가 한반도의 남단에 있을 수 없었다는 것을 입증하는 것이다.

처음에는 가야인이 먼저 왜에 진출하여 자리를 잡았으나 후에는 백제인이 진출하여 동조(東朝)라는 조정을 설치하고 일본 도처에 식민지 분국과 분봉왕을 둔 것이 사실이다. 다시 말하거니와, 한반도 안에는 임나일본부라는 것이 있었던 적이 전혀 없었다. 일본부라는 것은, 왜가 남조선을 지배했던 관청이 아니라, 왜를 정벌한 지배자의 발상지라는 의미이다. 그곳에는 가야국의 왕궁과 관청들이 있었고, 일본으로 건너가는 항구였을 뿐인데 일본인들은 그것을 가지고 임나일본부가 있었다고 꾸며 낸 것이다.

근래에는 또 독도가 우리 땅이라는 확실한 증거가 있는 데도 일본인들은 이를 감추고 일본 것이라며 억지를 쓴다. 독도는 울릉도에 붙은 바위로서 울릉도에 독도 바위가 속해 있으며 대한민국 법령으로 이는 대한민국 영토에 속한다. 울릉도가 일본에 소유된 일이 없다. 따라서 독도도 일본에 속할 수 없다. 일본도 그것을 잘 안다.

산음(山陰)현의 일본 배가 자꾸 울릉도에 와서 목재·약초·해산물 등을 밀수확해 밀무역하니 숙종 때 우리 조선 정부가 나서서 울릉도가 우리 땅이라는 자료를 제시하고 일본의 막부와 담판하여 이를 금했다. 이를 받아들인 도쿠가와 막부에서는 밀무역하던 어민을 죽이고 밀무역을 용인하던 책임자는 할복자살하도록 했다. 그런데 일인들은 죽은 밀무역자를 용감한 바닷사람이라며 추켜세우고 일본 정부는 갑자기 독도가 울릉도와는 별도의 지역이라며 독도가 자기네 땅인 것처럼 생떼를 쓴다. 그렇게 해서 독도 일대 바다를 빼앗아 일본 영역으로 해 보려는 음흉한 침략적 야심임을 우리는 간과할 수 없다. 독도는 예나 지금이나 변함없는 대한민국 영토이다.

5장

일본 속의 한국 불교

최초의 전법과 불교의 수용

　일본의 고대 불교문화에 한인이 담당한 역할을 구체적으로 살펴보고
자 한다. 한국에서 불교는 고구려 372년, 백제 384년, 신라 527년에 공인
되었고, 백제 성왕이 538년 혹은 552년에 처음으로 왜에 불교를 전했다.
그 연대에 대하여 『원흥사 연기』와 『백제본기』 등은 『일본서기』와는 달
라서, 선화왕 3년(538년), 흠명왕 7년(546)설 등이 있다. 백제에 불교가
전래된 연대와 왜국에 전한 연대의 사이에는 근 2백 년의 기간이 있으므
로 그동안 도일한 한인 이주자 중에 불교신자가 있었음은 물론이다.

　『일본서기』 흠명왕 13년 10월조에 의하면 552년 백제의 성명왕(성왕)
이 사자를 나라에 보내 금동석가불 1구, 번개(幡蓋: 불교 장식물), 경론 약
간 권과 유통 및 예배의 공덕을 찬양하는 글월까지 보냈다. 흠명은 환희
하면서 "처음 듣는 묘법이지만 단독으로 결정할 수 없으므로 군신에게
문의하겠다"라고 했다. 불교 수용의 가부를 물으니 대신 소가 이나메(蘇
我稻目)는 "서방 제국이 불교를 이미 받아들였으니 왜도 이를 받아들이
자" 하고 대련 모노노베(物部)와 나카도미(中臣連謙子) 등은 "왕이 된 것
은 천지사직의 180신에게 제사하기 때문인데 이제 불교의 외래 신을 예

---

* 1986년 불교신문에 연재되었다.

배하게 되면 먼저 신들의 노여움을 사서 죄벌을 받게 될 것이므로 불교를 배척해야 한다"라고 주장했다.

숭불파와 배불파의 대립은 단순한 신앙문제라기보다 당파, 직업단체의 정쟁이 큰 원인이었다. 배불론자는 자기방위책으로 숭불을 금지시킨 것이라고 볼 수 있다. 숭불론의 주도자는 백제계 도래인의 씨족과 관계가 깊은 대신 소가(蘇我)이고 최후까지 이에 반대한 배불론의 주도자는 신사(神社)의 사직(司職)을 맡아 조신(祖神) 등 제신을 숭상한 모노노베와 복부(卜部; 점술부)의 나카도미 등이었다. 이들 양대 세력의 분포기반, 정쟁의 초점, 사상적 배경 등에서 논쟁이 격돌한 까닭을 충분히 추측할 수 있다.

이에 왕이 소가 이나메로 하여금 시험삼아 불상을 모셔오게 했다. 소가 대신은 기뻐하며 지금의 나라현(高市郡 明日香村)의 집(후일의 향원사, 앵정도장, 풍보사의 전신)에 불상 등을 안치하니 이것이 불도의 시초이다. 그런데 그 직후에 악질이 유행하여 사망자가 많이 생겼다. 이에 모노노베와 나카도미가 불교 때문이라고 극렬히 공격했다. 왕이 배불파의 의견대로 하라고 했다. 그래서 불상을 강물에 떠내려 보내고 가람을 불태웠다. 그러자 곧 대궐에 화재가 일어났다.

584년(민달왕 13) 9월 백제사신 녹심신(鹿深臣; 지금의 滋賀縣 甲賀郡의 호족)이 미륵불상 1구를, 군사인 좌백련(佐伯連)이 불상 1구를 가져왔다. 대신 소가 우마코(蘇我馬子; 이나메의 아들)가 그 불상 2구를 자청하여 받고 한인으로 왜에 도래한 지 얼마 안 된 안부(鞍部)의 촌주 사마달등(司馬達等)과 역시 도래한인의 후손 이케노(池邊直氷田)를 보내어 사방으로 수행자를 탐문했다. 유번마국(唯磨國)에서 혜편(惠便)이라는 한인 환속승을 얻어 그를 스승으로 삼았다. 사마달등의 11세 딸 선신

(善信)과 제자 2명 등 3니를 데려다 두었다.

우마코는 이시가와의 저택 동편에 불전을 세우고 대재를 베풀었다. 우마코, 이케노, 사마 등은 불법을 깊이 믿어 수행을 게을리하지 아니했다. 어떻게 보면 그것이 불법의 시초라고 한다. 585년 2월에는 잿밥 그릇에서 불사리를 얻어 소가 우마코가 대야구(大野丘) 북쪽에 탑을 세우고 크게 재를 베풀었다.

그런데 며칠 후 소가 우마코가 병이 나고 전국에 악질이 유행하여 사망자가 많이 생겼다. 3월에 모노노베와 나카도미는 "소가가 불법을 일으킨 때문이 아니냐"라고 공격했다. 민달왕이 "그러면 불법을 엄단하라"라고 했다. 모노노베는 몸소 절에 가서 석탑을 헐고 불상과 불전을 불태우고 타다 남은 것을 난파굴강에 버리게 했다. 우마코와 그를 따라 불법을 행한 자들을 문책하여 선신 등 여승을 불러내 법의를 벗기어 가두고 매를 때렸다. 그러자 창질이 크게 유행하여 사망자가 또 많았다. 노소가 몰래 말하기를 "이는 불상을 소각한 죄 때문이 아닌가"라고 했다.

6월에 소가 우마코 대신이 왕에게 "신의 병이 이제까지 낫지 않으니 삼보의 힘을 빌지 않고는 낫게 할 수 없다"라고 했다. 왕이 우마코에게 "너 혼자만은 불법을 행하고 타인은 못하게 하라"라면서 세 여승을 돌려주니 우마코가 기뻐하며 새로이 절을 짓고 여승들을 맞아들여 공양케 했다. 배불론자들이 또 불법을 박멸하려고 꾀했으나 우마코는 언쟁하고 대항했다 한다. 8월에 민달왕이 병으로 죽었다.

소가 가문과 도일 한인의 조직화

　모노노베, 나카도미 등은 전국적인 직업부 집단의 주장으로 그들을 거느리고 야마토 정권을 섬겨 5세기쯤에는 대련 벼슬을 갖고 큰 세력을 잡게 되었다. 소가 가문은 한(韓)계의 씨족들과 함께 6세기에 들어 낡은 부제(部制)에서 새로운 관사제(官司制)를 조직화하고 대신으로써 선진 행정을 지향하며 여러가지 신제도를 시험 실시하는 등 후일 율령제의 선구적 역할을 한 대세력 가문이 되었다.

　그런 시점에서 불법의 내용은 단순한 신앙문제에 한정된 것이 아니었다. "불교를 상징하는 승려는 그 시대의 학자이며 또 최신의 기술자였음은 성덕태자 시대에 잘 보여주고 있다"라고 쓰쿠바(筑波)대학 이노우에(井上辰雄)는 말하고 있다(『일본 고대사와 유적의 수수께끼 총해설』, 자유국민사, pp. 124-139). 숭불과 배불의 대논쟁은 양대 세력의 정쟁과 관련된 것도 있지만, 소가는 그러면서 불교를 신앙한 일면도 있었다고 나는 보고 있다. 그 점은 후일 재론하게 될 터이다.

　민달 다음의 용명(用明)왕은 네 왕자를 낳았는데 성덕(聖德)태자가 그 중 하나이다. 용명은 불법을 신앙하며 신도(神道)를 존중했다. 모노노베로 대련을 삼고 소가 우마코로 대신을 삼았다. 딸 왕녀로 하여금 이세신궁의 해신(천조대신) 아마테라스 오미카미에게 제사하게 했다. 즉위 2년에 병이 들어 군신에게 "짐이 삼보에 귀의코저 하니 의논하라"라고, 불교를 신봉할 의사를 표시했다. 군신회의에서 모노노베, 나카도미 등과 소가 우마코가 대립하여 다시 대격돌했음은 물론이다. 이에 왕제(王弟)가 백제에서 풍국법사를 불러들였다. 용명왕이 창질로 운명할 즈음 도래한인 사마달등의 아들 안부다수라가 "신이 천황을 위하여 출가 수도하며 장육의 불상과 절을 세우겠습니다" 했다. 다수라 1명이 출가했다. 587년 4월에 용명이 죽었다.

5월에 모노노베는 다른 왕자들을 제쳐 놓고 혈수부 왕자를 왕으로 세우려고 계책을 꾸몄다. 6월에 우마코가 민달왕의 왕후를 받들고, 병사를 시켜 "속히 가서 혈수, 택부 두 왕자를 죽이라"라고 명했다. 밤중에 좌백 등이 궁을 포위하고 두 왕자를 죽였다. 이에 선신 등 세 여승은 "출가의 길은 계율을 지킴으로써 근본을 삼는 것이니, 원컨대 백제로 가서 법을 배우겠다"라고 했다. 우마코가 백제 사신에게 "이 여승들을 백제로 데리고 가서 계율하는 법을 수학하도록 해달라"라고 청했다. 백제 사신들은 "우리가 귀국하여 왕께 아뢴 후에 보내도 늦지 않는다"라고 후일로 미루었다.

이로 보아서 한계(韓系)의 불교신도와 선신 등 3니처럼 순실한 불도들은 숭불파, 배불파의 세력쟁취가 폭력적 방법에 의하는 것은 불도에 합당치 못하다는 생각을 가졌던 사람들이다. 수계의 법을 수학하려고 기원하며 참된 불교 정신을 유지하려고 힘쓴 그들의 보이지 않는 정신이 일본의 초기 불교의 생맥을 연명시켰음을 주목해야 한다.

용명이 죽은 지 몇 달 뒤인 7월에 소가 우마코는 여러 왕자와 군신에게 모노노베를 토멸할 모의를 하도록 권하여 토벌군이 진군하기에 이르렀다. 모노노베 측에서도 대군이 이에 대항했다. 그때 연소한 성덕태자는 소가의 편에서 따랐다. 태자는 나무를 베어 사천왕상을 깎아 놓고 "우리가 승리하게 해주시면 사천왕을 받드는 사탑을 반드시 세우겠노라"라고 서원했다. 소가 우마코도 "우리를 도와 승전하게 해주시면 탑을 세워 삼보를 유통시키겠노라"라고 서원했다.

587년 양군이 싸울 때 도미노오히도(迹見首赤)가 모노노베와 그의 아들을 죽였다. 모노노베의 군대와 권속이 변성, 변장하고 헤어져 달아나 숨어버렸다. 이때에 세인이 "소가대신의 처는 모노노베의 매제이므로 소가가 처의 토략에 의하여 대련 모노노베를 죽였다"라고 했다.

난을 평정한 후 성덕태자는 섭진국(攝進國; 지금의 오사카 사천왕사구)에 사천왕사를 세웠다. 모노노베의 노복과 재산을 나누어 절의 노비와 토지로 하고 도미노오히도에게 대토로써 포상했다. 우마코도 서원한 대로 아스카(飛鳥; 지금의 高市郡 明日香村) 땅에 법흥사(法興寺)를 세우게 되었다. 의봉부(衣縫部)의 반조(伴造)가 조수엽(祖樹葉)의 집을 헐고 처음으로 법흥사를 짓기 시작했는데 지금의 비조사(飛鳥寺)가 그것이다.

588년 숭준왕 때 백제가 사신, 승 혜총(惠聰) 등과 불사리를 일본에 보냈다. 은솔수신(恩率首臣) 등 다수의 사신과 영조(聆照)율사 등 다수의 불교승, 사공(寺工) 태량말태(太良未太)와 문가고자(文賈古子), 노반(盤; 탑의 윗부분 장식) 박사 장덕(將德; 벼슬이름) 백미순(白味淳), 와(瓦) 박사 마나문노(麻奈文奴) 등과 화공 구가(句加)가 백제에서 왔다. 그들은 일본문화 특히 불교문화와 사탑의 건축에 큰 역할을 했다. 그때 우마코는 백제 승려들에게 계를 받는 법을 묻고 선신 등을 백제국 사신들에게 부탁하여 백제로 학문하러 보냈다.

590년 3월에 학문여승 선신 등이 백제에서 돌아와서 앵정사(櫻井寺; 비조사, 법흥사, 풍보사의 또 다른 이름)에 주거했다. 출가한 여승이 10명이었는데 대부분이 한(韓) 삼국 도래인의 여자들이었다. 위의 여러 절 이름 때문에 현혹될지 모르나 그것은 여러 차례의 화재, 전란, 지진, 반대파들의 파괴로 인하여 여러 번 재건한 관계와, 소재지의 여러가지 지명, 본명과 별명, 정식 명칭과 약칭 등의 복잡한 내력 때문에 생긴 동소이명(同所異名)인 경우가 많다. 예를 들면 최초의 도장인 사천왕사도 금광명(金光明)사천왕사의 약칭이고, 황룡사(荒陵寺), 난파사(難波寺)는 그 소재지명이다. 비조사의 경우도 그 소재지인 풍보(豊浦)는 비조의 한 지역으로 풍보사가 건립되었다가 그 자리에 향원사(向原寺)가 건립되었다. 법흥사, 비조사, 앵정도장 혹은 앵정사, 광엄(廣嚴)사, 원흥(元興)사, 간갑(懇甲)사, 풍보사 등이 모두 같은 절임을 알면 그렇게 복잡할 것이 없다(암파서점의 『일본서기 下』의 주해, 「원흥사연기」. 삼성당 『도해 현대백과사전』의 대화지(大和志)).

모노노베 일당을 멸한 소가 우마코는 군신들 모르게 자기 사람인 아야노아야(東漢直駒)를 시켜 전격적으로 숭준왕을 살해했다. 그리고는 아야노아야가 우마코의 딸을 유혹했다는 이유를 붙여 죽여서 입을 막았다.

주목할 것은 정쟁 끝에 불교반대자 모노노베 일당이 소가 일당에게 패망하여 불교가 흥하게 되었으나 오로지 불교를 참으로 신앙한 사람들, 특히 한계의 도래인 신도들과 불도의 계율을 닦으려는 선신 등 세 여승 같은 사람들에 의하여 참된 불도의 명맥이 전해졌다는 점이다. 그리고 조직화한 도래한인의 합작을 잊어서는 안 된다.

소가가 한인 도래인을 통솔한 때문에 아스카 땅의 주인이 되었으나 실은 도래한인들이 그 지방을 개발한 것이다. 일본에 백제군, 고구려군, 신라군, 가야향이 있는 것처럼, 최신 기술자(今來)들 집단이 주거한 나라의 고시군(高市郡)을 금래군(今來郡)이라고 속칭한 사실만 보아도 알 수 있다. 한인들은 조정의 행정, 재정은 물론이요 학문과 불교의 스승, 특히 불사와 불상의 건조자로서 공동합작의 큰일을 했다. 당시 불교문화의 위대한 사업, 웅대한 사원과 탑, 미술적인 불상 건조는 도래한인들의 손으로 만들어진 것이다. 그 시대 건축과 불상이 지금까지 일본의 국보로 전해 오고 있다는 것은 이어서 말하게 되겠다.

백제인이 세운 아스카 불교문화

    숭준왕 암살 이후 민달왕의 왕후이자 용명왕의 누이인 추고(推古; 스이코, 성덕태자의 고모)가 소가 우마코의 옹립을 받아 593년 여성으로 왕위에 오르고 그녀의 조카 성덕태자가 섭정이 되었다. 그들의 국정개신과 불교정책이 소가 가문과 도래한인 씨족과의 깊은 관련, 특히 당시의 최신 고급기술자인 '금래(今來)'와의 합작으로 불교가 비약적으로 융흥하며 아스카 문화의 꽃이 피었다.

    추고조의 불사 건립 사업은 실로 허다하다. 593년 정월에 불사리를 얻어 법흥사의 주초에 두고 기공했다. 그해 사천왕사를 난파의 황릉 땅에 세웠다. 594년 2월 성덕태자와 대신들로 하여금 삼보를 흥륭케 했다. 여러 대신들은 저마다 왕을 위하여 불사를 지어 '데라'라고 했는데, 데라라는 말부터가 한국의 절이라는 고어가 일본화한 것이라고 한다(『일본서기』 추고 2년 2월조 주 12). 이즈음부터 귀족층 사이에 성행한 절의 건립은 그 위용으로 과거의 대형 고분들처럼 지배층의 세력을 과시하는 것이 되었다. 이에 따라서 불교문화가 생겼다.

    595년 5월 15일 고구려 승 혜자(慧慈)가 도일하여 성덕태자의 스승이 되었다. 같은 해에 백제 승 혜총(慧聰)이 도일하였다. 이 두 승려가 불교를 널리 가르쳐서 삼보의 동량이 되었다. 혜총은 숭준 원년 3월에 도일한 혜총(惠聰)과 혼동된 것 같다고도 한다. 또 성덕태자는 백제의 박사 각가(覺哿)를 스승으로 하여 유교를 배웠다.

596년 11월 법흥사가 완성되어 남선덕신(男善德臣; 소가 우마코의 아들)을 사사(寺司)로 임명하고 혜자, 혜총을 법흥사에 거하게 했다. 『부상기(扶桑記)』에 의하면 이날 우마코를 비롯해 1백여 인이 모두 백제 옷을 입고 준공을 축하하는 자리에 참석했다. 597년 4월 백제 위덕왕이 아좌(阿佐)태자를 일본에 보냈다. 고구려 승 혜자의 영향을 백제가 의식해서 왕자를 보낸 것인지도 모른다. 성덕태자의 화상은 아좌태자가 그렸다고 전해 오는데 그것은 7세기 이후의 것이 남은 것이므로 그 작자가 확연치 않다고도 한다.

601년 2월 성덕태자의 궁실을 반구에 처음으로 지었다. 그것도 법흥사를 지은 한인의 기술에 의했을 것으로 짐작된다. 602년 10월에 백제가 승 관륵(觀勒)을 보내 역서(曆書), 천문지리서, 둔갑방술(遁甲方術; 일종의 점성술)을 전하고, 왜의 서생 3, 4인에게 학습시켰다. 동년 윤10월에 고구려 승 승강(僧隆), 운총(雲聰)이 도일했다.

603년 11월 성덕태자가 여러 대부에게 "내게 존귀한 불상이 있는데 누가 이것을 공배할 수 있겠느냐"라고 물었다. 이에 한인계 도래인 하타가와가쓰(秦造河勝)가 자원하여 봉강사(蜂岡寺; 太秦寺, 廣隆寺)를 지었다.

"이 불상이 『일본서기』 추고 31년(623) 7월조에 신라에서 보낸 불상을 갈야(葛野)의 진사(秦寺)에 안치했다는 그것이 아닌가, 후일 옮겨 지은 광륭사에 있는 반가사유상이 바로 이 불상이 아닌가 한다"(『일본서기』 推古 11년 11월조 주 5 및 31년 7월조 주 24). 즉 교토 광륭사의 목조 미륵보살반가상은 아스카시대를 대표하는 일본 국보 제1호다. 신라에서 보낸 그 불상은 한국 서울국립중앙박물관의 현존 청동미륵반가사유상을 꼭 닮았다.

이 시기에 정치상으로는 궁인을 통제하기 위한 신방식이 채용되었다. 603년에 한삼국의 관제를 본원으로 한 관위의 제정 및 성덕태자의 17조 헌법 공포가 그것이다. 604년 정월 공포된 헌법에는 유교적 질서가 많이 포함되어 있지만 불교적인 것도 적지 아니하다. 이를테면 1조의 화(和)를 귀히 여긴 것, 2조의 삼보를 공경하라고 한 것, 10조의 분심(忿心)을 끊고 진노를 버리라고 한 것, 14조의 질투는 대환이라고 한 것 따위는 직접으로 불도를 보여주고 있다.

그해 9월에 비로소 고구려인 황화사(黃畵師)와 산배화사(山背畵師)를 지정했다. 태자 전력에 의하면 10월에 제 불사·불상을 장엄하기 위하여 황문(黃文), 산배(山背), 하내(河內), 궤진(秦), 회(繪) 등 5화사를 지정하고 그들의 호과(戸課)를 면제하여 영구히 명업(名業)으로 했다고 한다.

605년 4월에 태자, 대신, 제왕자, 제신에게 조서를 내려 함께 서원을 발하여 동(銅)과 수(繡)의 장육불상을 각 1구씩 만들게 했다. 한인(韓人) 사마달등(司馬達等)의 손자 구라츠구리노(鞍作鳥; 止利佛師)를 조불공으로 임명했다. 구라츠구리노 즉 안작조는 606년 비조사의 석가여래좌상과 623년 법륭사 금당의 석가삼존상, 약사상을 만든 유명한 조불공이다(『일본사요설』).

605년 고구려의 대흥(大興)왕은 영양왕의 생시 이름이라고 일본에서는 말한다)이 왜에서 불상을 만든다는 말을 듣고 황금 3백 냥을 보냈다. 606년 4월 8일에 동과 수 장육불상이 완성되어 비조사 금당에 안치했다. 근년 비조사의 발굴로 금당 위치를 확인하게 되어 비조사의 장육불 석가상이 그것임을 알게 되었다. 추고여왕이 안작조에게 칭찬했다.

"내가 불찰을 세우려고 처음으로 사리를 구할 때 너의 조부 사마달등이 사리를 구해 왔고, 너의 부친 다수라가 용명임금을 위하여 출가하여 불법을 공경했다. 또 이 나라에 여승이 없었는데 너의 이모 도녀(島女; 선신)가 처음으로 출가하여 제 여승의 선도자로서 불교를 수행했다. 이제 장육불을 만들기 위하여 좋은 불상을 구했더니 그대가 올린 불상의 본이 마음에 들었다. 그 불상을 완성했으나 안에 들일 수가 없어 문을 깨뜨리고 들여놓으려 하는 차에 네가 문을 깨뜨리지 아니하고 능히 들여놓았으니 모두 그대의 공이다."

추고여왕이 안작조에게 대인(大人)의 지위와 근강국(近江國) 판전군(坂田郡)의 논 20정을 주었다. 안작조가 그 논으로 추고 왜왕을 위하여 금강사(金剛寺; 나라현 南淵의 판전사)를 지었다.

7월에 왕이 성덕태자를 청하여 「승만경」을 강설하게 했다. 그해에 태자가 「법화경」을 법륭사 근처 강본궁(岡本宮)에서 강설했다. 이에 왕이 매우 기뻐서 파마국(播磨國)의 논 수백 정을 태자에게 주었다. 그것을 반구사(斑鳩寺; 법륭사, 伊河留城寺)에 바쳤다. 옛날에 한(韓) 문화가 북규슈를 거쳐서 내해를 지나 오사카 만에 상륙하여 난파에서 나라로 가서 고대 야마토 조정이 성립되었는데 반구(이카루가)마을은 대화의 관문이자 난파와 연결되는 요충이었다.

신문화의 상징인 불교를 융흥하게 만든 성덕태자는 비조 땅에서 반구로 궁을 옮겼다. 그것은 태자가 소가 우마코의 세력권에서 벗어나기 위해 한 일이라고 해석하는 이도 있다. 궁을 옮기고 거기에다 법륭사를 위시하여 수많은 절을 세워서 불교문화의 기초를 만들었다.

추고조의 수많은 불교사업 중 가장 중요한 것은 일본 최초의 불사인 비조사와 사천왕사의 건립, 그리고 이 시대 아스카 불교문화의 융성을 과시하는 법륭사 건립이라고 할 수 있다. 법륭사 약사여래상의 광배에 새긴 글이 전하는 창건 유래에 의하면, 법륭사는 용명왕이 병을 치유하기 위하여 창건하려다가 뜻을 이루지 못하고 죽었는데 그의 누이인 추고여왕과 아들 성덕태자가 유원을 성취하여 607년에 완성한 절이다.

그런데 670년 4월 30일 한밤이 지나 법륭사에 불이 났다. "한 집도 남김없이 다 탔다"라고 『일본서기』는 기록하고 있다. 그래서 현재의 법륭사가 추고시대에 창건한 건축양식 그대로이냐 670년 이후에 재건한 것이냐 하는 논쟁이 지금까지 계속되어 온다. 근래 발굴의 결과 재건론이 유력하다. 그러나 재건되었다고 할지라도 탑·금당·중문·회랑은 아스카 양식을 전하는 최고의 목조건물이라는 사실에는 이의가 없다. 백제인이 세운 법륭사는 반구마을의 최요지점이요, 일본문화의 한 기점이고 최고봉이어서 일본의 남녀노소가 깨끗한 공기에 역사상의 옛날을 찾아가는 일본문화의 요람이요, 일본민족 마음의 그림책이라고 한다.

일본에 전해진 고구려와 신라 불교문화의 중요성을 무시할 수 없지만, 법륭사 창건의 예를 보면 압도적인 영향력은 백제의 그것이다. 유교도 마찬가지다. 성덕태자 찬이라는 「삼경소의(三經疏義)」도 태자와 고구려·백제 출신 학승과의 공동연구 산물이다. 성덕태자의 스승 혜자와 각가는 각각 고구려와 백제의 학승이었음을 『일본서기』 추고 2년 1월조 동 3년 5월조를 보면 알 수 있다. 당시 법륭사 학단의 수준은 뛰어나게 높은 것이었다.

1천3백여 년이 된 법륭사는 일본 최고의 당탑과 불상을 위시해 건축·조각·회화·공예 등 비조시대 이래의 일본 고대미술이 집적된 박물관임을 자랑하고 있다. 일본의 국보, 중요문화재가 건물 53동, 조각 269점,

회화·공예·서적 등 1,552점이 있다. 특히 백제인의 솜씨인 아름다운 백제관음(구다라관음)을 위시하여 석가삼존불과 백제 성왕의 모습을 새긴 구세(救世)관음, 불단(佛壇) 옥충주자(玉蟲廚子)가 유명하다. 또 일본서 가장 오랜 목조건축인 금당·중문·5층탑, 고구려인 담징이 그린 금당벽화와 성덕태자비가 태자를 추모하여 도래한인들로 하여금 불국토의 정경을 수놓아 만들게 한 천수국만다라수장(天壽國曼荼羅繡帳) 등 한인의 뛰어난 기술과 깊은 관계가 있는 문화재들이 일일이 열거할 수 없이 많이 남아 있다.

불상을 제작한 한인 안작조, 즉 구라츠구리노도리를 지리불사라고 하는데 도리라고 발음하는 것은 한국어의 도리(동량)를 의미한다고 한다. 구라츠구리노도리가 그 당시 불교문화 불교사상을 구현함에 가장 필요한 건축과 기술의 상징적인 존재이었음을 알 수 있다.

주목할 것은 일본에서 불교가 그렇게 융성했으나 그것이 일본 고래의 신도(神道)를 버리거나 경시한 것은 결코 아니었다. 불교와 아울러 중시할 것은 민중의 깊은 신앙을 모은 농경신과 수신(水神)의 신사들을 궁사(宮祠)로 하고 왕이 제사를 받들며 풍양을 왕과 결부시킨 점이다. 그리하여 율령국가의 종교정책 아래 다른 낡은 민간신앙을 점차로 쇠퇴시켰다. 왕은 국난을 당하면 불사에 기원하는 동시 일찍이 한인(韓人)에게서 배운 대로 이세신궁을 비롯해 조상들 사당에 조상신의 도움을 기원함으로써 신사 신궁의 지위를 일관하여 높이는 정책을 중히 했다.

607년 2월 추고는 조서를 내려 "선조들의 예에 따라서 천지산천에 두루 제사하여 건곤에 통하고 음양에 화하는 일을 게을리할 수 없으므로 마음을 다하여 신지(神祇)를 배례해야 된다" 하고 성덕태자와 백료를 거느리고 신지를 제배했다. 일본의 신궁, 신사의 존숭을 의미하는 것이다.

신궁·신사가 신라에서 일본에 건너간 것임은 일본 학자들 간에 이견이 없다. 일본의 수많은 신궁·신사는 본래 종교가 아니고 조상을 숭배하며 국가의 형성 발전, 사회생활에 공적이 많은 자를 숭앙하는 것이었다. 그 대부분이 일본 국가사회에 공적이 현저한 한국계의 실존인물 또는 실존적 집단의 대표자 혹은 그 상징이었다. 제정일치시대에는 그러한 조상을 숭앙하여 복을 비는 신사(사당)와 그 조상의 명복을 빌고 그 후손들의 행복과 성불을 기원하는 절이 같은 곳, 혹은 인근에 설치되었는데, 근세에 신·불의 분리정책에 따라서 신사가 융성을 보게 되고 불사는 약세를 면치 못하게 되었다. 예를 들면, 백제왕신사와 백제사는 오사카에 나란히 세워졌고, 고(구)려신사와 승악사(聖天院; 勝樂寺)는 도쿄 부근 무사시노 고(구)려 산에 나란히 세워졌는데, 백제사는 후세에 이르러 그 고터만이 백제왕신사 근처에 남아 있다.

고구려인에 의하여 수(隋)를 주목하게 된 왜는 607년 7월 수와의 국교가 열려 사신을 보낸 것을 위시하여 중대사건이 많이 생겼지만, 왕래 사절단의 요인과 통역사와 접대자 대부분이 한인이었다. 이때 8인의 학승을 수에 유학보냈는데 그들도 거의가 도래한인이었다는 점을 지적해 둔다.

610년 3월 고구려 영양왕이 승 담징(曇徵)·법정(法定)을 일본에 보냈다. 담징은 5경에 통달하고 채색과 지묵을 제조하고 질그릇 제조하는 데도 능했다. 법륭사 금당의 아름다운 불교 벽화는 그의 솜씨다. 611년 8월 신라의 사자가 도일했다. 612년 도래한 백제인들 중에 온몸에 흰 반점 있는 노자공(路子工; 芝耆麻呂라고도 한다)이 있어 산악의 모형을 만드는 재주가 뛰어나 정원을 장식하는 수미산 등을 만들었다. 또 오(吳)에서 기악·가무를 배운 백제인 미마지가 앵정에서 소년들을 모아 학습하게 했다. 그때 백제 상고왕(尚古王)의 후예인 진야수제자(眞野首弟子)와 한계 도래인의 후손 제문(濟文)이 이를 학습하고 후세에 전하여 지금의 오호치노오비토(大市首), 사키다노오비토(田首) 등의 조상이 되었다고 한다.

614년 6월에 왜는 수에 사신을 보냈는데 다음해 9월에야 도착하였고, 그들이 돌아올 때는 백제 사신이 함께 도일했다. 11월에 고구려 승 혜자가 20년 만에 고구려로 귀국했다. 616년 7월에 신라사자 내마 죽세상(竹世上)이 불상을 왜에 가져갔다. 높이 2척의 금동불상인데 봉국사(광륭사)에 안치하였더니 때로 빛을 냈다고 한다.

618년에 고구려가 사자를 왜에 보내어 수양제가 대군을 거느리고 고구려에 원정했다가 대패한 사실을 전하며 포로와 전리품을 보내어 국력을 과시했다.

620년 성덕태자와 소가 우마코가 같이 『국기(國記)』 등을 지어 추고조까지의 역사를 기록했다. 621년 2월 5일 밤 성덕태자가 반구궁에서 죽었다. 고구려 승 혜자는 그 소식을 듣고 매우 슬퍼했다. 일본인들은 성덕태자를 성인이라고 평한 혜자 또한 역시 성인이라고 평하고 있다.

624년인 9월에 일본의 절은 46개소, 승이 816인, 여승이 569인이었다고 한다. 625년 정월 고구려 왕이 승 혜관(惠灌)을 일본에 보냈다. 왜가 그를 승정으로 임명했다.

626년 5월 소가 가문의 권력자로 소가 이나메의 아들이며 불교를 처음 일본에 자리 잡게 하고 그 자신 삼보를 공경하던 대권력가 우마코가 죽었다. 사가들은 일본의 불교문화를 개화시킨 것은 백제계 권력가문 소가(蘇我)의 공이라고 한다. 처음에는 불교 수용에 강력한 반대가 있어 숭불·배불이 정치적 싸움으로 계속되다가 마침내는 모노노베가 소가에

나라 이카루가의 한 민가. 어딘지 백제 분위기라 할 미감이 느껴진다. ⓒ 이리에 다이키치

게 패멸됨에 따라서 불교가 수용되어 그 교세가 흥하였던 것이다(『일본사요설』, pp. 29-30).

628년 2월 추고여왕이 병들어 별세했다. 일본의 사가 중에는 추고조 후기부터 일본 불교가 국제적 또는 일본화했다고 성급한 속단을 하려 하지만 동대사(東大寺) 시대부터야 그런 변전의 증거가 보이기 시작하고 법륭사를 건설한 추고 시대에는 한삼국 불교의 복합된 뿌리가 깊이 내리고 있었다. 후일 국제 불교, 일본 불교로 변전하던 시대에도 한국 불교의 뿌리가 오래 남아 있었다.

한국의 민가를 닮아 기둥 사이로 아름다운 흰 벽체의 기와집 민가가 아스카(飛鳥) 불교문화의 중심지 반구마을에 지금까지도 남아 있어서 눈길을 끌고 있다.

백제천변의 백제대사와 백제궁

631년 서명왕(舒明; 민달왕의 손자) 3년 3월 백제 의자왕이 왕자 풍장(豊章)을 왜의 백제 동조(東朝)에 보냈다. 639년 7월에 왕이 "금년에 백제궁과 백제대사를 영조한다"라고 발표하고, 12월에 백제천변에 9층탑을 세웠다. 640년 5월 재를 크게 베풀고 승 혜은(惠隱)을 청하여 「무량수경」(정토 3부경 중의 하나)을 강설하게 했다. 서명왕은 백성들을 징발하여 세운 백제궁으로 10월에 이사하여 641년 10월 그곳에서 사망했다. 서명 이후 즉위한 여왕 황극(皇極; 민달의 후손이며 서명의 왕후)은 전처럼 소가 가문의 사람 소가 에미시(蘇我蝦夷)로 대신을 삼았다. 641년 가뭄을 당하여 불사와 여러 신사와 하천에 기우제를 지냈다.

백제대사는 오사카 히라가타에 있는 백제왕신사 곁의 백제사와는 다른 절이다. 대사(大寺)라는 말은 원래는 사사(私寺)에 대한 관사(官寺)를 뜻하는데, 백제대사는 나라시대 남도의 7대 사찰 중의 하나인 대안사(大安寺)의 전신이다. 그 7대 사찰은 동대사·흥복사·원흥사·대안사·약사사·서대사·법륭사 등이다. 동서 양탑, 남대문, 7당 가람과 20수자(數字)를 완비했던 대안사가 지금은 소규모 건물 2동과 9체의 불상(등신대의 목조관음상 5체와 사천왕상)만이, 그나마도 아주 훼손되어서 황폐한

273

자취를 보여주고 있다. 그러나 백제천변에 백제대사와 백제대궁이라는 명칭이 붙게 된 것과 또 고도 평성경(平城京)의 일본발음이 평양경(平壤京)과 일치되는 '헤이조(ヘイジョウ)'인 점 등에 대하여는 깊이 상고해 볼 만하다.

즉위원년인 641년 9월 백제대사의 건축을 위하여 백성을 징발했다. 643년부터 소가 일족의 분열 현상이 나타나 645년 6월 소가 이루카(蘇我入鹿. 다른 이름은 鞍作이라고 한다)과 그의 아비 에미시가 궁궐의 한 삼국 사신을 접대하던 자리에서 정적들에게 살해되었다. 이로서 1세기 반 동안 왜왕와 밀접한 권력자로 소가 이나메에서 우마코·에미시·이루카로 이어지던 백제계 권력가문 소가 씨가 멸망했다. 이를 을사의 변이라 한다. 이때 성덕태자와 소가 우마코가 쓴 역사서 『국기』도 불타 버렸다. 사변 후 황극왕은 법홍사로 들어가서 삭발하고 가사를 입고, 동생 효덕(孝德)왕에게 양위했다. 효덕왕은 중대형(中大兄, 葛城皇子)을 태자로 세우고, 아베(阿倍內麻呂)와 소가 이시가와(蘇我石川)를 대신으로 삼았다. 그들은 모두 소가 이루카 부자(父子)를 습격·살해한 사람들이다.

효덕은 불법을 전하고 신도(神道)는 소홀히 했다. 645년 8월에 조서를 내려 "흠명 13년에 백제 성명왕이 불법을 우리 대왜(大倭)에 전한 이래 불교를 현창하여 승니를 공경했다. 짐이 다시 정교를 숭상하여 대도를 비치려 한다. 고로 사문 박(狛; 고마, 즉 고구려라고 읽는다)대사, 복량(福亮; 法起寺 미륵불상 만든 사람) 승정, 혜운(惠雲; 학승), 상안(常安; 南淵請女, 유교교수), 영운(靈雲; 도래인), 혜지(惠至; 사주 승민(寺主僧旻; 주역 강의자), 도등(道登; 고구려에 유학하고 원홍사에 주거한 자), 혜린(惠隣), 혜묘(惠妙) 등을 10사(師)로 삼는다. 그중 혜묘법사를 백제사 주로 임명한다. 이 10사들은 여러 승을 잘 지도하여 불도를 닦고 반드시 법과 같이하라. 무릇 왕과 모든 관원이 사원의 영조를 함께 도와 건립케 하려 한다. 제사를 순행하여 승니·노비·전답의 실태를 살펴서 상세 명확히 아뢰도록 하라"라고 했다.

위의 10사의 대다수가 한인계의 학승들이다. 646년 정월 개신의 조를 선포하여 토지와 인민의 씨족 소유를 폐지하여 국유로 일원화하고 공지 (公地)·공민(公民)의 원칙을 세우고, 군제(郡制)와 이제(里制)를 정리하고 통일적 세제를 실시하는 등 중앙집권적인 국가체제를 확립하였다.

한(韓) 삼국과의 사이에 사자의 왕래가 자주 있었는데 647년에는 신라의 김춘추가 왜에 왕래했다. 648년 2월에 한 삼국에 학승을 유학보내어 불도를 수학하게 하고 아베 대신과 승니 등을 사천왕사에 청하여 불상 4구를 맞아 탑 내에 앉히고 영취산상(靈鷲山像)을 만들었다고 『일본서기』는 전하고 있다.

망명한인 대집단 - 일본국 건설과 문화에 대공헌

백제와 고구려의 대집단이 왜에 망명하여 영주하게 된 관계로 그들 조상을 제사 지낼 사당과 절을 일본 땅에 세워 발전시킨 문화를 설명하기 전, 백제와 고구려가 나당연합군에게 패망하던 전후 왜의 정세를 먼저 약술할 필요가 있다.

제명여왕 3년인 657년에 왜가 신라에 사자를 보내서 "신라의 사자가 당에 갈 때 왜의 사자도 따라가게 해달라"라고 청했으나 신라가 왜의 청에 응하지 아니했다. 왜국 배는 조악하여 먼 바다를 항해할 수 없었을 뿐 아니라 한인 통역과 선원 등 신라 인력에 의지하지 않고 왜 혼자 중국에 갈 수 없었다. 658년 7월에 왜가 또다시 청해서 일본의 승 지통(智通)·지달(智達) 등이 신라선에 편승하여 당에 가서 현장법사에게 무성중생의(無性衆生義)를 수학했다.

660년 9월에는 백제가 사자를 왜에 보내어 "신라가 이웃나라 고구려·백제와 친근하지 아니하고 당나라군을 끌어들여 백제를 거의 파멸했으나 백제의 좌평(佐平)·복신(福信) 등이 적을 격퇴하여 당군이 감히 침입하지 못하게 되었으니, 왜는 원군을 보내고 또 왜국에 가 있는 백제왕자 여풍장(余豊璋; 부여풍)을 백제로 돌려보내어 백제의 국왕이 되게 하라"

라고 했다. 그때 백제의 좌평·귀지(貴智) 등이 사로잡은 당병 백여 명을 왜로 보냈는데 그 포로들이 미농국(美濃國)의 불파(不破)·편현(片縣) 2군에 있는 당인들이라고 『일본서기』는 전하고 있다.

왜는 백제 복신장군의 소청에 따라 출병하려다가 663년 7월에 제명여왕이 별세하매 9월에 가서야 귀국한 풍장에게 복신이 정권을 맡겼다. 그런데 풍장은 명장 복신을 모반 혐의로 죽였다. 부여풍이 거느린 왜군은 백촌강에서 패하고 부여풍은 도주하여 663년 백제가 영영 멸망했다. 668년 즉위한 천지(天智)일왕이 부여풍이라고 보는 학자들도 있다.

백제 멸망 후 백제의 지배층이 대규모로 도일하여 그 문화를 직접으로 크게 전했다. 이 시대는 일본 불교문화의 제2차 발전기이기도 해서 백봉(白鳳)문화라는 일본 고대문예의 형성기에 들어갔다. 약사사 동당과 흥복사 불상을 위시하여 여러가지 조각과 담징이 그린 것으로 유명한 법륭사 금당의 벽화, 고구려풍 그대로인 다카마스(高松塚) 고분 벽화 등이 생겼다.

불교가 계속 성함에 따라서 대불 조성과 천평(天平)문화가 나타났다. 국분사(國分寺)제도가 생겨서 총국분사인 동대사 등 수많은 유명한 절과 탑, 대불상이 건조되었다. 거기에는 도일한 한인들의 노력과 재력과 기술과 광산개발의 공이 지대했음은 후에 말하게 되는 바와 같다.

나라시대 이후 불교는 일본에서 호국불교로서의 큰 구실을 다하게 되었다. 때로는 한국에서 건너간 도래인의 후예 도소(道昭)와 행기(行基) 일파처럼 원효사상의 감화로 민간 포교에 힘써 대중불교를 실천한 고승의 뚜렷한 행적을 남겼지만, 율령국가로서 승니령에 의하여 불교를 통제함으로써 자유로운 민간포교를 금지하는 것을 원칙으로 했다.

전일 풍장과 함께 도일한 선광(善光; 백제 의자왕의 아들인지 아우인지 확실치 않다)은 백제가 멸망한 고로 귀국하지 않고 왜에 영주했다. 천지조는 664년 3월에 선광을 난파에 살게 했다. 후일 지통(持通)조는 선광에게 백제왕이라고 사성(賜姓)했다(『일본서기』 天智 3년 3월조 주 25). 그들이 후일에 오사카의 백제왕신사와 백제사를 창건하게 된 것이다.

664년에는 대마·일지·축자 등지에 방위를 위한 봉화를 설치하고 축자국에 큰 저수지를 만들고 물을 담아 수성(水城)을 축조했다. 665년 복신의 공을 생각하여 관위를 주었다. 그해에 백제인 남녀 4백여 인을 근강국 신전군(近江國 神前郡)에 살게 했다. 백제인들로 하여금 대야(大野)·연성(椽城) 등을 축조하게 했다. 여러 곳의 성, 특히 산성과 고분과 신사와 불사가 모여 있는 곳은 모두 한인이 개발한 지역이라고 보아서 크게 잘못은 없을 것이다. 그래서 일본 속의 한국문화의 뿌리를 찾는 데 도움이 된다.

666년 천지 5년 10월, 고구려가 사신 일행을 왜에 보냈는데 보장왕의 왕자 약광(若光)도 그중 한 사람이었다. 그것이 인연이 되어서 668년 9월에 평양성이 함락되고 고구려가 멸망한 후에 약광이 망명단을 거느리고 도일했다. 그들과 백제·신라, 삼국인의 합작으로 무사시(武藏), 즉 도쿄와 그 주위의 지역이 개척되고 산업이 발달되고 고구려신사와 승악사가 창건됐다. '무사시'는 한인들이 본국에서 가져다가 심은 모시씨(麻種子)를 의미하는 것이라고 한다. 천지일왕 때인 671년 왜는 비로소 국호를 일본이라고 정해 신라와 중국에 알렸다.

676년 천무(天武) 4년 이후 신라와 일본 사이에 자주 사신이 오고갔다. 684년 대연회에 일본무용 오하리다(小墾田舞) 춤과 고구려·신라·백제의 음악을 궁정에서 연주했다. 양노령제(養老令制)에는 한 삼국의 악사 각

4인과 악생 각 20인이 소속되어 있었다(『일본서기』天武 12년 정월조 주 19). 동년 8월 크게 가물자 백제승 도장(道藏)이 기우하여 비가 내렸다.

684년 9월 38씨(氏)에게 사성했는데 그중에는 한계 도래인도 많이 섞였다. 685년 5월 백제의 승니, 속인, 불교신자 남녀 등 23인을 무장국(무사시노)에 편히 살게 했다. 그해 12월 또 50씨에게 사성했는데 역시 한인이 많이 있었다. 686년 6월 11씨에게 사성했는데 한인 호족이 많이 섞였다. 686년 2월 여·제·당인 합 47인에게 작위를 주었다. 686년 3월 "집집마다 불단을 만들고 불상과 불경을 두고 예배 공양하라"라는 조서를 내렸다.

686년 10월 백제승 상휘(常輝)에게 30호를 봉하고 신라 사신 파진찬 김지상(金智祥), 대아찬 김건훈(金健勳) 등을 특대했다. 신라에서 일본에 금은·견포·의약 등을 많이 가져갔다. 백제인 시의(侍醫) 억인(億仁)에게 관위를 주고 1백호를 봉했다. 일본 왕실에서는 병자를 위하여 불사와 이세신궁에 기원하고 법장대사 등 한인이 약을 다렸다. 그때 대사령을 내리고 무차대회를 설하고 「인왕경」을 강설하고 연등 공양도 했다.

그 다음 지통조부터는 한인 내왕자가 계속하여 늘고 신라에서 불상 등을 일본에 보내게 되었다. 신라가 삼국을 통일하기 전에도 한인이 여러 차례 집단으로 일본에 이주하였다. 그중에는 불교도 외에 절과 불상과 불탑의 건설과 관계있는 속인들이 많았다. 큰 집단의 경우에는 몇 명이라고만 기록한 경우도 있지만 때로는 승, 니가 몇 명 그리고 속인 남녀가 몇 명이라고 기록한 경우가 많았다. 나는 그 이유를 최근에야 이해할 수 있었다. 번번이 남녀 속인 몇 명이 함께 이주했다고 밝힌 것은 와공박사, 목수, 불상 만드는 박사, 화(畵)박사, 음(音)박사, 서(書)박사 같은 전문기술자와 그 가족들이 함께 거주한 것을 의미하는 것이다. 그들에게 일본 조정이 살 곳을 주고 특히 우대한 것이다. 이 시대에 일본 정사(正史)에 기록된 것만 해도 얼마나 많이 가서 영주하였는지를 알기 위하여 좀 길어지더라도 그 사례를 들어 본다.

일찍이 천지 5년인 666년 겨울에 백제 난민 남녀 2천 명을 동국(東國)에 살게 했다. 684년 천무 13년 5월에 백제의 승니와 남녀 속인 등 합 23인을 무장국에 살게 하였다. 686년 8월에 회외사(檜隈寺)·경사(輕寺)·대와사(大窪寺)에 각각 1백 호를 봉하고, 거세사(巨勢寺)에 2백 호를 봉했다. 회외사는 현재 오미아시(於美阿志)신사로 되어 있지만 원래는 5세기 초 왜 조정의 초청을 받고 백제에서 파견된 왕사(王師) 아지사주(阿知使主)·도력사주(都力使主) 자손들인 동문(東文) 씨의 씨족사(氏族寺)로서 후에 생기는 일들과 연관이 많으므로 기억해 둘 필요가 있다. 또 640년에 신라 원광법사가 입적하고, 686년에는 원효가, 702년에는 의상대사가 70여 세로 입적했는데 후에 그들이 일본 불교에 큰 영향을 주었으므로 그 연대를 기억해 둘 필요가 있다.

지통조에 들어 686년 윤12월에 축자 대재부[筑紫大宰府 혹은 태재부(大宰府)]가 한(韓) 2국인(國人) 남녀와 승니 62인을 일본 조정에 보냈다. 687년 3월에 고구려 난민 56인을 상륙국(常陸國)에 살게 하고, 신라의 승니 및 속인 남녀 14인을 하모야국(下毛野國)에 살게 하고, 4월에 신라의 승니 및 속인 남녀 22인을 무장국에 살게 했다. 그런데 687년 9월에 도일한 신라 왕자 김상림(金霜林) 등은 일왕의 상(喪)으로 인하여 신라에서 보낸 불상 등 귀물을 688년 2월에 축자 대재부에 전하고 예우를 받고 귀국했다.

689년 4월에도 신라인을 하모야국에 살게 한 일이 있다. 그해 신라에서 학문승 명총(明聰)과 관지(觀智) 등을 일본에 보내고 따로 금동아미

타상·금동관세음보살상·대세지보살상 각 1구씩을 보냈다. 690년 2월에 신라 사문 주길(詿吉)·급냉(級冷)·북조지(北助知) 등 50여 인이 도일하여 영주했다. 5월에 백제의 남녀 21인이 도일하여 영주했다. 8월에 신라인들을 하모야국에 살게 했다. 691년 4월에 대학의 박사 상촌주백제(上村主百濟; 후에 阿刀連으로 改姓함)에게 공물(公物) 1천 속을 주었다. 9월에 음(音)박사와 대학의 서(書)박사, 백제말사선신(百濟末士善信)에게 각각 은 20냥씩을 주었다.

693년에 지통이 백제왕 선광에게 정광삼(正廣參)을 수여하고 부물(賻物)을 주었다. 지통 연대부터 한인들이 도가(踏歌)를 연주하고 궁에서 무차대회를 베풀고, 「인왕경」을 각지에서 강설했다. 이는 한국의 「인왕경」 백고좌와 같은 것으로, 일본에서는 693년인 지통 7년 10월에 비롯한다. 그밖에 불경을 강하거나 독송하여 재해를 제거하려 한 사례를 많이 본다. 696년 정월 백제왕 남전(南典)에게 직대사(直大肆)를 수여했다. 697년 6월에는 일왕의 병이 낫기를 기원하는 불상을 만들었다. 이상은 주로 『일본서기』에 의한 것이지만 다음은 『속일본기』에 의한 것이다.

700년 10월 문무일왕이 백제왕 원보(遠寶)를 상륙(常陸)의 수(守)로 삼았다. 그 후에도 일본 왕실에서 백제왕에게 벼슬을 준 사례가 많다. 701년 2월에 공자제사 석전(釋奠)의 예를 처음으로 베풀었다. 702년 12월에 지통의 병 때문에 대사령을 내리고, 백인이 출가하고, 「금광명경」을 강의했다. 703년 3월 백제인 의연(義淵)법사를 승정으로 했다. 4월에는 일본에 망명한 고구려 보장왕의 왕자 약광에게 왕성(王姓)을 주었다. 8월에 종오위상(從五位上) 백제왕 양로(良虞)를 이예(伊豫)의 수(守)로 삼았다.

문무일왕 시대에도 일본과 신라 사이에 사신의 왕래가 자주 있었다.

705년 11월 기병을 징발하여 신라 사신을 영접했고, 706년 정월에는 궁정에서 주악하여 영접했는데 그 후에도 그리했다. 708년(元明 和銅 元年) 3월 정오위 백제왕 원보로 좌위사독(左衛士督)을 삼았다. 711년 3월에 상야국(上野國) 감량군(甘良郡)의 직상(織裳), 한급(韓級), 실전(失田), 대가(大家), 연야군(緣野郡)의 무미(武美), 편강군(片岡郡)의 산(山) 등 6향을 베어 따로이 다호군(多胡郡)을 설치했다.

위의 지명들은 물론이요, 일본 각지의 옛 지명들이 그곳에 정착했던 한인과 관계되는 것임을 증명하고 있다는 사실은 매우 흥미로운 것이다. 716년 5월 준하(駿河)·갑비(甲斐)·상모(相模)·상총(上總)·상륙(常陸)·하야(下野) 등 7국의 고(구)려인 1,790인을 무장국으로 옮겨서 고려군을 설치한 것은 그중에도 큰 사례이다. 그것은 후에 한데 모아서 해설하려한다.

721년 6월 백제사문 도장(道藏)은 법문의 수령이며 석도의 동량인데 80세를 넘어서 기력이 노쇠하니 그 소생 회적(回籍) 친족이 생활을 돌아보아 승으로 종신하게 하라고 지시했다. 723년 2월 승 만서(滿誓)를 축자에 보내어 관음사를 세우도록 했다.

성무(聖武)조에 들어 725년 윤정월에 승 6백인을 궁중에 청하여 재해를 제거하기 위한 「대반야경」을 독경했다. 727년 2월에도 승 600인과 니 300인을 궁중에 청하여 재이를 물리치는 「금강반야경」을 읽게 했다. 동년 12월에 조칙을 내려 "승정 의연법사(속칭 市往氏)는 불법을 일으켜 선제 때부터 짐의 대에 이르기까지 받은 공덕이 크니 시왕이라는 것을 고쳐서 강(岡)이라는 연성(連姓; 대신 직급 다음에 오는 높은 성씨)을 주라"라고 했다.

727년 12월 발해 사신 고제덕(高齊德) 등 8인이 일본 수도에 도착했다. 발해는 구고구려국으로서 오래전부터 일본과 교류했다. 728년 정월에 성무왕이 태극전에 나아가서 발해 사신으로부터 국서와 방물(方物)을 받았는데 그 글에 "발해는 고구려의 압록강 이북 옛터에서 부여의 유속을 이어받은 나라이다"했다. 일왕이 발해 사자들에게 대사(大射)와 아악요(雅樂寮)의 주악이 있는 중에 각각 차등이 있는 녹을 주었다. 728년 6월 사자들이 발해로 귀국했다.

『속일본기』 전편 성무 천평 2년 9월 병자 및 11월 경술(庚戌) 조에 따르면 일본 조정에서는 발해국의 사자가 가져간 방물들을 귀중히 여겨 6처의 산릉과 각지의 유명 신사에 받들어 올렸다.

만주와 중국의 일부와 러시아의 국경까지 차지하여 광대한 강국을 이룬 발해는 고구려의 후속자로 자처하며 당과 맞서서 신라를 위하여 큰 방파제 역할을 했다. 그러나 신라가 외적을 끌어들여 고구려·백제를 파한 데 대한 원한 때문에 신라와는 교류하지 아니하고, 일본 정착 한족들과 관계가 깊은 이즈모에 자주 왕래하였으므로 그 문화가 일본에 영향을 주었으리라고 생각한다. 이러한 나의 추측과 기대대로 근래 중국에서 발해 대제국의 유적들이 많이 발굴되었다. 그 조사보고서로 발해에 유학과 불교가 성행했던 사실이 확실히 증명되었다.

728년 8월 왕세자가 병으로 눕자 삼보의 힘으로 병고를 벗어나려고 관세음보살상 177구와 불경 177권을 만들어 예불하고, 대사령을 내리고, 박사·의사를 보선하고, 여러 능에 사자를 보냈으나 효험이 없이 왕세자가 죽었다. 10월에 승정 의연대사가 입적했다. 일본 정부는 고관을 보내어 호상하고 부물을 후히 내렸다. 그해 12월에는 「금광명경」을 각지에 반포 독송하게 해서 국가의 평안을 빌게 했다.

729년 6월에 「인왕경」을 조당(朝堂)과 기내(畿內) 7도(道) 제국에서 강설했다. 730년 2월에 공자의 석전을 베풀고 대학요의 박사와 학생들의 학업을 권면했다. 730년 3월에는 각국어 통역을 양성하기 위하여 각 교수 밑에 제자를 두게 하고 한어(漢語)도 학습하게 했다. 10월에 대승도 변정(大僧都辨靜) 법사를 승정으로 임명했다. 731년 7월 아악요의 잡악 생원(백제악인·고구려악인·신라악인·당악인·度羅樂人·諸縣舞人·筑紫舞人 등)을 설치했다. 732년 10월에 종오위 한국연광(韓國連廣)을 전악두(典樂頭)로 임명했다.

733년 6월에 무장국(武藏國)의 신라인 덕사(德師) 등 남녀 53인의 청원에 의하여 그들에게 김성(金姓)을 주었다. 744년 12월 승 100인을 숙식시키고 밤에 금종사(金鐘寺)와 주작로에 연등 1만을 달았다.

749년 4월에 조신을 이세대신궁에 보냈다. 성무왕이 백관을 거느리고 동대사에 행차했다. 그 달에 육오수(陸奧守) 종삼위 백제왕 경복(敬福)이 황금 9백 냥을 냈다. 그 황금은 도래한인들이 궁성(宮城)현 원전(遠田)군 용곡촌(湧谷村)에서 발견하여 선광한 사금이라 한다. 이와 관련하여 기억해 둘 것은 그보다 앞서 708년(화동 원년) 정월 을사기사 중의 '무장국 질부(秩父)군에서 화동(和銅)을 헌상한 사건'이다. 즉 도래한인들에 의하여 화동광산이 발견되어 구리가 헌상되매 국가의 큰 상서라하여 나라의 연호를 화동 원년으로 바꾸고 대사, 승진, 그 지방의 면세, 기타의 은전을 베풀었다는 사실이다. 2월에 비로소 주전사(鑄錢司)를 설치하였다. 그 금과 동이 불상을 만드는 데 크게 공헌하였음은 물론이다.

순인(淳仁)조 들어 758년 8월 도래 신라승 32인, 니 28인, 남 19인, 여 21인을 무사시의 황무지에 이주시켜서 신라군을 처음 만들었다. 760년 4월 도래 신라인 131인을 무장국에 살게 했다. 761년 3월 고구려인 달사인덕(達沙仁德) 등 2인에게 조일연성(朝日連姓)을 주었다. 766년 5월에 상야국(上野國)에 있는 신라인 허족(許足) 등 193인에게 길정(吉井)의 연성을 주었다. 이러한 예는 더 이상 열거하지 않겠다.

에가미 도쿄대 교수는 「기마민족국가의 일본 통일국가와 대륙 기마민족」이라는 항목에서 다음과 같이 서술하고 있다.

대화조정 국가가 왕실, 즉 천황씨를 중핵으로 한 여러 호족은 정치적·군사적 연합체였음을 쉽게 알 수 있다. 국가 창시 발전에 천황씨와 함께 관여한 여러 호족을 그 계통·출처·직장·성 등에 의해서 구별해 보면 다음과 같다.

1. 지명을 성씨로 하는 신성(臣姓)인 각지의 토착 호족.
2. 조정을 위해 사무를 나누어 처리하던 사람들 중에 그 직업을 가지고 성을 만든 연성(連性), 즉 왕실에 직결 내지 직속한 호족·천손·천신 및 그 추종자의 후예로 전국에 분포되어 있는 사람들로 특히 군사·경제적 역할을 한 사람.
3. 왕친 제씨와 국신계·천신계 및 한(韓)씨 같은 도래인이나 귀화인 중에 약간의 귀족들.

조성(造成)된 성씨는 직업의 이름을 취한 것이 압도적으로 많고 지명을 취한 자도 더러 있었으며 진부(秦部)·백제부(고마인)·가야인 등 직업 출처의 외국명을 취한 자도 있었다.

백제인의 씨사 강사(岡寺)와 백제왕신사

도래한인들이 일본에 자리 잡으며 군(郡)을 형성하고 성씨를 갖게 된 과정은 한인들이 귀화인으로, 나아가서는 동국인(東國人)으로 변질하는 과정이기도 하다. 이를 보아 가노라면, 그들이 가져간 가지가지의 문화적 영향이 폭넓게 드러난다.

백제와 고구려의 망명집단이 도일하여 정착함에 따라서, 한인 지도자들의 사당(신사)과 대성(大姓)들의 문중 씨사(氏寺)로서 절이 건설되었다. 불교가 국교화됨에 따라 일본은 불사 수립에서 불사 통제로 그 정책 방향을 바꾸어, 전국 각지에 국분사(國分寺)를 세웠다. 한편으로 신궁·신사도 존숭하여 국가제도상 관사(官社)인 국폐사(國幣社)가 각지에 세워졌다.

불교와 신궁의 융성에 따라서 유교는 권좌에서 밀려나고 그 세력이 약화된 것은 사실이다. 그래도 국사의 기록, 재정의 계수 및 장부 등 기술사회의 상하장유 질서를 유지하기 위한 유교적 도덕, 성문법에 의한 국가 통치체제의 성립, 외교문서의 해독 및 작성 등 각 방면의 문자 사용과 학문상의 필요 때문에 왕인을 조종으로 하는 학식가들에게 유학이 깊이 뿌리 박혀서 근세까지 일본의 건설과 사상의 큰 몫을 담당해 온 일면도 가볍게 볼 수 없다.

오사카 히라가타에 있는 백제왕신사 입구. ⓒ 최태영

　어찌되었거나 근세에 들어 신사와 불교의 분리정책으로 불사의 성세가 밀려나게 되기 전까지 불교가 융성했음은 사실이다. 이제부터는 국가정책으로 신사와 불교를 함께 존숭 통제하던 시대를 기술하려 한다. 한인 집단의 가묘사당인 신사, 대성들의 씨사, 또 한인과 인연이 깊은 불사, 그리고 일본의 국분사들 중 큰 것 몇을 선택하여 기술하겠다.

　우선 박사 왕인, 혹은 그와 관계가 깊은 아지기(阿知岐)의 후손인 유명한 의연 대승정과, 그가 창건한 다섯 절 중의 하나인 강사(岡寺; 龍蓋寺)에 대하여 간단히 말하려 한다. 의연승정은 후에 강련(岡連)이라는 성을 받았고, 또 대궐 강본궁(岡本宮)과 관계가 깊었으므로 절 이름을 용개사에서 강사로 바꾼 것이다. 시왕(市往; 이치키) 씨가 아지기의 후손이고 아도(阿刀) 씨가 왕인의 후손이므로 강련 씨도 백제에서 도래한 사람의 후손임은 분명하다. 그러므로 강사가 왕인 등의 씨사임은 당연

오사카 히라가타 백제왕신사의 현
판은 '백제국왕 우두천왕'을 나란
히 표기했다. ⓒ 최태영

한 일이다. 왕인의 종손 고 아도 히로부미(阿刀弘文) 씨는 의연을 왕인
의 후손이라고 했다.

　의연에 관한 모든 기록이 『속일본기』 권10 신구 4−5년(727−728) 기사
중에 있지만 일왕이 강본궁 자리를 절터로 주었다는 역사상의 기록만은
나는 아직 못 찾아 더 조사 중이다. 『일본후기』에는 연력(延曆) 16년과
18년의 기록만 남아 있고, 하필 연력 17년(798)의 기록은 남아 있지 아니
하다.

　의연은 어려서 천지일왕의 총애를 받으며 왕자와 함께 궁중 강본궁에
서 자라났다. 장성해서는 비조사에서 지봉(智鳳) 승정에게 법상(法相)을
배우고, 703년에 대승정이라는 최고 승직에 올랐다. 그는 710년에서 730
년간에 용개(龍蓋)·용문(龍門)·용복(龍福)·용천(龍泉)·용상(龍象)의 5사

를 창건하였다. 용개사, 즉 강사는 관세음보살상을 보존하고 있으며, 아지기와 왕인을 조종으로 하는 백제인들의 씨사이다.

　오사카에는 왕인의 유적이 많다. 박사 왕인은 일본에 문자를 전했고 또 오늘날 학문의 신으로 숭배를 받는 스가와라 미지자네(管原道眞)의 조상이기 때문이다. 나라현 천리(天理)시 계시(堺市)에는 화니정(和邇町; 화니와 왕인은 동일인이다)이 있고, 오사카의 방원(方遠)신사, 네야가와(寝屋川)시의 고량(高良)신사, 가호쿠(河北郡)의 고석(高石)신사 등은 모두 왕인을 모신 신사들이다. 559년에 창건된 서림사(西琳寺) 역시 왕인을 조종으로 하는 서문(西文; 가와지노 후미) 씨의 씨사(氏寺)라고

백제 패망 후 일본으로 망명한 경복이 새로운 성 백제왕씨를 받고 세운 씨사(氏寺) 오사카 히라가타의 백제사 터. ⓒ 최태영

한다.

　백제사에 대해서 그 존재만이라도 한마디 아니할 수 없다. 오사카 히라가타에는 전(傳) 왕인묘가 있을 뿐 아니라 백제왕신사와 백제사적공원이 있는 것으로도 잊지 못할 곳이다. 백제왕씨는 백제의 왕손으로 일본 왕가의 외척으로서 최고 귀족이 되었으며, 일본의 정치·군사·종교·문화 발전에 공적이 크기 때문이다.

　백제왕신사 입구에는 '백제왕신사(百濟王神寺)'라고 새긴 큰 석주가 있고, 신전에는 '백제국왕 우두천왕(百濟國王 牛頭天王)'이라고 새긴 현판이 달려 있다. 백제왕신사와 연접해 있는 백제사적공원에는 '특별사적 백제사적'이라는 돌 표지와 안내판이 있어 다음과 같이 설명하고 있다.

　백제 국왕의 일족이 일본에 망명하여 백제왕이라는 성을 받았다. 나라시대부터 평안(平安)시대 초기에 정치적으로 중용되었고, 특히 육오국(陸奧國)의 경영에 공헌한 바가 컸다. 백제왕 경복은 성무천황이 동대사의 대불을 주조할 때 육오국에서 채취한 황금을 도장용으로 헌납한 공으로 하내수(河內守)가 되었다. 중궁 자리에 살면서 씨사로 백제사를 세웠다. 그 가람 배치는 일본에서 예를 볼 수 없는 것으로 신라의 감은사와 매우 비슷한 형식이다. 백제사적공원은 1968년 최초의 사적공원으로 정비되었다.

원효 · 의상의 화엄연기

    교토의 고산사(高山寺) 및 그 별원 비구니 절 선묘사에 간직되어 있는 원효·의상 두 대사의 전기 그림 「화엄연기 6권」은 원래 「의상대사편 4권」과 「원효대사편 2권」으로 그 절에 전래되던 것이다. 원본 중 의상편은 교토, 원효편은 도쿄의 국립박물관에 보존되었고, 현재 고산사에는 복사본만이 있다. 고산사의 중심 건물인 석수원(石水院)은 1224년에 건립된 조촐한 목조건물이다. 병화를 겪은 후 원상을 잃은 채로 남아 있는데 한 가지 더 주목할 것은 고산사 근처 차밭에 한국에서 가져간 차를 지금까지 재배하고 있다는 사실이다. 일본 선종의 개조인 영서(榮西) 선사가 송에 유학하고 돌아오는 길에 우리나라에서 차 종자를 가져다가 고산사의 명혜(明惠)에게 전한 것이 일본차의 원종이라고 한다.

    고산사를 중흥하고 원효·의상의 화엄연기 두루마리 그림을 제작한 승려 명혜는 1173년부터 1232년간에 생존한 인물이다. 원효 그림은 의상 그림과 독립된 형태로 되어 있으나 두 대사는 신라 화엄종의 조사이고, 명혜는 원효사상에서 큰 감동을 받았기에 그에 대한 존경과 신앙심으로 그의 제자 인성(忍成)으로 하여금 그림을 제작하게 하였다. 인성도 단순한 화사가 아니고 불도 수행자였기 때문에 사제가 결합하였음이 분명하다고 말한다. 그림의 주제는 7세기 통일신라의 의상대사와 원효대사에 관한 것이므로 여기 기술하여 후일 원효사상의 영향을 받은 도소·행기의 민중불교, 자리타리(自利他利)의 실천 같은 글의 예비지식을 마련하기로 한다.

의상이 원효와 함께 당으로 유학길에 나섰다가 원효는 도중에 깨달은 바가 있어 돌아오고 의상 혼자 당에 가서 수도하기 10년에, 중국 화엄종의 2대조 지엄(知嚴)의 수제자가 되었다. 그러나 동학인 법장(法藏; 일명 賢首)에게 3대조 자리를 양보하고 당나라가 신라를 치려 한다는 조국의 위기 소식을 본국에 알리려 급히 돌아오기로 결심했다. 그때 당나라 여성 선묘가 자기의 몸을 바쳐 의상을 수호했다는 전설은 널리 알려져 있다. 고산사의 일본인들이 그린 화엄 두루마리에는 의상대사를 연모한 선묘가 대사의 무사 귀국을 위해 바닷물에 뛰어들어 용이 되어서 뱃길을 호위선도했다는 장면까지 그렸다. 우리나라의 영주 부석사에 많은 국보급 문화재와 선묘 전설에 얽힌 석룡 등의 유적이 있는 것은 널리 알려진 바이지만, 일본에도 선묘 니사와 선묘 신사가 있을 정도로 신라 화엄사상의 영향이 컸다. 원효와 의상의 사상이 일본 불교사에 큰 감동을 주었기 때문에 두 대사들은 물론이고 선묘까지도 일본인들이 받드는 신이 된 것이다.

우메즈(梅津次郞)는 논문 「의상·원효 그림의 성립」에서 "이들 그림은 전기(傳記) 설화적인 것을 비판 없이 그린 것으로, 의상 그림의 중심은 의상의 입당구법에 얽힌 선묘의 연모와 종교적 헌신에 관한, 선묘 신앙에 관한 것임은 누구나 알 수 있다"라고 했다.

다무라(田村圓澄)는 논문 「일본 불교와 조선」에서 의상·원효가 일본 불교에 준 감화를 상세히 설명하고, "대안사의 승려 심평(審平)은 신라에 가서 화엄을 배우고 귀국하여 동대사 화엄의 기초를 정했는데 그의 신라 유학은 704년 이전으로 의상의 문하에서 화엄을 배웠다고 생각한다"라고 했다.

일본의 식자들이 원효의 사상을 존숭하였음은 『삼국사기』 열전 제6 설총전에도 보인다.

"세상에 전하기를, 일본국 진인(眞人; 높은 지위의 성씨 중 하나)이 신라 사신 일행 중 한 사람인 설판관(薛判官) 중업(仲業)에게 주는 시에 '일찍이 원효거사가 저술한 『금강삼매론』을 읽고 그 사람을 보지 못함을 매우 한하고 있었는데 들은즉 신라국 사신 설중업은 곧 원효거사의 손이라 하니 그 조부를 보지 못하였지만 그 손자를 만난 것이 기쁜 일이므로 시를 짓는다'고 하였다"라는 기사가 있다.

이 기사는 고산사 서동화상(誓幢和上) 탑비문과도 합치되는데 『속일본기』 권36 광인보구 11년 정월 임신조에는 신라 사신 일행의 일원 '대판관' 설중업이라고 오기되었다.

일본의 원효사상 연구

　원효의 불교사상과 화랑도정신이 일본 불교에 큰 감동을 주었음을, 일본 학자들의 발표한 바를 우선 말하고 이어 필자의 견해를 말하려 한다. 원효사상에 대한 일본 학자들의 논문은 필자가 읽은 것만도 꽤 많지만 그중 몇 편만 추려서 소개하기로 한다. 먼저 다무라의 논문 「일본 불교와 조선」(1947)에서 큰 뜻을 추려 보면 다음과 같다.

　"일본의 국신이란 반불파가 받드는 호족의 지배와 결부된 지역 수호신이다. 그러니까 불교의 외국신을 받드는 숭불파가 그들로부터 반대공격을 받았음은 물론이다. 초기 일본 불교의 전개를 이해함에는 우마코의 앵정 집에 모여서 미륵석상에 기도를 올린 민중 모습을 상상하는 것이 중요할 터이다. 최초의 절은 도래계 한인 씨족들의 지원과 지도로 수용되고 거점을 마련했다. 반불파의 중심세력이었던 모노노베의 붕괴 직후 소가 우마코의 요청에 의하여 백제로부터 승려와 절 짓는 기술자들이 일본에 왔다. 선신비구니 등은 백제에 가서 수계를 마치고 귀국했다. 즉 일본 불교의 맥은 백제 불교의 맥을 계승한 것이다. 일본 불교계의 지도를 맡은 것은 고구려 승 혜자와 백제 승 혜총이었다."

　"일본 불교사의 첫 페이지가 야마토의 아스카로부터 시작한 것은 그만한 이유가 있었다. 아스카는 숭불파의 본거지일 뿐 아니라 동한(東漢)

씨·안작(鞍作) 씨·의봉(衣縫) 씨 등 한반도의 도래계 씨족의 거주지로 불교가 전래되기 전부터 한(韓)족의 거주권, 문화권을 그곳에 형성하고 있었다는 것이 최대 이유이다. 소가 우마코는 아스카를 중심으로 한 도래계 한인 씨족들 지지로 불교 수용을 추진하고 불교의 거점 비조사 건립에 성공한 것이다."

"신라가 통일 전후부터 일본과 우호관계를 맺게 됨에 따라서, 불교 분야에도 친밀한 교섭이 계속되었다. 그것이 백봉시대이다. 그때 일본 학문승들이 14인이나 신라에 유학했다. 아스카 사천왕사와 약사사의 가람 양식이나 동서 쌍탑의 배치는 신라 경주의 감은사를 본받았다고 생각된다.

신라 불교는 고구려 백제와 마찬가지로 호국불교를 기본 성격으로 하고 있거니와 화랑집단과 미륵신앙이 결부되어 독자적인 전개를 보여주었음이 주목된다. 동지적 결속을 굳게 하는 화랑집단은 유·불·도의 삼교를 정신적 지주로 하는 교육조직이며, 사교(社交)단체이기도 하며, 유사시에는 전투단체가 되는 신라 국가발전의 원동력이다. 백 년 후 신라 통일을 실현한 시기에 그들이 역사의 중축이 되어 활약했다. 화랑은 하생한 미륵으로 존경받았다. 「미륵하생성불경」 등에 의하면, 신라의 화랑집단은 미륵의 가호를 믿으며, 미륵의 국토라는 이상국가 실현을 위하여 몸을 바쳐 민족적 사명을 다한 국가제도로 된 집단이었다. 사실 김유신이 거느린 화랑도는 용화향도라고 일컬어진 신앙집단이었다."

필자는 일찍이 원효가 화랑도에게 「미륵하생성불경」을 가르쳤음을 발표한 바 있는데, 일본의 다무라도 그렇게 생각한 것으로 짐작된다. 다무라는 일본 성덕태자의 신앙 성립에 대하여 다음과 같이 말하고 있다.

"화랑과 반가상을 동일시하는 미륵신앙을 일본에 전한 것은 성덕태자의 측근이었던 한(韓)계 도래인 하따(秦)와 추고조의 신라외교를 추진한 나니와노기시(難波吉土)였다. 신라계 도래씨족인 하따가 성덕태자로부터 불상을 받아서 봉강사를 창건했다는데, 그것이 바로 광륭사이다. 광륭사는 하따의 사사(私寺)라고 하지만 성덕태자와 관련이 있음을 말해 주고 있다.

갈야(葛野)의 진사(秦寺), 즉 그 당시 광륭사에 안치된 불상은 보관미륵반가상이 아니었을까. 이 상의 모양과 형태가 서울중앙박물관의 미륵반가상을 닮았음은 이미 지적한 바이거니와 일본에 있는 보관미륵상의 재질이 한반도 남부에 흔한 적송인 것도 신라와의 친근성을 추찰케 한다. 한편 일본의 사천왕사는 원래 나니와노기시의 씨사(氏寺)라고 생각된다. 여하간 신라–광륭사–성덕태자와, 신라–사천왕사–성덕태자의 삼위일체 관계가 보이는 것이다. 하타와 나니와노기시, 신라와 우호관계가 깊은 성덕태자, 반가상 등.

나는 반가상–성덕태자 신앙이 백제 불교의 계보가 아니고 신라 불교의 계보를 이어받은 점에 주의하고 싶다. 여하간 후일의 법륭사는 특정 씨족의 성격을 탈피하고 일본 불교에 직결되는 절로 변화한 것이다.”

다무라는 계속하여 다음과 같이 말하고 있다.

“원효는 하층귀족 출신으로 화랑의 지도자이었고, 같은 화랑 출신인 김유신의 군사고문이 되었다. 주목할 것은 원효가 후반생을 재가 불교 신자로 지내면서 민중불교를 펴고 많은 저술을 내놓았다는 점이다. 그는 같은 시대의 의상에 비하면 특이성이 있었다. 671년에 귀국한 의상은 태백산맥 남록의 부석사로 들어가서 화엄을 강설하며 산림불교, 학문불교로 시종했지만 원효는 도시불교, 민중불교 전도에 힘썼다. 그는 경주 분황사와 경주 교외 고선사에 거주했다. 결혼하여 아들까지 낳은 뒤로는 파계한 거사로 자처하고 천촌만락을 다니며 설교했다. 자기가 작사한 찬불가를 민중과 함께 부르며, 그 노래에 맞추어 춤을 추었다. 가람 불교와는 다른 민중불교가 그에 의하여 널리 퍼졌다.

원효는 일종일파에 집착되지 아니하고 통불교의 입장에 있었다. 그의 저술은 이미 8세기 일본 나라의 불교계에 들어와 있었다. 정창원 문서에 의하여 50부가 넘는 원효의 저작이 이때 필사되었음을 알 수 있다. 그중 가장 오랜 것이 740년이므로 사후 60년이 채 되기 전에 원효의 저작이 바다 건너 일본에 와 있었던 것이다."

신라 불교계에 대한 일본의 민감한 반응이 주목된다. 나라(奈良)시대의 일본 민중불교를 창도한 행기(行基)가 사상적으로 신라의 원효를 계승하고 있었다는 것은 당시 원효의 저술이 많이 나라에 들어와 있었으며 나라의 도시 불교계와 귀족층에 널리 알려져 있었다는 것으로 추정된다. 행기의 민중불교운동은 승니령에 위반했다고 해서 717년에 금지 조치가 있었지만, 적극적인 처벌에까지 이르지는 않았다. 그는 오히려 칭찬을 받았다.

그때 일본의 승강(僧綱; 僧官)들 중에 의연승정은 백제계의 시왕(市往)씨이고, 승도(僧都) 관성(觀成), 소승도(小僧都) 변통(弁通), 율사 관지(觀智) 등 3인은 신라 학문승의 경력을 가지고 있다. 그들이 신라 유학 중에 견문하고 원효에게 경의를 품고 있었다는 것도 생각할 수 있는 일이다. 어쨌거나 행기의 민중불교운동이 한참이던 때 승강의 반수 이상이 신라 학문승 출신이었다. 행기 시대의 일본 불교계는 신라 불교의 감화 지도하에 있었다. 이미 인용한 것처럼 승려 심평(審平)이 신라 화엄의 학수자라고 다무라는 말하고 있다.

야오타니(八百谷孝保) 교수는 「신라승 원효전고」(1938)란 논문에서 원효와 설총, 설중업 3대에 관한 자료를 소개하고 원효의 저작목록 82종을 표로써 보여주고 있다. 그는 「신라 사회와 정토교」(1937)라는 논문에서 진흥왕순수비에 나타난 수행자의 이름과, 진평왕 30년에 수나라에 보낸 국서를 승광(僧光)이 작성한 일, 문무왕 21년에 새 서울을 정하는 일의 가부를 의상에게 문의한 사례 등을 들어 "승려들이 신라국에서 지도자의 입장에 있었음을 알 수 있다"라고 했다.

특히 삼국통일을 앞두고 서민의 정신통합이 절실히 요구되던 때 계급사회인 신라 왕조는 상하가 함께 왕생한다는 불교신앙으로 서민을 통합함으로서 계급 제도를 파괴함이 없이 국가 안정의 효과를 내기 위해 불교에 중요한 위치를 주었을 것이다.

또 "신라 사회의 특징 있는 제도로 화랑이 있다" 하고, 김대문의 『화랑세기』, 최치원의 「난랑비 서(序)」 『삼국유사』 『삼국사기』 등을 인용하면서 화랑집단이 한 일과 수련방법과 그 목적을 설명하고 있다. 그는 미시나(三品彰英)의 논문 「신라 화랑의 원류와 그 발전」에서 많이 인용하였음을 밝히면서 다음과 같이 결론을 내리고 있다.

"화랑제는 이전부터 전해 내려온 바[저자 주: 현묘지도(玄妙之道)를 말한다]에서 암시를 얻고 이를 도교, 유교, 불교의 삼교의 사상과 습합하여 상하의 통합과 국가적 훈련의 일책으로 제정한 집단이라고 생각한다. 요컨대 신라는 화랑제에 의하여 국가가 필요로 한 인물의 양성과 집단 훈련에 힘썼음을 알 수 있다. 그 수양방법은 삼교의 도덕에 의한 교화법을 취했겠지만 근본적 지도 원리를 논함에 미륵신앙과 관련이 있다. 화랑도의 신앙, 수도의 목적, 방법, 근본적 지도 원리에는 「미륵하생경」의 신앙이 엿보인다. 그러나 그 사상계통은 전래의 전통이 계승되었고, 유학사상도 들어 있어서 단일한 미륵신앙이 아니었음이 분명하다."

채인환(蔡印幻)은「원효의 계율사상」(1978)이란 논문에서 "원광에 의하여 국민적 윤리도덕이 수립되고 자장에 의하여 계율이 정비되고, 독자적인 연구자 큰 인물 원효의 출현으로 한국 불교사상의 근원이 축조되었다. 4백 년 후 고려 대각국사 의천은 그를 바로 인식하고, 40여 종에 달하는 원효의 저서를 수록하였다" 하고, 조명기(趙明基) 박사에 의한 원효 저서 98종을 표로 보여주고 있다.

『조선과 고대 일본문화』(중앙공론사, 1979) 대담에서 나가노(中野幡能) 교수는 화랑도의 수련방법과 일본 신궁사(神宮寺)들의 수련방법의 관계에 대하여 "화랑과 매우 비슷한 것이 일본 국동(國東)반도의 수험(受驗)이다. 수험의 고형은 화랑의 영향력이 강하게 보인다. 신라의 화랑 그대로이다. 우좌(宇佐)의 별궁신궁사(別宮神宮寺)는 모두가 미륵사(彌勒寺)라고 해도 무방하다. 규슈에서도 특히 풍전(豊前), 풍후(豊後)의 옛 신사 개조(開祖)는 모두 바다 저편 사람이다"라고 하고 있다.

동대사와 행기

주조된 불상으로는 세계에서 제일 크다는 나라대불이 들어앉은, 세계에서 제일 큰 목조건물이라고 자랑하는 나라 동대사(東大寺)는 일본이 율령체제를 갖추면서 국가불교의 통제기구로 세운 총국분사(總國分寺)이다.

741년 성무왕 때 발원하여 국가재정으로 각지의 국분사 설치비를 충당케 했다. 743년 10월에 전국의 구리를 모두 들여서라도 동대사에 비로자나 불상을 주조하라고 명했으나 그 지시대로 잘되지 아니하니 747년에 조서를 내려 그 실현을 촉구하였다. 749년 4월 백제왕 경복이 황금 9백 냥을 헌납했다고 『속일본기』에 기록되어 있다. 749년 10월 드디어 불상이 주조됐다. 이어서 대불전과 대부분의 건축공사가 완성되어 752년 4월 대불 개안 공양회를 열었다. 757년에 황금칠이 입혀졌다. 국가의 재력을 기울인 대사업이었다.

이에 관한 1천2백 년 전의 고문서 『동대사요록』 일부가 동대사의 보물창고인 정창원에 보관되어 있다. 대불은 만 3년에 걸쳐 8회 만에 만든 것이었다. 그러나 지금 보는 것은 그때의 것이 아니고, 1180년과 1569년 난리에 대부분 파손된 것을 재흥한 것이라고 한다.

여하간 그 불상과 불전을 만들어내기 위해서, 광산을 발견하고 제련하고 막대한 물자를 조달하고 건축을 구상하여 완성시킨 건축가와 불상을 만든 조각가, 기술자는 모두가 도래한인으로, 주로 백제계의 도래인이었음은 『동대사요록』과 『속일본기』가 증명하는 바이다. 그 성씨에 의해 확인되는 것이다.[5]

일본 불교상 저명한 인물은 거의가 도래한인계에 속하는 자들이었음은 주목할 일이다. 또 통제적인 국가불교의 어려운 때에도 불교 본래의 이타행으로 민중불교의 입장을 일관한 이는 백제계 도래인의 후손인 도소(道昭)와 행기(行基)였음은 특기할 사실이다. 도소는 일본에서 유학생으로 선발되어 신라를 경유하여 신라선에 편승해서 당에 유학하고 귀국한 학승 중의 1인이 되었다. 후에 일본에서 통일신라에 유학한 학승이 많았음을 생각하면 도소가 10년 선배 되는 원효의 사상에 감화를 받았고, 도소의 제자인 행기도 그러했음은 당연한 일이라고 보아야 한다. 그뿐 아니라 당시의 일본 불교계가 원효사상에 매우 민감해서 원효가 별세한 지 반세기도 못 되어 그의 저서가 나라시대에 이미 50여 책이나 건너갔음은 기술한 바와 같다. 도소는 조정의 인정을 받아 대승도(大僧都)로 임명되었고, 행기는 후일 최초의 대승정이 되었다.

행기(668-749)는 하내국(河內國) 대도군(大島郡) 가원(家原; 현 堺市)의 도래한인계 호족 고지재지(高志才智)의 아들로 태어났다. 출가하여 야마토의 관사(官舍)에서 같은 백제계의 손인 도소(629-700)의 지도를 받았다. 행기는 도소가 사망한 뒤 영달의 희망을 버리고 귀향하여 민간 도장 가원사(家原寺)를 세우고, 문수보살을 만들고, 민중 속에 들어가서 포교했다. 다리를 놓고 길을 닦고, 못을 파고 수로를 만들고, 황야를 개

주 5. 동대사 대불을 만든 조각가는 백제계 사람 구니나카노 키미마로(國中公麻呂)이고, 동대사 건축가는 신라계 사람 이나베노 모모요(猪名部百世)이다.

간하여 논을 만들고, 수리공사를 하고, 노숙하는 행객들을 위하여 전에
없는 무료숙식소인 보시옥을 만들었다. 또 길에 방치하던 객사자를 위
하여 묘지를 설정하고, 항로와 포진(浦津)을 만들어서 교통사업을 했고,
처음으로 일본 지도를 만들었다. 호적조사를 하고, 자원자의 희사와 노
력동원에 의하여 49개소의 사원을 창건하고, 동대사 나라대불 주조사업
을 획책, 공헌하는 등 여러 가지 획기적 대사업을 일으켰다.

　당시의 승려들은 절집 안에서 학문수도나 할 뿐 세상에 나가 활동하
지 아니했는데, 행기의 민중불교는 국가통제를 벗어나서 민생고를 밝히
고, 점점 인기가 높아져서 열광적 신도들이 대집단을 이루어 놀랄 만한
사업들을 일으키기에 이르렀다. 정부는 행기를 불온집단에게 위험사상
을 지도하는 요주의 인물로 지목하여 탄압했다.

　그런데 왕세자의 병사로 대정변이 일어나 유교 일변도의 궁정 실력자
이던 장옥(長屋) 대신이 몰락하고 등원(藤原)이 실권을 잡게 되자 행기
도 양지로 나서게 되었다. 성무일왕 자신이 오히려 행기에게 접근하여
'삼보의 종복'이라고 자칭하고 행기를 왕이 발원한 동대사 나라대불 주
조대사업에 참주케 하고 일본 최초의 대승정으로 임명했다. 749년 정월
에는 성무왕 내외가 출가했다. 2월에는 행기가 자기가 세운 나라의 가
원사에서 별세했다. 지금 그곳에는 행기 동상이 서 있다. 일본 학자들은
관원도진(스가와라 미지자네)과 행기는 모두 왕인의 후예라고 한다.

　다음은 도쿄 시내에서 가까운 메밀국수의 명소 심대사(深大寺)와 도
래한인과의 관계를 간단히 말해 두려 한다. 심대사는 도쿄도 조포(調布)
에 있는데 이곳은 현재 도쿄 교외에서 옛 원형을 가장 잘 보존하고 있는
지역이다.

　무사시라는 지명부터가 도일 한인 개척자들이 심기 시작한 모시씨를

의미하고, 조포란 지명도 베(布)를 바랜다는 의미이고, 다마천이라는 것
도 한저 모시가 많은(다마) 고장이라는 말에서 유래한 것이다. 이곳에는
한인들이 와서 개척하던 당시의 지명과 물명이 그대로 전래한다. 그 넓
은 평야의 젖줄 다마천(多摩川) 상류에는 한국 정서가 깃들인 사적들이
보인다. 삼과 메밀농사를 지어서 별미의 국수를 만들어 먹으며, 여자들
은 베를 짜서 맑은 시냇물에 헹구는 광경은 상상해 볼 만하다. 한인들의
고장 무사시노의 심대사 내력을 말하면 1천 수백 년 전 최초의 견당사로
선발되어 당에 가서 수학하고 환국한 도래한인계의 학승 만공상인(滿功
上人)에 의하여 개기된 고찰이다. 만공은 복만(福滿)이라는 도래인의 아
들이다. 이 절에는 그들에 의하여 반입된 것으로 알려진 685년명 석가
여래상이 있다. 시미즈(淸水眞澄)는 이 불상을 다음과 같이 평했다(『佛
像』, 평범사, 1982).

백봉(白鳳)시대의 중요문화재로 지정된 관음상이다. 그처럼 크고 기술감
각이 우수한 것은 유례가 없다. 세미하고 미묘한 선과 기복이 이토록 부드
러운 분위기를 만들어낸 불상은 드물다. 상 전체에 균형이 잡히고 주조기술
도 우수하여 이런 불상을 7세기 후반의 일본 관동지역에서 조립할 수 있었
겠는가가 의문이다. 신엽사(新葉寺) 여래상과의 유사성으로 보아서 야마도
공인(工人)의 작품이라고 하는 것이 타당하다.

또한 매년 수백만 명의 내외국인이 참관한다는 유명한 천초사(淺草
寺)가 도쿄 시내 아사쿠사에 있다. 이 절도 창건초부터 지금까지 한인들
과 깊은 인연을 가지고 있다. 628년 어부 두 사람이 우전천(隅田川)에서
금빛 찬란한 관음상을 발견하고 그 신비함에 끌려서 자기 집에 모신 데
유래가 있다고 한다.

천초사에 얽힌 사연들은 천초사 연기 그림 두루마리에 기록되어 전

해 온다. 불상이 발견되었다는 소문을 듣고 635년 교토에서 수묘상인(秀妙上人)이 내려와 관음당을 짓고 645년 다시 승해(勝海) 상인에 의하여 그 관음상을 비불(秘佛)로 모신 천초사가 세워졌다. 천초사가 창건된 이래 여러 번의 전화와 재변으로 없어져서 다시 지었지만, 관음상만은 그대로 남아 더욱 비불로 존숭되고 있다. 그 관음상을 모사하여 새긴 글에 의하여 백제시대 불상임을 분명히 알게 되었다.

주목되는 것은 하코네 권현(箱根權現) 설화라든지 오이소 고려사의 천수관음불 설화 등도 거의 같은 시대 바다에서 발견하여 절을 짓고 모셨다는 점이 공통되는 것이어서, 더욱 도래한인과 관련이 있음을 알게 해준다. 또 도래한인들의 이름이 시주명부에 실려 있다. 한 가지 더 말해 둘 것은 꽃꽂이가 도래 무속의 조화(造花)와 불전에 바치는 공화(供花)의 형식으로 전래되면서 일본 꽃꽂이의 기원이 되어 오늘도 천초사 주변의 꽃시장과 천초 생화전이라는 꽃꽂이 행사로 이어져 온다는 것이다.

그동안 여러 번 강조한 것처럼, 일본의 신사는 신라에서 건너갔고 산성과 성문(城門), 대형 고분도 한국에서 건너간 풍습이고, 불교·불탑·절도 백제에서 처음으로 전해진 것이다. 특히 신라가 반도를 통일한 후 일본에 이주한 도래인들은 그 집단을 통솔하는 우두머리(牛頭首)의 사당인 신사와 영복을 비는 절들을 인접해서 세운 관계로 산성과 고분군, 신사, 불사가 모여 있는 지역은 틀림없이 한인들이 개척한 집단 거주지역이라고 보아서 크게 오판되지 아니한다.

서로 연관되어 병설되었던 신사와 불사가 후에 신불 분리정책으로 인하여 신사는 성세를 누리고 불사는 쇠미해지면서, 그곳의 보물 유물들이 대체로 신사의 것이 된 예가 많다. 그중 한국의 동종이 일인에 의하여 일본에 옮겨진 것이 40여 개나 되는데 그중 국보급의 명물이 신사에 소속된 예를 많이 볼 수 있다.

주의할 것은 옛날에 도일하여 그곳에 정착한 한인들, 일본에서 말하는 소위 도래인은 지금은 한인이 될 수 없는 일본인이 된 것이다. 중국을 경유하여 한국에 들어온 불교가 중국 불교는 아닌 것처럼, 한국인이 일본에 전한 불교는 이제 한국 불교가 아닌 일본 불교라는 점이다. 그러나 이 시기의 일본 불교문화는 전적이다시피 한국인들 손으로 이룩된 만큼 한국의 불교사에서 다루어야 할 것이며, 일본에서의 한국인 조상의 활약상과 한국 불교문화의 내용을 깊이 새겨둘 필요가 있는 것이다.

최태영과 단군

김유경

　최태영(崔泰永, 1900-2005) 박사의 학문을 말할 때 법학과 역사연구는 동시적인 것이다. 그의 일생은 근대 법학 1백 년을 관통하는 것이면서 또 한편 한국상고사 연구에 온몸을 던진 것이기 때문이다. 100세를 넘긴 나이에도 전념하던 역사연구는 법철학의 전제가 되는 학문이자 궁극적으로 바른 한국 역사를 보전하려는 지식인으로서 진실을 말하는 것이다.

　한국 최초의 법학 정교수이자 건국 대한민국의 법전편찬위원이던 그가 역사연구에 뛰어든 것은 신채호·정인보 등이 사라진 한국 사학계가 해방 이후에도 일제가 단군의 고조선 건국을 신화라며 부인하던 그대로 교육하는 것을 보고 '아무도 없다면 나라도 해야겠다'고 생각했기 때문이다. 건국 이후 고시령에 국사가 들어간 것은 그의 국사관에 의한 것이었는데, "그것이 해방 이후에도 잘못 가르쳐진 국사라는 것을 뒤늦게 알고 크게 놀랐다"는 것이 시초였다.

　1977년 『서양 법철학의 역사적 배경』 저서를 낸 이후 한국사 연구로 선회하여 1987-1988년간 한국학연구원을 만들어 윤태림·김선기·윤내현·송지영 등이 참여한 한국학 연구를 진행하였다. 이때의 강의 내용과 일본 내 한국 신사 답사보고서, 일본 속 한국불교 연구, 한일 고대문자 연구 등을 정리한 책 『한국상고사입문』을 펴낸 것이 1989년이다. 이병

도 교수가 직접 집필한 것이 아니라 최태영의 역사관에 동의한다는 뜻
으로 공동저자로 서명해 발행한 책이기도 하다. 공동서명하던 날 대한
민국학술원 사무국의 정영호(鄭英鎬)·박경희(朴慶姬) 두 직원이 증인 겸
해서 최태영과 동행했다. 1990년에는 최태영 단독 저서 『한국상고사』로
재발행되었다. 그는 강단 사학의 거두 이병도 서울대 교수가 단군이 고
조선의 실제 건국 조상임을 확신하는 글을 발표하는 데 결정적 역할을
하고 2000년에는 근대사 회고록을 겸한 역사연구 『인간 단군을 찾아서』
를, 이어서 『한국 고대사를 생각한다』의 집필에 전념해 역사연구의 결
실을 맺었다.

"70대는 나의 한창때였다. 내가 늙었다는 생각이 든 것은 아흔이 넘고
서였다"고 그는 말했다. "젊다고 모든 일을 다 할 수 있는 것 아니구, 늙
었다고 일을 못할 것 없구. 그럭저럭 내 나이 백 살이 되었다"고 선생은
회고했다.

내가 선생을 알게 된 것은 1999년 초 박창암 장군(5·16 군사쿠데타 주체
의 1인으로 혁명검찰부장을 역임)을 따라 세뱃길에 동행하면서부터였다. 최
태영 박사는 박 장군이 장도빈 선생과 더불어 존경해 마지않는 인물이
었다. 그때 노(老) 지식인의 맑은 기상과 서가의 오래된 책들, 그리고 두
분이 주고받는 이야기가 예사롭지 않아 나는 '기사로 써야 할 것 같다'
는 직감으로 주섬주섬 기록했었다. 본격적인 협업이 시작된 것은 미국
의 동양미술사학자 존 코벨의 책 『한국문화의 뿌리를 찾아』를 본 선생
이 편역자인 내게 "코벨의 책을 만들 수 있었으면 (사관이 많이 같은) 나의
역사 이야기를 이해할 수 있을 것이다"라고 했기 때문이다. 처음에는 정
리자가 보아야 할 자료와 책 등을 집 밖으로 최 박사가 싸들고 나와 전

하고 정리자가 확실히 이해해야 할 고대사를 강의했다. 내가 "힘들어서 못하겠다"고 하니 이 노학자는 눈도 깜짝 않고 "정 못하겠다면 할 수 없지. 그럼 나 혼자서라두 해야지" 하고 조용히 오래된 자료들을 만지작거리는 것이었다. 이후 송도병원 시니어스타워 요양원 거처에서 강의와 여러 이야기들을 들은 대로 기록하고 분류하고 자료를 찾았다. 작업이 정교해지며 근대사와 고대사를 넘나드는 칼럼 형식의 글이 만들어졌다. 앞서 발표한 글을 재편집하고 새로운 연구를 덧붙였다.

그러는 동안 1900년 이래의 일들이 실제 상황처럼 펼쳐졌다. 김구·정인보·최남선·장지영·백남훈·윤치호·김성수 등 윗세대 지식인들과 교분에 얽힌 일화를 많이 들었다. 일제와 좌우익 혼란기, 해방 후의 학계에서 지식인으로 처신해 온 사고와 행동은 주목할 만한 것이었고, 교육자로서 일제에 야합하지 않은 것이나 역사를 보는 안목 같은 것은 지성의 본질을 생각케 하였다. 구월산이나 이병도 선생과의 일, 한국학연구원과 일본 답사 등은 그의 역사연구에 접하는 열쇠였다. 선생이 『후지미야시타(富士宮下) 문서』를 보게 된 전후의 상황을 직접 들어 알지 못했던들 『대한민국학술원통신』에 간단히 기록된 답사기를 읽는 것만으론 한계가 있었을 것이다.

역사와 사회사만이 다는 아니었다. 우스운 일들도 많고 유머가 있었다. 도쿄 유학시절 음악도 윤심덕이 최태영 청년과 나눈 대화, 장련의 시라소니, 구월산 팔구손이, 대궐말을 쓰면서 조선어 논문을 검열하던 고종 황제의 일본인 통역과의 대결, 친일을 어떻게 피하고 공산주의를 어떻게 파악했는지 등을 알게 되면서 선생의 일생과 학문세계에 끌려들어갔다.

그 같은 역사연구나 근대사 증언은 기록으로 남겨 둘 필요가 있었다. 당신의 의지이기도 했다. 그것은 큰 강물이 흐르는 것처럼 자연스러웠다. 나는 선생이 역사연구에 이것저것 깊이 들여다보고 학문적 직감이 길을 찾아 동하는 것을 주목했다. 처음부터 끝까지 학자로서만 지내 오면서 고대에서 현대까지를 통찰하는 능력 등은 단순한 교수로 국한된 인물이 아니었다. 부드러운 언행 너머에는 범인의 사고를 넘어서는 통찰이 번득이고 한 번 마음먹은 것은 누구도 막을 수 없는 절대의지가 있었다. 한 가지 사안을 몇 번씩 되풀이해 들었다.

선생이 1백 년 동안 간직해 온 책들이 나왔다. 여백마다 연필로 가득 요점이 적힌 책들이고, 쪽지에 적힌 메모가 엄청나게 많았다. 학문 연구가 어떻게 진행되는지를 짐작할 수 있었다.

장련의 눈 덮인 산 넘어 "단군이 요임금과 같은 시기에 조선을 건국했다"는 내용이 적힌 조선시대 청소년 교과서 『동몽선습』 책을 들고 걷던 11세 소년의 모습이 그림같이 떠오른다. 이 책은 바로 단군 연구의 시발이 된 것이기도 했다. 그의 역사관은 "단군이 요동에 고조선을 개국한 조상이고 대한민국의 기원"이라는, 조선사람 수천 년간의 교육 내용이자 일제가 한국사를 왜곡하기 전 세대의 사관에서 출발했다. 그가 정인보와 의견을 같이하는 부분이다.

"환국의 서자 환웅"이라는 『삼국유사』 고조선 항목에서 서자(庶子)의 본뜻이 "태자의 스승을 뜻하는 벼슬 이름"임을 중국의 백과사전 『사원(辭源)』을 통해 간단히 해결하였다. 그전까지 학계에서는 서자가 첩의 아들이라는 것만 적용해 말도 안 되는 해석을 해왔었다.

세종년간의 〈세년가〉를 『조선왕조실록』에서 찾아내었고, 고려 멸망 직후의 〈동국세년가〉는 대만 고궁박물관에서 되찾아 온 유희령의 『표제음주동국사략』을 보고 확인했다.

　선생의 역사연구에는 학자로서 그의 자질이 큰 뒷받침이었다. 책 보기를 어려서부터 좋아했고 어학적 재능이 있었다. 한문과 영어, 독일어, 일본어 고문까지 달통한 해박함으로 『일본서기』에서 5세기 말 왕릉 옆에서 "아이고" 하고 울었다는 청녕(淸寧)왕 원년 기록의 '애호(哀號; あいごう)'가 한국말 이두문임을 밝혀냈다.

　"왜왕의 한국인 혈통이 여기서도 확인된다. '아이고' 하며 우는 민족은 세상에서 한국민족이 유일하다."

　"고대 일어에는 한국어로 풀어낼 수 있는 부분이 있거든" 하고 그는 말했다. 10세기의 일본 율령집 『연희식』에서 일본 대궐 안에 모셔져 제사를 받드는 한국 조상신 3위의 존재를 확인했다. 일본 고서 『수진전(秀眞傳)』의 고문자가 초성·중성·종성 구조를 가진 한글 가림토에서 간 것, 일본에서의 상(上)가야 연구(한국에서 일어난 고대사를 말함)를 밝혀낸 것 등 그의 노력은 두드러진다.

　연구를 위한 현장답사에도 거침없었다. 구월산과 만주는 역사연구 이전부터 그가 확인한 것이었고, 88세 나이까지 아무도 찾아내지 못한 역사자료를 찾아 일본을 답사해 성과를 낸 탁월한 학자였다. 일본으로 간 우리의 조상이 일본의 왕(천황)이 되었음을 쓴 『후지미야시타문서(신황기)』를 한국인으로는 유일하게 확인했으며, 초기 한국인의 일본 진출 거점인 이도국의 현장, 규슈 이도(糸島)반도의 고조산 고조(高祖)신사를 찾아보았다. 일본 가고시마현 미야마(美山)의 옥산궁(옥산신사)을 찾아가 조선도공이 받들던 단군 신체(神體)를 직접 본 한국인은 최태영이 유일하다.

일본에 간다고 아무나 이런 자료를 손에 넣을 수 있는 것도 아니다. 법학연구를 바탕으로 생애의 마지막까지 단군 고대사 연구에 전념한 선생의 노력은 몇 권의 책에 이어 오늘의 전집 발행으로 확대되었다.

세 번째는 누구도 건드리지 못하는 학문적 신념이 있었다. 그의 단군 연구는 평생 한치의 흔들림없이 끝까지 지속됐다. "다수의 학자가 단군을 신화라고 하는데 당신은 왜 나서서 단군을 찾냐"며 비난하고, 『후지미야시타문서』의 답사 보고조차 부정하던 국내 학계에서 그는 소신을 굽히지 않았다. "구월산 아래 조그만 아이가 백 살이 넘었다. 그동안 공부를 열심히 해서 법학 책이랑 단군관련 책도 내었다. 네가 내 평전을 쓴다면 아무 악의도 없는 영감이 벼슬은 절대 않고 살면서 연구는 열심히 했다고 할 것이다. 단군 그건 절대로 양보할 수 없는 것이다."

네 번째는 문헌을 파헤치는 학문적 역량에 있어 최태영 교수를 따라갈 사람이 없어 보인다. 어려서부터 작고할 때까지 평생 어마어마한 독서를 해온 데 더해 학문적 직감이 동했다.

이 중 『삼국유사』 「고조선조」에 나오는 '석유환국(옛날에 환국이 있었다)'에 대해 밝힌 연구는 한국상고사 연구의 가장 중요한 부분을 다룬 것이다.

"우리 역사의 기원은 환국의 높은 서자 벼슬을 하던 환웅의 후계자 단군이 요동의 여러 종족을 통일해 요임금과 같은 시기 서기전 2333년 (고)조선이란 광역국가를 건국했다. 이것이 한국사의 기원이다. 그 이전의 사실은 불분명한 것이 많아 혼란스럽다. 기원이 여러 개가 되면 자칫 단군기원조차 불신 받을 우려가 있으니 단군의 고조선 개국을 기점으로 하고 그 이전은 따로 연구하면 될 것이다.

『삼국유사』에 석유환국과 석유환인이라는 두 가지 표기가 있다는 것을 생각해야 한다. 단군의 고조선은 불교가 생겨나기 이전의 역사이며, 불교와는 아무 상관이 없다. 환인·제석이란 용어는 불교가 지배이념이 되면서 후일 변조된 기록에 불과하다. 환국은 지명, 나라를 일컫는 것이고 환인은 하늘의 존재를 말한다. 단군이라는 실증적 사실에 불교와 신화의 꺼풀을 씌우는 환인설은 절대 받아들여선 안 된다."

『삼국유사』 진본에 '석유환국(옛날에 환국이 있었다)'이라고 기록돼 있음을 뒷받침하는 자료로 현재 서울대 규장각 소장 임신본(壬申本) 『삼국유사』를 확인했고, 일본 도쿄대학이 일본어 역으로 원문 한자와 함께 발행한 활자본 『삼국유사』의 경성조선연구회 재발행 『삼국유사』, 최남선의 『삼국유사 해제』 원본 등을 입수하였다.

최 박사로부터 『삼국유사』의 환국(桓國)이 환인(桓囚)으로 변조되었음을 듣고 난 뒤 2000년 당시 서점에 나와 있는 10여 종의 『삼국유사』 책을 살펴보았다. 환국이라고 분명하게 표기된 책자는 민족문화추진회 발행 『삼국유사』와 최남선의 『삼국유사 해제』, 하정룡·이근직 공저 『삼국유사 교감연구』의 초판, 그리고 도쿄대 발행본임을 밝히지도 않고 갖다 쓴 어떤 책까지 3, 4종의 책 말고는 다 환인으로 되어 있었다. 어떤 학자의 책은 1판에 환국이라고 했다가 2판에 가서 다른 역자가 '불교용어가 틀려서 바로잡는다'는 머리말과 함께 환인으로 돌아가 있었다. 어떤 『삼국유사』는 한글 번역은 환인인데 사진판으로 소개된 원본에는 환국이었다. 판본을 밝히지도 않았다. 학계의 『삼국유사』 연구가 어떤지를 한눈에 파악할 수 있었다. 북한 학자의 것도 그때 본 책에는 다 환인으로 표기돼 있었다.

대세에 휩쓸림 없이 '석유환국'으로 기재된 판본 구하기에 애쓰고 환국이 환인으로 변조된 것을 1979년 자신의 한국 법철학 논문에서 처음 설명한 최태영의 학문적 자세를 신뢰할 수밖에 없었다.

최 교수는 "이병도 교수가 1956년 『삼국유사』를 번역·출판하며 환인과 환국 두 개의 기록이 있음을 왜 그냥 지나쳤나 몰라. 한문에 능통한 이병도가 『동몽선습』에서 아이들을 가르치던 '요임금과 같은 시기의 단군조선 건국'에 대해 왜 한 번도 언급하지 않았을까" 종래 의아해 했다. 또한 "석유환국 – 옛날에 환국이 있었다"라고 명기된 『삼국유사』가 서울대 규장각과 고려대에 엄연히 존재함에도 불구하고 국내의 많은 학자들이 '석유환인'설만을 받아들여 아무런 비판없이 연구를 개진해 간 한 책을 두고 "어떻게 된 게 이 사람들은 전부 환인이란 말인가. 창피한 것입니다. 환국은 땅이고 환인은 귀신인데"라고 한마디로 평했다.

그러나 중요한 진전이 있었다. 민족문화추진회가 1973년 발행한 이동환(李東歡) 교감의 『삼국유사』는 "서울대 중앙도서관 소장(현 규장각 소장) 중종 임신간행본을 축소 영인하고 별도로 교감을 가한 것이다"라는 설명과 함께 '석유환국'을 명기하고 있다. 이병도 박사는 간행사에서 "본인 지도 아래 이동환 군이 주로 진력한 것이다. 지금까지 나온 각 인본에 비해 볼 때 이 책의 교감은 거의 최선을 다했다"고 밝혔다. 이 박사도 환국을 인정하게 된 것이다. 최태영은 "이병도가 환국을 인정하게 된 것은 거저 된 일이 아니다"라고 했지만 환국과 환인의 차이에 대한 이병도 박사의 해설은 나오지 않았다.

일본인 이마니시 류는 교토대와 경성제대에 『삼국유사』 영인본으로 석유환인을 유통시킨 당사자로 알려져 있다. 그야말로 한국인의 머리 꼭대기에서 놀아난 것이다. 최태영은 이마니시 류를 두고 "학문은 보잘 것없으면서 역사 변조라는 천하에 대담한 짓을 저지른 자, 깜찍한 자이다. 한국의 강단 학계가 그따위 하나 내치지 못하고 쩔쩔매고 당하다니 말이 안 된다"라고 평했다.

그의 이런 연구는 고조선 및 한일 고대사 연구의 중요한 진전이라고 봐야 할 것이다. 선생은 조선사편수회의 위원회에서 '환인이란 환국이 변조된 것'임을 폭로한 최남선을 상기시키며 "도쿄대 발행 『삼국유사』를 최남선도 그때 볼 수 없었나 봐. 그에게 보여주고 싶어"라고 했다. 문정창은 환국 부분을 가장 자세하게 연구했고 신채호도 짧지만 강력하게 환국이라고 본질을 말했다. 2006년에는 대구 KBS 정동희 프로듀서가 제작 방영한 다큐멘터리 『삼국유사 - 역사인가 신화인가』에 임진왜란 때 일본군이 약탈해 도쿠가와 이에야스 가문에 대물림되어 오와리(나고야의 옛이름)본이란 이름으로 나고야 호사(蓬左)문고 소장이 된 임신본 『삼국유사』 책을 찾아 소개했다. 이 책에도 목판인쇄로 된 '석유환국' 글자가 선명하다. 오와리본 『삼국유사』는 역시 임진왜란 때 일본으로 넘어간 간다(神田)본과 함께 1904년 도쿄대학교 문과대학 사지총서로 발행된 활자본 『삼국유사』(일본어와 한문)의 저본으로 채택된 책이다. 간다본은 관동대지진 때 불타 없어졌다고도 하고 행방불명이라고도 하며 현재 오와리본만이 공개된다.

석유환국이라고 진본 그대로 표기된 『삼국유사』 같은 원서들을 두고 선생은 "이 책들이 어떻게 내게로 왔는지 생각할 때마다 신비롭기만 해. 하늘이 도와서 내게로 온 거지"라고 했다. 여러 책에 대한 논평이 쏟아져 나왔다.

"오늘도 책 하나 읽다 보니 부여, 고구려 초기에도 단군으로 왕의 칭호를 삼았음을 알 수 있어. 최남선이 해아지(ㄱ아지; 해의 아들의 뜻) 조선이라 한 것은 고조선 단군에서 부여 단군, 고구려 단군으로 이어져

갔다고 바꿔 설명하는 게 좋겠소. 신라는 차차웅·거서간·마립간이라 했는데 다 뜻은 같아. 그런데 백제는 임금을 어하라(於瑕羅)라 불렀다는 거야. 이능화 책을 보면 그렇게 설명하는 것 알게 돼.

그런데 최동(崔棟; 전 세브란스병원장. 의학박사, 문학박사. 『조선상고민족사』라는 국·영문 저작을 남겼다)이 아주 재밌어. 그 사람이 책 이것저것 많이도 봤어. 그렇지만 환국을 모르고 환인이란 설명을 하면서 또 엉뚱하게 기독교적 해석을 빗댔는데 '어하라'는 어떻게 쑤셔 냈는지 재미있단 말야. 혼자 실컷 웃었어. 그 의사양반도 나처럼 무당 굿하는 책도 많이 본 것 같아. '어하라'는 무당들이 굿할 때 부르는 노래나 경기민요의 '어라 만슈(萬壽)'라는 대목과 통해요. '어라 만수'는 '임금 만세'라는 뜻이 확실한 거거든.

라이샤워가 쓴 일본사의 한일 고대사 부분은 헛소리이고, 신채호의 역사서는 역사는 볼 것이 많은데 전통사상이나 법이념엔 언급이 없어요."

젊어서는 책을 무지하게 빨리 읽었다. 만년에는 돋보기에 확대경을 대고 눈을 까박까박 애써 가면서 하는 독서였다. 거의 전투라고 할 것이었다. 그러나 하루도 책 없이는 견디지 못했다. 책 볼 때 쓰는 전등이 고장 나 곧 새로 사기로 하고 치웠더니 밤새 난리가 나서 꼭두새벽에 우리 집 전등을 들고 가 교체해 드린 적도 있었다. 『한국 고대사를 생각한다』를 탈고한 102세를 넘긴 시점에도 선생의 기억력은 선명하고 판단력은 흐트러지지 않았다. 이어서 근대사에 대한 선생의 회고를 더 보충하는 작업에 들어갔다. 확인할 내용이 생기면 몇 시간이 걸리든 찾아서 제시하고 아무리 어려운 내용이라도 쉽게 풀어 설명하는 선생의 총기가 아니었다면 만년의 역사 정리는 불가능했다.

왜국의 웅략왕이 죽자 '아이고(哀號)' 하고 옆에서 울었다는 선생의 오래전 언급이 어떤 기록에 있는 것인지를 찾아야 했을 때는 『한국국사대사전』 『일본 도해사전』, 다른 사전 2권, 최동의 『한국상고사』 『연희식』 『일본서기』 상·하, 『속일본기』 『삼대실록』을 방에 가득 꺼내 놓고 이틀째 잠도 안 자고 책과 씨름하고 나서 찾아냈다. 『일본서기』 청녕왕 원년 10월조에 '于時, 準人 晝夜 哀號陵側(우시, 준인 주야 애호릉측)'이라고 된 기록이다. 이와나미 서점 발행 1984년도 『일본서기』에는 '오라'라고 음을 쓰고 '큰소리로 울었다는 뜻'이란 해설을 붙였다. 최태영은 이두 '아이고(あいごう)'로 읽었다.

서두르지 않으면서 숨 쉬는 것처럼 나아가는 최 박사를 따라가는 일이 쉽지 않았다. 그의 역사연구의 중점은 단군 이야기에 환인은 없다는 것, 우리 종족들은 선행(先行) 문화를 가지고 한반도와 요동 일대에 걸쳐 역사상 알려진 것보다 더 일찍 자리 잡았다는 것, 우리 문화가 중국과 다르며, 초기에는 우리가 중국 문화를 선도했다는 것 등이다.

"단군의 자손이란 우리가 혈연상 단군의 피를 받았다는 게 아니고 단군이 개국한 나라 백성의 자손이란 것이다. 어떤 역사학자는 '단군 할아버지라니 우리가 어떻게 단군의 피를 받은 자손이냐고, 따라서 단군은 없다'고 하니 우습다. 단군이 있었다는 것으로 우리는 일찍 각성했다는 긍지를 갖게 된다."

"내가 하는 역사는 국수주의를 하자는 게 아니에요. 내 주장은 밝힐 건 밝히고 옛 역사는 그것대로 알아야 한다는 것입니다. 우리가 덮어놓고 중국한테 매여 살았다거나 일본한테 쩔쩔맸다는 식의 밑지는 생각을 가지면 용기도 자신감도 없어져 앞으로도 잘되지 못합니다. '그렇지 않다.

요임금·순임금이 우리 족속이고 우리는 일찍이 요동에서 활동하던 조상과 고조선이라는 독립국가의 근원을 가졌다. 중국과 맞서 겨뤄 이겼으며 우리 족속이 일본에 건너가 국가를 건설했'는 것을 알아야지요. 사대주의 때문에 망쳐 놓은 게 많아요. 세계화를 한다는 것이 바로 자기 역사를 포기한다는 것은 절대 아닙니다. 역사를 한다는 것은 사상의 유행을 따라 아는 지식을 내보이는 것은 아니외다'라고 선생은 말했다.

책을 만드는 동안 선생과의 협업이 귀중하게 생각된 것은 학자로서의 강한 신념에 힘이 느껴지면서도 한없이 부드럽게 진행되었다는 것이다. 지금껏 선생의 일상은 "책을 읽으면 거기서 발전할 게 하나둘 나와요. 아주 좋아요"라고 표현되는, 지극히 평범하면서도 순수한 학문의 길이다. 책을 읽으면서 늘 요점을 메모해 놓았고 그렇게 해서 그 많은 책의 어느 부분에 무엇이 있는지를 정확히 제시하였다.

그동안 최 박사의 책을 국내외 도서관 등에 보내고 있던 김영경(金榮經) UTI 사장 등 많은 분들이 고령인 선생의 안위를 염려하며 책 쓰는 일이 무사히 끝나기를 기원했다. 최 박사가 건강하게 만년의 연구를 마칠 수 있었던 것은 정말로 고마운 일이다.

컴퓨터를 직접 쓸 수 있었다면 그의 연구활동은 배가되었을 것이다. 그러나 수년 전부터 한 인터넷 사이트에 그의 본의와는 다른 역사 이야기가 그의 이름을 내세워 나돌고 있음을 뒤늦게 알고는 만류하고 주변사람들에게 이에 현혹되지 말 것을 당부하였다. 선생의 연구는 이제까지는 오직 책으로 발간된 것뿐임을 선생의 청으로 이에 명확히 밝혀 둔다.

선생은 젊은 시절 「화엄경」에 나오는 '부동지(不動地)'란 말을 좋아했다. 부처로 성불하기 전의 수행단계로 어떤 일을 자기 판단에 맞게 하면 큰 과오없이 옳은 방향으로 처리되는 경지를 말하는데, 그 경지에 들어 갔다고 생각하기보다 거기까지로 만족한다는 것이다. 그가 역사와 사회사, 법학을 보는 눈은 송곳처럼 날카롭고 두려움이 없으며 친일·친공·친미·종교·금전이나 어떤 권력에도 휘거나 편중되지 않았다.

그의 학문은 "역사를 훑어 찾아낸 순수한 코리아놀로지(한국학)의 정립을 위한 연구"라고 황윤주(黃胤周) 전 상명대 대학원장은 말했다.

또한 그의 연설문이라든가 역사 이야기, 일상의 대화에 구사하는 언어는 우리말 표현이 많고 매우 순하면서도 정확한 것임을 독자들도 느끼리라 생각한다. 눈빛출판사의 이규상 사장이 이 점을 높이 평가했다.

최태영 선생은 노인들을 위한 시니어스타워 요양원에서 24시간 간병인 아주머니의 도움을 받으며 만년을 보냈다. 언제든 의료 보살핌을 받을 수 있고 방문객을 맞기에 편해 선생 스스로 아들딸 곁을 떠나 옮겨온 곳이다. 2002년 가을, 『한국 고대사를 생각한다』를 낼 때까지만 해도 운동실에 가서 왱왱거리는 벨트를 5분간 등에 걸고 있거나 움직이는 발판 위에 서 있다 오는 '기계체조'를 했다. 2003년부터는 방문 앞의 복도를 왔다 갔다 하는 '걸음마'가 외출의 전부이고 기력도 많이 떨어졌다. 그러나 정신은 맑았다. 제자들이 들러 선생을 붙들고 창 밖을 보며 걸음마 산책을 같이한다. 그럴 때면 중요한 문답도 나오고 1백 미터 밖에 안 되는 복도에 "머나먼 길, 꽝(하고 넘어질라)!" 하는 한탄도 나온다. 선생에게 와서 세배하겠다고 떼쓰고 역사 이야기를 묻던 고등학생 친구도 생겼다.

2003년 11월 하루는

"처음 보는 목사들이 어저께 10명이나 이 방에 갑자기 쳐들어와서 날 보고 단군이 실존인물인 걸 어떻게 아느냐구, 어디서 누구한테 배웠냐고 해. 그래서 내가 '날 때부터 안다. 11살 때 천자문 다음에 배우는 조선시대 책『동몽선습』에 단군이 요임금과 같은 시기에 고조선을 건국했다고 분명히 기록된 것을 보고 배웠다. 구월산 들어가서 단군 내력을 알게 되고 아사나루 아사신당, 평양 단군사당, 일본의 「후지미야시타문서」 그런 것을 보고 다 확인했다. 내가 한마디만 하겠다. 누가 단군이 곰이라 하나? 곰토템 족속이란 말이지. 목사들이 단군을 곰의 아들이라구 그러는 것을 보면 그렇게 무식할 수가 없다. 덕석이라는 남자 이름이 있다. 소 잔등 덮는 덕석을 깔고 낳았대서 그런 이름을 붙였다. 그럼 그놈이 덕석이 낳은 아들이란 말이냐?' 하구 여러 가지 사실을 말해 줬어.

'너희는 토템이란 것도 모르냐. 생각해 봐라. 단군의 자손이란 건 단군이 낳았다는 소리가 아니라 단군이 세운 나라의 국민이란 거다. 단군이 있을 때 예수나 석가는 나지도 않았다. 예수가 단군과 무슨 상관이냐. 너희는 예수 몇 해 믿고 목사된 게 그렇게 장해서 단군 조상을 우상이라는 거냐. 나는 예수 백 년을 믿고 종교개혁 이야기를 도입하고 성경 개역을 한 사람이다. 그러나 단군은 우상이 아닌, 우리 국조란 것을 한 순간도 의심해 본 적 없다.' 한참동안 토론했어. 다들 아멘, 아멘 하더니 '잘 들었습니다' 하구 '고맙다' 하고 갔어"라고 했다.

미리 알리고 방문했더라면 가서 기록을 하고 더 발전적으로 만들 수 있었을 텐데 선생께서 토론 내용을 '복기'하는 걸로 그쳤다. 서울 YMCA의 원로 모임인 계묘구락부에서 이수민 목사가 이 사실을 알고 "최태영의 단군 고조선 강연을 우리 YMCA가 주최하고 단군 없다는 젊은 목사들과 토론회를 마련하자"고 했다. 그러나 이수민 목사가 작고하면서 실행되지 못했다. 고 박형규 목사가 일행을 데리고 방문해서 '이 젊은이들이 바른 한국 역사를 모르니 선생께서 가르쳐 주십샤' 강의를 청하기도

했었다. 박 목사는 이 문제를 다루는 국제세미나를 열 것도 권했던 진보적 기독교인이었다.

요양원 방에는 자주 보는 책들만 수백 책 갖다놓았다. 학문하는 분들이 서로 별말 없이 저서와 편지를 주고받는 일들이 보이곤 했다. 일본서「후지미야시타문서」를 같이 가서 본 나카구라(中倉茂) 선생이 저작을 보내주어 그것도 읽었다. 두 역사서의 출간 이후에도 새 책이 오면 그 자리에서 읽어 내고 밤중에 깨어 책을 찾아 읽지만 잔 글자를 보는 일이 점점 힘들다고 호소했다. 사탕과 초콜릿을 잘 드셔서 방문객들이 온갖 초콜릿을 갖다 드리는데 밤중에 서랍에서 꺼내다가 주변에 잔뜩 흘려놓기 일쑤다.

매일 새벽 새날의 시작으로 떼어 낸 일력의 글자 외 여백을 오려 백지를 만든다. 선생은 보통사람이라면 못 참고 화병(火病) 날 만한 사안에도 전혀 흥분하는 일이 없었다. 절대로 성급한 결정을 내리거나 선생을 이용하려는 자들의 교묘한 술수에 속아 넘어가는 법도 없고 우울하지도 않았다. 그러면서 어느 한 면 어린애 같은 선생을 보면 초인의 어떤 상이 느껴지기도 했다.

선생의 작고 후 서울대 법대의 황적인·최종고 교수 두 분이 최태영 학문에 대한 재조명을 촉구하고 눈빛출판사가 근대사·고대사를 망라한 최태영전집 발행을 제안했다. 선생은 작고하기 전까지 꾸준히 원고를 손질해 왔다. 작고 후 찾아낸 자료도 상당한 데다 앞선 책들에 실수로 생겨난 오자들을 바로잡을 기회가 온 데 감사하지 않을 수 없다. 기존에 발행된 역사서 세 책 『한국상고사』, 『인간 단군을 찾아서』 『한국 고대사를 생각한다』와 한국학연구원 강의, 한민족세미나 발표논문, 「해외소재 한국학자료 조사보고서」 등을 바탕으로 하고 1999-2005년간의 구술을 통한 상당한 분량의 기록을 이 책에 모았다. 「일본 속의 한국 불교」는 1986년 불교신문에 연재되었다. 이들을 정리하면서 다시금 수많은 사실들이 책 전체에 걸쳐 팽팽한 긴장감을 주는 것을 느꼈다. 그것은 이 책을 읽는 독자들에게도 마찬가지 경험이 될 줄로 안다.

이 지면이 아니고는 더 이상 발표할 기회가 없을 듯하여 선생의 단군 이야기 중 최후까지 언급된 내용을 소개하려고 한다.

선생은 단군도서관을 세우려고 했다. 책을 모아두고 고조선을 연구하고 동북아를 아우르는 정책을 만들어내는 곳으로 만들려는 계획이었다.

"단군조선을 내세우지 않으면 안 될 것이다. 두고 봐라, 반드시 단군조선을 연구하게 될 것이다. 단군조선이 우리의 근원임을 부지런히 내세우지 않으면, 단군이 우리 민족을 통일하고 강대국 만들었다고 우리가 단군의 손인 것을 자꾸 내세우지 않으면, 부여·고구려를 중국·일본이 저희가 종주국이라고 해대는 소리에 먹혀 들어간다. 단군연구 자료를 한군데 모으고 국가적으로 결단을 내려야 한다"는 것이었다.

표현은 순박하게 '단군 개국도서관'이었지만 최 교수는 이미 한중일 삼국의 역사싸움이 치열해질 것을 예견하고 그 대비책을 말하고 있었다. 그렇지만 단군 고조선의 연구를 같이할 학자를 규합하고 책의 보관·관리 등의 힘든 문제가 있어 단순히 개인적 장소 마련만으로 될 일이 아니었다. 최 박사는 "고조선 건국에 환인설은 절대 받아들여선 안된다" 하고, 친일파와 사이비 연구단체를 경계했다.

"우리가 일본과 북한의 중간에 서서 정말 단군사상, 최대다수를 행복하게 하기 위한 홍익인간 정책을 실현해 보자는 것이다. 그렇게 하면 일본과 중국, 북한에 대한 정책이 다 거기서 나오는 것이다. 이게 잘되면 동북아 평화를 유지하는 살길이 확실히 되는 건지 모른다. 우리나라 역사를 바로잡게 교과서 고치는 일을 할 필요가 있다."

"단군조선이 실존했음을 부인할 수 없다. 우리는 일찍이 요동에 건국된 고조선이라는 독립국가의 근원을 가지고 출발한 것이다. 이 사실은 정말 중요한 바탕이다. 단군조선 실존 사실을 강력하게 내세워야지, 최남선처럼 '조선사람은 그렇게 믿고 있다'고 하는 뜨뜻미지근한 것이어서는 안 된다. 중국과 일본은 어떻게 해서든지 한국의 단군을 신화로 몰고 역사를 없애려고 기를 쓴다는 것을 잊어서는 안 된다."

최태영의 일본 인식은 "일본은 우리 선조가 선진문명을 가지고 고조선 말기부터 근대에 이르기까지 지속적으로 건너가 영향을 끼치고 건설한 나라이다. 그러나 우리가 본류로서 큰 집단을 이뤘던 만큼 정신이 다르고 깊이가 다르다. 이제 한국과 일본은 완전히 다른 나라다. 한 조상에서 연원된 부분이 있는 것은 사실이라 해도 그들은 한국을 침략해 온 적대국이었으며 지금도 그 야심을 버리지 않고 공공연하게 내세우는, 완전히 다른 나라다. 고구려·백제가 신라와 당나라군에 패해 울며 떠나간 것은 미안하다. 그러나 그들이 이후 건설한 일본이 한국을 넘보는 정한론을 굳히고 이를 정책화시키는 것은 어떻게든 막아야 한다"라는 것이다.

학계 일부가 위서라고 치부하는 『환단고기』에 대한 설명도 있다. 천문학자 박창범 서울대 교수가 이암의 『단군세기』에 기록된 서기전 1734년의 오성취루 천문관측이 실증적 사실이었음을 알린 논문은 1993년 발표되었다. 최태영은 『환단고기』란 이름으로 한데 묶인 『단군세기』『태백일사』등을 사료적 측면에서 연구해야 한다고 보고, 일본 역사학자들의 연구를 통해서 그 내용이 일본 고대사와 합쳐지는 부분이 있음을 알렸다. 일본에서 이 책이 어떻게 연구되고 있는지를 처음으로 알고 그 내용을 찾아낸 역사가는 최태영이 유일하다.

우익이 간섭하는 일본 역사학계가 앞으로 어떤 방향으로 한국 고대사를 이용해 나갈지, 학문적 순수성을 선생은 주시하고 있었다. 일본의 오래된 역사왜곡, 중국 정부가 주도하는 동북공정, 그 위에 단군의 고조선을 말살시키기 위한 조선사편수회 작업을 주도했던 일본의 도쿄대학과 교토대학을 비롯한 여러 대학이 최근 많은 예산과 인력을 들여 새로이 한국 고대사 연구에 집중하며 한국학자 및 학생에 대한 재정지원 등 여러 손을 뻗치고 있음을 알고 우리 학계가 그에 이용당하지 않도록 경계할 것을 바랐다.

최태영은 한족이 중국대륙부터 한반도, 일본 해외에까지 널리 퍼져 거주하게 된 역사를 말하며 그들 모두를 한데 모아 힘을 합할 수 있는 방안의 하나로 역사서의 발간과 이들을 교육할 신생 서울대 건설을 이상으로 삼았다. "나는 대한민국을 사랑하는 거지…"라고 했다.

막상 선생의 역사연구는 대학을 떠난 뒤의 것이어서 그의 역사학을 직접 이어받은 후학은 나오지 않았다. 그러나 "나를 내세워 이용하려는 사이비들은 경계하되 역사를 바로 알려고 하는 이들에게는 친절히 길을 가르쳐주어야 겠다" 했다. 역사서의 발간이 그것이다. "나는 단군이 좋아. 그가 고조선을 건국했다는 사실은 참으로 유공한 것이지" 하였다. 『서양 법철학의 역사적 배경』에는 아리스토텔레스가 '국가 건설은 최대의 선'이라고 한 『시학(Poetics, 詩學)』 부분에 관한 선생의 해설이 나와 있다. '국가의 목적' 항목에 "사람은 잘살려고 하는데, 고립된 개인으로서는 자급자족을 할 수 없는 고로, 잘살기 위하여 최초에 나라를 세운 이는 우리에게 최대의 선을 준 최대의 은인이다"(『서양 법철학의 역사적 배경」, p. 33)라는 것이다. 고 황적인 교수는 홍익인간에 대한 법적 논의의 예를 찾아내는 것이 학문의 계승이 될 것이라고 언급했었다. 「동서양 법철학의 유사점과 차이점」(1983) 논문에 언급된 단군의 홍익인간과 그리스 철학자 제논(Zenon)의 코스모스(Cosmos)론 대비가 한 예가 될 것이다.

요양원에서 보내던 만년, 보통은 저녁 식사 후 정신이 맑아지면 꼿꼿이 앉아 이것저것 들척이면서 이야기하고 원고를 다듬고 책 보며 밤새우는 일이 선생의 일과이기도 했다. 작고하기 직전까지 손에서 놓지 못한 책은 단군 이야기가 있는 당신의 저작이었다. 코에는 산소호흡기를, 주사 놓을 자리도 없이 된 팔뚝에 간신히 주사액을 꽂은 상태로 지나던 마지막 날들에는 글자가 눈에 확실하게 안 들어오는 듯 했다.

"단군 이야기가 어디 있니?"

수십 번 찾아서 짚어 드리면 책을 어루만지며 보았다. 꿈을 꾸신 듯 "이병도가 온댄다. 맞을 준비해라"고 했다. 손님이 온다면 새 옷을 입혀 드리고 새 시트를 깔고 찻잔과 과자를 꺼내 놓는 것이었다.

자리에 누운 채 "단군… 단군은 실존했던 인물로…" 띄엄띄엄 힘들여 말하며 단군을 찾았다. 책에서 「단군을 위하여」를 읽어 드렸다. "좋구나 … 다시 한 번 읽어다구…" 하고 수십 번 읽고 듣고 메모를 가하고 "단군 이야기를 쉽게 풀어썼다"고 했다. 눈을 가만히 뜨고 듣곤 하던 선생의 충혈된 눈에 어느 날은 소리 없이 눈물이 한 방울 흘렀다. 혼수상태에 들어간 뒤론 읽어 드려도 아무 반응이 없었다.

2005년 11월 30일 밤, 6년간 서재 삼아 거처하던 송도병원 요양원 시니어스타워에서 작고하셨다.

저자 연보
최태영(崔泰永)

1900년	음력 3월 28일 황해도 장련군 읍내면(후일 은율군 장련면으로 바뀜) 동부리 1051에서 출생
1905-1910년	장련의 사립 광진학교 수학
1911-1913년	구월산 종산(鐘山)학교 졸업
1913-1917년	서울 경신학교 중학본과 졸업
1917년	도일
1918-1924년	일본 메이지대학 예과 및 법대 영법과 졸업, LL.B.
1919년	김경량과 결혼, 최원철, 최정철 1남1녀를 둠
1924-1945년	서울 경신학교 부교장, 대표 설립자겸 제9대 교장, 영어교사로 재직
1924-1945년	보성전문학교(고려대) 법학교수
1934-1937년	보전학회 편집인
1939년	성경 개역(윤치호·백상규·김규식·최태영 공동개역)
1946-1947년	부산대 인문과대학장
	변호사자격 인증
1947-1948년	서울대 법대 교수, 제2대 법대학장
1948-1949년	대한민국 법전편찬위원
1948-1950년	고시위원회 상임고시위원
1949-1955년	신흥대(경희대) 법과대학장, 대학원장
1949-1961년	중앙대 법대 교수, 법정대학장
1954-2005년	대한민국학술원 법학분과 종신회원

1957-1968년	청주대 법대 교수, 학장, 대학원장
1957년	서울시교육회 교육공로 표창
1958년	중앙대 명예법학박사
1957-1972년	한국상사법(商事法)학회회장
1964-1975년	숙명여대 재단감사, 강사
1966-1977년	한국법학교수회 회장
1977년	대한민국학술원 저작상 수상(서양 법철학의 역사적 배경)
1985, 1988년	해외소재 한국학 연구자료 조사위원
1987-1988년	정릉에 한국학연구원 개설 22회 강좌
1993-2003년	YMCA 계묘구락부 회장
1994년	모란장 받음
2004년	무궁화장 받음
2005년 11월 30일	서울 중구 송도병원 요양원 시니어스 타워에서 별세

저서(발행년도순)

『유가증권 세계통일법』, 평양에서 출판, 1930년대

『현행 어음·수표법』, 중앙대출판부, 민중서관, 1953

『상법총칙 및 상법행위』(부록; 현행상법과 상법초안), 민중서관, 민중법학총서, 1957

『법학개론』, 崔泰永·朱瑢焌·金兒奎·崔基泓 공저, 新雅社, 1960

『신민법총칙』, 崔泰永·朴昌健·李俸 공저, 潮岩文化社, 1961

『서양 법철학의 역사적 배경』(비매품 500부), 숙대출판부, 1977

『한국상고사입문』, 최태영·이병도 공저(이병도가 저술한 것이 아니라 최태영의 역사관에 동의한다는 의미에서 공동저자로 됨), 고려원, 1989

An Introduction to the History of Ancient Korea, 알래스카대학 한국학연구소, 1990

『한국상고사』(한국상고사입문을 개정하여 최태영의 단독 저서로 출판), 유풍출판사, 1990

일역 『한국상고사』, 張泰煥 번역, 三志社(서울), 1993

『인간 단군을 찾아서』, 도서출판 학고재, 2000(booktopia.com에서 전자책으로 2판 출판, 2001)

『한국 고대사를 생각한다』, 눈빛출판사, 2002

『장보고 연구자료집』(미출간), '삼국유사' '삼국사기' '엔닌의 일기' 등 역사서에 나
타난 관련기록 자료집, 1994

논문(주제별)

「한국 상고 법철학의 역사적 배경- 반만 년 전부터 2천 년 전까지」, 『대한민국학
술원 논문집』 제18집, 대한민국학술원, 1979, pp. 123-165

「한국 고대 법사상의 역사적 배경-삼국 초부터 후삼국 말까지」, 『대한민국학술원
논문집』 제22집, 대한민국학술원, 1983, pp. 65-114

「한국 전통사회의 법사상」, 『한국학입문』, 대한민국학술원, 1983, pp. 331-355

「東西 법사상의 유사점과 차이점(Differences and Similarities in Western and Oriental
Legal Thoughts)」, 『대한민국학술원 주최-제8회 국제학술강연회 논문집』, 대
한민국학술원, 1980, pp. 35-54

「중국 고대 법사상의 역사적 배경」, 『대한민국학술원논문집』 제20집, 대한민국학
술원, 1981, pp.163-223

「중국 중세 법사상의 역사적 배경(漢부터 唐까지)」, 『대한민국학술원논문집』 제21
집, 대한민국학술원, 1982, pp. 151-197

「중국 근대 법사상의 역사적 배경」, 『대한민국학술원 논문집』 제23집(창립 30주년
기념호), 대한민국학술원, 1984, pp. 153-194

「중국의 法家: 商子의 法治主義」, 『재산법연구』 제12권 1호, 재산법학회, 1995, pp.
1-15

최초발표 논문-미상(대한민국학술원 발행 『한국의 학술연구』에 언급), 『보성』 제1
권 1호, 1925

「바빌로니아 함무라비법 연구」, 발표지면과 연대 미상

「希伯來法(TORAH) 研究(제1회)」, 『普專學會論集』 제1집, 보성전문학교, 1934, pp.
3-64

「希伯來法(TORAH) 研究(제2회)」, 『普專學會論集』 제2집, 보성전문학교, 1935, pp.
1-104

「希伯來法(TORAH) 研究(제3회)」, 『普專學會論集』 제3집, 보성전문학교, 1937, pp.
1-149

「18세기 영구평화 제창자 3인의 국제평화론」, 『중앙대학교 법정대학 법정논총』 제
　　1집, 중앙대학교 법정학회, 1955년 9월, pp. 6-23

「우리나라 옛날의 어음관습」, 『중앙대학교 30주년 기념논문집-한국문제 특집』,
　　1955년 11월, pp. 213-228

「스토아학파의 자연국가및 자연법론」, 『법학논고』 창간호, 청주대학 법학회, 1956
　　년 12월, pp. 10-14, pp. 43-44,

「희랍의 법치사상의 현대적 의의」, 『청주대학 창립 10주년 기념논문집』 청주대학,
　　1957년 12월, pp. 70-87

「사권(私權)의 상대성(公共性)」, 『법정논총』 제7집, 중앙대학교 법정대학 학생연합
　　학회, 1958년 12월, pp. 5-13

「Sauer의 법철학의 문화가치와 규범적 汎神論」, 『법정논총』 제9집, 중앙대학교 법
　　정대학 학생연합학회, 1959년 11월, pp. 1-9

「부인의 법률상 지위」, 신동아, 1935년 5월호

「통속법률강좌; 공익법인」, 신동아, 1936년 6월호

「주주와 이익배당」, 『기업경영』, 1962년 9월호

「일본 속의 한국 불교」, 불교신문, 불교신문사, 1986년 1월-6월

「일본 소재 한국학 연구자료 조사보고서」(원고지 1-73까지, 73 이후 멸실), 1986,
　　미발행

「한국상고사는 복원되어야 한다」, 1990년.

찾아보기